新编21世纪高等职业教育精品教材　公共基础课系列

大学生心理健康教育

（第二版）

主　编　甄　晶　方　苏
副主编　陆　琪　王勤勤　陈　功

中国人民大学出版社
·北京·

图书在版编目（CIP）数据

大学生心理健康教育/甄晶，方苏主编. -- 2 版.
北京：中国人民大学出版社，2025. 3. --（新编 21 世纪
高等职业教育精品教材）. -- ISBN 978-7-300-33631-2

Ⅰ. G444

中国国家版本馆 CIP 数据核字第 2025FR5146 号

新编 21 世纪高等职业教育精品教材 · 公共基础课系列

大学生心理健康教育（第二版）

主　编　甄　晶　方　苏

副主编　陆　琪　王勤勤　陈　功

Daxuesheng Xinli Jiankang Jiaoyu

出版发行	中国人民大学出版社		
社　　址	北京中关村大街 31 号	**邮政编码**	100080
电　　话	010－62511242（总编室）		010－62511770（质管部）
	010－82501766（邮购部）		010－62514148（门市部）
	010－62515195（发行公司）		010－62515275（盗版举报）
网　　址	http://www.crup.com.cn		
经　　销	新华书店		
印　　刷	北京七色印务有限公司	**版　　次**	2021 年 7 月第 1 版
开　　本	787 mm×1092 mm　1/16		2025 年 3 月第 2 版
印　　张	15.25	**印　　次**	2025 年 3 月第 1 次印刷
字　　数	365 000	**定　　价**	48.00 元

前　言

党的二十大报告提出："重视心理健康和精神卫生。"心理健康是道德人格健康成长的重要基础与前提，对帮助青年学生形成正确的"三观"和塑造健全的人格具有重要作用。习近平总书记在2016年12月8日全国高校思想政治工作会议上强调，"思想政治工作从根本上说是做人的工作"，"培育理性平和的健康心态，加强人文关怀和心理疏导"。从我国高校当下的普遍情况来看，大学生的心理健康状况不容乐观，尤其是高职大学生的心理问题比较突出，休学、退学等学籍异动情况频发，极端事件明显增多。加强大学生心理健康教育是新形势下全面贯彻党的教育方针、推进素质教育的重要举措，是促进大学生健康成长、培养高素质合格人才的重要途径。组织编写大学生心理健康教育教材是落实高校思想政治工作心理育人质量提升体系的重要内容之一。

本教材贯彻落实习近平新时代中国特色社会主义思想，紧紧围绕《普通高等学校学生心理健康教育课程教学基本要求》，结合大学生心理发展的特点及职业教育的需要，紧扣时代发展特点，设计了十个和心理健康相关的专题，包括大学生心理健康概述、大学生的自我意识与调适、大学生的健康人格与培养、大学生的情绪与管理、大学生的人际交往与培养、大学生恋爱与性心理、大学生网络心理与调适、大学生压力管理与应对、大学生的学习心理与辅导、大学生心理危机与自我保健。每个专题单元结合由编者主讲的在学银在线平台上运行的在线开放课，通过"事说心语"的案例分析导入"温故知心"的理论知识，通过"扪心问诊"模块帮助学生认识其当下的心理状态，最后围绕"学思践心"模块设计相关单元团体活动方案。教材内容的安排上突出理实结合、线上线下混合教学的设计理念。

本教材旨在着力发挥心理育人在高校思想政治工作中的作用，培育大学生理性平和、积极向上的健康心态，引导大学生秉承"自己是心理健康第一责任人"的理念，树立自觉维护心理健康的意识，掌握正确应对学业、人际关系、恋爱与情感、网络行为等方面的不良情绪和心理压力所必需的相关调适技能，提高自身心理适应能力，为在校期间更好地适应学习生活提供心理支持，同时也为防范化解各类危机事件提供心理保障。

本教材适用于高校心理健康通识课程、团体辅导及学生自主学习，也可为辅导员、心理咨询师提供参考。本教材由甄晶、方苏担任主编，陆琪、王勤勤、陈功担任副主编，甘丽、符欧、张艳红负责全书文字整理与校对。在此，我们向参考过的文献的作者和给予我们指导的专家与同行表示感谢。在教材编写中，我们引用了大量的案例与科普专栏，其中部分案例与素材源于互联网和一些非正式出版物，在此向所有资源作者表示衷心的感谢。

由于编者水平有限，书中可能存在不当之处，敬请广大读者批评指正。

编者

目 录

专题一

走进心理——大学生心理健康概述

内容提要

心理学是研究人的心理现象的科学。健康的心理是构成一个健康的人不可或缺的重要因素。心理健康是指在正常心理范畴中的动态平衡状态。衡量大学生心理健康标准的前提是智力正常，同时对自我具有客观的评价；情绪健康，对生活事件的刺激反应适度；意志品质健全，人际关系和谐，能很好地适应外部环境等。

学习目标

知识目标：

1. 了解判断心理健康的标准；
2. 知晓大学生常见的心理问题类型；
3. 掌握大学生心理发展的特点。

能力目标：

1. 会识别大学生常见的心理问题；
2. 会调节自身心理困扰。

素养目标：

能客观认识和接纳心理问题和心理疾病。

单元一　认识心理与心理健康

事说心语

一个夏天穿羽绒服唱歌的女生

小T，女，大二，班级贫困生。寝室同学反映小T最近经常逮着同学滔滔不绝地聊个不停，有时也会独自在寝室里听着音乐并大声唱歌。同学说她这个学期开始就有点反常，这两天更加严重。9月份的天气还很热，她会在寝室里穿着羽绒服又唱又跳，有时还会对着空气聊天。同学反映小T平时是一个很内向、在班里没有什么存在感的人，最近的反差实在太大，因此寝室几个同学一起来到心理咨询室，把这个反常情况告诉了心理老师。

心理老师让她们把小T最近反常的情况都罗列一下：

(1) 睡眠与饮食：跟同学讲自己最近每天只需睡一个小时甚至不需要睡觉。开学初宿舍聚餐后每天早出晚归，吃饭不规律，开学到现在看起来瘦了很多。

(2) 家庭中的自杀史：母亲因自杀已过世（不知是在其几岁时自杀的）。

(3) 反常行为：小T最近跟人说话时思维很跳跃，一会儿讲这儿，一会儿又讲那儿，而且情绪容易激动。以前她是一个很内向、低调、节约的学生，但是最近变得很开朗，逮着人就说，并且从头到脚打扮自己，浑身戴满首饰，涂紫色指甲油。

(4) 上课无缺席情况，课间其他同学都在休息，唯独她打开手机的音乐，大声听歌或唱歌，扬言要去参加《超级女声》歌唱比赛。

(5) 跟同学说觉得全班的男同学都喜欢自己，认为自己是独一无二、才貌双全的。

(6) 有一次晚上在寝室里穿着羽绒服又唱又跳，吓哭了同宿舍的一名同学，因为9月份的气温还很高，大家都只需穿短袖，她的这个行为让室友感到有点害怕。

听完室友对小T近来的反常行为的描述，你觉得小T的这一系列行为正常吗？日常生活中如何判断一个人心理正常还是异常？大学生心理健康的标准有哪些？

案例分析：

根据“病与非病”三原则，该案例中的学生当下行为反常，性情突变，可能有疑似精神疾病倾向，但还需要具体面询评估问题严重性。若评估结果的确符合疑似精神疾病倾向，需进一步转到专科精神疾病医院就诊治疗。

后在进一步面询中发现该学生说话速度过快，表现过于兴奋（强调自己不用吃饭、不用睡觉），判断疑似有精神疾病倾向。后联系家长建议尽快前往精神疾病医院检查。最后，由精神科医生诊断其为躁郁症，并建议其回家配合治疗。

指导建议：

(1) 具有疑似精神疾病倾向的案例，通常都需要精神科医生诊断确诊。因此，如果心理老师在评估问题的严重性后建议前往专科医院检查时要配合；

（2）对确诊的精神疾病，需配合医生的治疗，并严格遵医嘱。

温故知心

一、什么是心理学

微课

心理学研究概述

在日常生活中，如果你听到“心理学”这个词会想到什么？有人觉得心理学很神秘，认为学心理学的人一定能看穿自己在想什么；有人觉得心理学就是玄学，能未卜先知。事实上，这些都是大众对心理学以及心理学工作者的误解。如果要追溯心理学的前尘往事，可以追溯到19世纪的德国。1879年，德国心理学家冯特在德国莱比锡大学建立了世界上第一个心理学实验室，标志着科学心理学的诞生。总的来说，心理学是研究人的心理现象的科学，具体来说是研究人的行为和心理活动规律的科学。当然，从更广义的概念来说，除了对人的心理和行为的研究外，心理学也研究动物的心理与行为。不过，研究动物的心理与行为的目的也是更好地解释、预测与调控人类的行为。

（一）心理现象

心理学是研究人的心理现象的科学。人的心理现象纷繁复杂，表现形式也丰富多彩，你的所思所想、你的所作所为都与你认识世界、改造世界的一切活动及成果分不开。心理学把统一的心理现象划分为既相互联系又互相区别的两个部分：心理过程和个性心理。

图1-1向我们展示了人的整个心理现象的大致概述。人在认识这个世界的过程中，对这个世界产生的大致认识其实是有助于我们的认知过程的，也就是你的感觉、知觉、记忆、思维、想象等，这是构成我们对这个世界能否客观认识的前提要素。如果我们的感知觉出了问题，可能就会出现幻觉；如果思维出了问题，变得越来越迟缓了，脑子转不起来了，这些都可能是异常心理的一种症状表现。因此健康心理的前提就是我们对这个世界的认识是客观合理的。我们在认识这个客观世界的过程中会产生一系列态度反应，如看到这朵花感觉很开心，吃到美食感到很满足等，这就产生了一系列的情绪、情感反应以及相应的其他行为反应。当在追寻某个目标的过程中遇到挫折的时候，人就会调节自身的意志行为，调控自己的行为去努力达到这个目标，这就是心理过程中的意志品质和意志行为。但是，有没有想过，大千世界中的万物，为何就是这些事物被我关注和认识了？这事实上跟我们内在的心理动力，也就是个性倾向性有关，包括我们的需要、动机、兴趣等。因此，我们看到的、听到的，很多时候是经过了大脑加工后，在动机、需要或者兴趣的驱使下有所筛选的获得物。虽然我们生活在同一片蓝天下，虽然我们每天似乎同时接收这个纷繁世界的万千信息，但为什么我们又成为一个个截然不同的个体？这其实跟我们的个性心理特征是分不开的，包括能力、气质、性格等。

（二）心理的本质

如果某个男生摸着自己的胸口向一个女生表忠心、诉衷情，事实上他胸口跳动的那颗

- 心理活动结构
  - 心理过程
    - 认知过程——感觉、知觉、记忆、思维、想象等
    - 情感过程（情绪）—— 喜、怒、悲、恐、惊等
    - 意志过程——毅力、意志力等
  - 心理动力—— 个性倾向性——需要、动机、兴趣、信念、理想、世界观等
  - 个性心理
    - 个性特征——能力、气质、性格等
    - 自我意识——自我认知、自我体验、自我调节等
  - 心理状态——注意、意识等

图 1-1　心理现象的内容

红心与他对这个女生的爱或者不爱没有任何关系。他觉得这个女生是女神，热切希望这个女生能相信他对她的真心等心理过程，其实并不是来自他的心，而是他的大脑。人脑是人的心理活动的器官，如果人脑由于外伤或疾病而遭受破坏，人的心理活动就会全部或部分失调。没有脑的心理，或者说没有脑的思维是不存在的。正常发育的大脑为心理的发展提供了物质基础。我们与其他动物的本质区别就是我们有思想、有意识、有情感，这是人脑对客观事物加工后的产物。因此，人的心理是人脑对客观现实的反映。客观现实是人的心理活动的源泉。在心理学发展历史上，心理学家曾经做过类似感觉剥夺的实验，发现没有了客观事物的刺激，人类的心理状态会出现问题甚至发生混乱。

心理学与生活　　**感觉剥夺实验**

1954 年，心理学家贝克斯顿、赫伦和斯科特等研究人员在付给被试学生每天 20 美元的报酬后，让他们在缺乏刺激的环境中逗留。实验过程好像是非常愉快的。具体地说，就是在没有图形视觉（被试须戴上特制的半透明的塑料眼镜）、限制触觉（手和臂上都套有纸板做的手套和袖头）和听觉（实验在一个隔音室里进行，用空气调节器的嗡嗡声代替其听觉）的环境中静静地躺在舒适的帆布床上。开始时，许多被试都是大睡特睡，或者考虑其学期论文。然而两三天后，他们便决意要逃脱这单调乏味的环境。实验的结果显示：感到无聊和焦躁不安是最起码的反应。在实验过后的几天里，被试者注意力涣散，思维受到干扰，不能进行明晰的思考，智力测验的成绩不理想。另外，其生理上也发生明显的变化。通过对被试脑电波的分析证明其全部活动严重失调，有的被试甚至出现了幻觉（白日做梦）。

赫伦认为，有机体的心理的形成完全依赖于其所处环境。心理在它变得有能力进行新构成的反应以前基本上是空白的。有机体在每个年龄段都和它的环境不断发生交往。被试对实验环境出乎意料的反应正是其离不开所处环境的证明。赫伦还认为有机体的中枢神经系统有一种形成细胞结集的能力。从这里可以发展出作为一种机能作用单位的注意和知觉的习惯。因此，形成人们的知觉和注意的习惯方式有赖于我们早期所受的环境影响。我们从出生开始就只听见本民族的语言，因而被剥夺了非常丰富的听觉经验。在我们还是婴儿的时候，这样的环境就改变了我们的视觉系统，以致我们总是通过早期经验的局限性来看待世界，使我们不能适应改变了的环境。

二、什么是心理健康

（一）健康的概念

传统观点认为健康是人体生理机能正常、没有缺陷和疾病。但是随着现代科学技术的进步和各类医学模式的发展，人们对传统的健康概念提出了质疑。大量的医学实践也表明，很多疾病都不是纯生物学的因素造成的，而是紧张的社会压力导致的。由于生活水平的提高和生活条件的改善，由恶劣生活条件所导致的疾病如结核、痢疾等已大大减少，而由情绪紧张造成的疾病却大大增加了，如高血压、冠心病、精神病等。世界卫生组织（WHO）1946 年将健康定义为：“健康乃是一种在身体上、心理上和社会上的完满状态。而不仅是没有疾病和虚弱的状态。”1989 年世界卫生组织给出了新的健康定义：“健康不仅是没有疾病，而且包括躯体健康、心理健康、社会适应良好和道德健康。”

现代社会，我们对健康的新观念已经突破传统单一追求身体健康，也越来越关注个人心理的健康水平。同时，从身心一体观来看，身体和心理从来都是一体的。当我们的身体出现问题时，也会带来心理上的变化。比如，现代医学心理学发现，癌症患者在经历从得知癌症到接纳患癌事实的过程中会发生典型的心理发展过程。反过来，心理上的问题当然也会在一些时候转化成身体上的病痛来影响我们的生活。比如，过去我们国家的内科门诊中会把没有明显器质性病变却伴随着睡眠及情绪波动的身体某些疼痛归结为神经衰弱。但这几年我们对神经衰弱这个词的使用越来越少了，因为它已经逐步被分流到各类神经症的诊断中了。因此，这种过去所谓的神经衰弱事实上很多属于心理问题转化到身体上的一种躯体化反应。因此，不管是身体疾病还是心理疾病，都会威胁到我们的健康。身体健康和心理健康共同构成了一个人的健康。

（二）心理健康

1. 正常心理与异常心理的区分

如果你的某个室友突然在炎热的夏天穿上羽绒服，在不开空调的房间里又唱又跳，你会怎么看这位室友的行为？你会这么做吗？身边其他人会这么做吗？答案应该是否定的。

微 课

大学生的异常心理及其应对

这个让你看起来有点奇怪甚至匪夷所思的室友的行为，其实已经超出了正常人的行为范畴，可能是某种异常心理的行为表现，又或者是某些生活刺激影响下的极端应激反应。那么，在生活中，我们如何来区分一个人的正常心理与异常心理呢？根据心理学对心理活动的定义：“心理是客观现实的反应，是脑的机能”，我们可以从以下三个方面来确定心理正常还是异常。

第一，主观世界与客观世界统一性原则。因为心理是客观现实的反映，所以任何正常心理活动或行为，必须就形式和内容上与客观环境保持一致。简单来说，如果某个人声称自己看到或者听到了什么，但客观世界里他声称看到或听到的内容根本不存在，那么，我们基本可以判定他的精神活动可能是不正常的，可能产生了幻觉。换一种常识性解释，你也可以这么理解：如果一个人做出了身边其他人都不会有或不会做的行为，那么可能是异常。作为同学，你可能需要把这种情况及时告知班主任或者辅导员老师。当然，在告知的同时，请务必注意对其他第三方无关人士保密。

第二，心理活动的内在协调性原则。人的心理现象之一是心理过程，即认识过程、情绪情感过程和意志行为。区分三大类心理过程只是为了便于理解与研究，并不是说三者之间是分裂的，相反，他们是构成一个人精神世界的整体。因此这三者的表现形式应该是内在协调的，如果割裂了，那么可能也是这个人心理异常的一种表现。比如：当我们碰到高兴的事，通常应该表现得很开心，就是内在的高兴感受与外在的高兴行为是一致的。但是如果一个人内在的感受与外在的行为对不上了，那么可能就有问题了。再比如：心里想着不能再去洗手了，但是行为上依然控制不住自己要去洗手，这也是异常的表现，就是典型的强迫行为与反强迫思维的对抗，是需要进一步确诊的。

第三，人格的相对稳定性。每个人在长期的生活道路上都会形成自己独特的人格特征。这种人格特征一旦形成，便有相对的稳定性。在没有重大外界变革的情况下，一般是不会轻易改变的。如果一个人最近毫无预兆的突然之间发生了巨大改变，变得和过去你所认识的他不一样了，就一定要引起注意。例如：过去一个很内向、不爱说话，也没有什么存在感的人，最近突然变得非常外向开朗、侃侃而谈，这种情况是需要引起重视的。我们中国人有一句古话：江山易改，本性难移。人的本性虽然在外界环境或者教育的影响下可能会发生一定变化，但这种变化是很难的，也是很慢的，不可能一下子发生巨变。

2.心理健康的概念

第三届国际心理卫生大会（1946 年）曾为心理健康下过一个定义："心理健康是指身体、智能以及情感上，在与他人的心理健康不相矛盾的范围内，将个人心境发展成最佳的状态。"显然，这一定义过分突出了个人体验，而且"最佳"状态的标准难以掌握。

综合过去研究对心理健康概念的定义，我们认为，心理健康是指在智力正常发展的基础上，个性心理结构协调，能与外界环境适应、融洽，行为反应符合各自的社会角色，从而人格完整、情绪乐观愉快的状态。心理健康是一种积极、高效、满意、持续的心理状态，在这种状态下，人能做出良好的反应，具有生命的活力，而且能充分发挥其身心潜能。

心理健康是正常心理范畴下保持动态平衡的心理发展过程。前面我们已经大致了解了区分正常心理与异常心理的标准。异常心理属于精神疾病的范畴，通常情况下需要通过药物等医疗手段来治疗。而正常心理是一个人主客观一致、内外协调、人格相对稳定的心理状态。健康的心理状态是正常心理范畴中，围绕着我们所在群体的常模，我们也可以把这种统计学中的常模称作平均值的几个标准差范围内上下波动的一种状态。因此，健康的心理状态并不是代表永远不能有低落的情绪，永远保持在一个巅峰状态，这本身是不可能、不合理的。通常来说，人生起伏在所难免，偶尔产生的不良心理状态并不能完全称为不健康的心理，如果能及时调节或者及时恢复到常态，都可以认为是健康的心理状态（见图 1－2）。

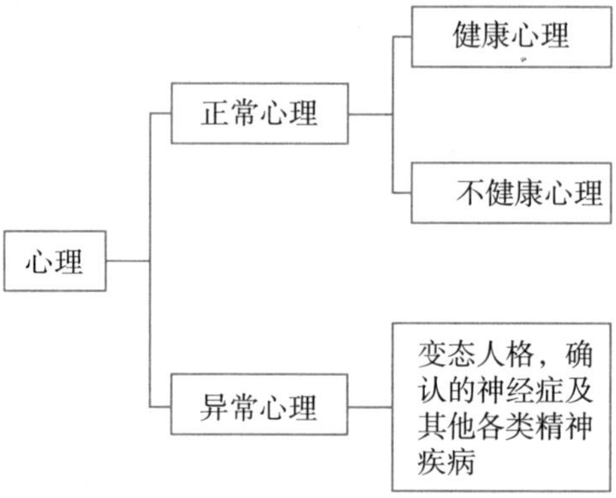

图 1-2　正常心理、异常心理的关系

（三）心理健康的特点

1. 相对性

人的心理健康具有相对性，与人们所处的时代、环境、年龄、文化背景等方面的因素有关。因此我们不能仅仅以一种行为或者一种偶然的行为来判断他人或自己心理是否健康。

2. 连续性

心理健康与不健康不是泾渭分明的对立面，而是一种连续或交叉的状态。良好的心理健康状态到严重的心理疾病之间是一个渐进的连续体。异常心理与正常心理、变态心理与常态心理之间没有绝对的界限，只有程度的差异。

3. 可逆性

如果我们不注意心理保健，经常出现不良心理状态，那么心理健康水平就会下降，甚至出现心理变态或患上心理疾病；反过来，如果我们心理有了困扰或出现失衡，学会及时自我调整和寻求心理咨询帮助，就能很快解除烦恼，恢复愉快心情。

4. 动态性

心理健康的状态不是固定不变的，而是一个动态发展的过程。心理健康的水平会随着个人的成长、经验的积累、环境的改变及自我保健意识的发展而发生变化。

扪心问诊

心理自测：抑郁自评量表（SDS）

请根据你一周以来的实际感觉在表 1-1 中适当的数字上打“√”，1 为没有或很少时间有；2 为有时有；3 为大部分时间有；4 为绝大部分或全部时间都有。

表 1-1　抑郁自评量表（SDS）

序号	题目	你的选择			
		1	2	3	4
1	我感到情绪沮丧，郁闷				
2	我感到早晨心情最好				
3	我要哭或想哭				
4	我夜间睡眠不好				
5	我吃饭像平时一样多				
6	我对异性仍保持兴趣				
7	我感到体重减轻				
8	我为便秘烦恼				
9	我的心跳比平时快				
10	我无故感到疲劳				
11	我的头脑像往常一样清醒				
12	我做事情像平时一样不感到困				
13	我坐卧不安，难以保持平静				
14	我对未来感到有希望				
15	我比平时更容易激怒				
16	我觉得决定什么事很容易				
17	我感到自己是有用的和不可缺的				
18	我的生活很有意义				
19	假如我死了别人会过得更好				
20	我仍旧喜爱自己平时喜爱的东西				

计分方法：选 1 计 1 分，选 2 计 2 分，选 3 计 3 分，选 4 计 4 分，注意，第 2、5、6、11、12、14、16、17、18、20 为反向计分题，即选 1 计 4 分，选 2 计 3 分，选 3 计 2 分，选 4 计 1 分。

将 20 个题目的得分相加，再乘以 1.25 以后取整数部分，即为得分。

解释：得分≤52，无抑郁；52＜得分≤62，轻度抑郁；62＜得分≤72，中度焦虑；得分＞72，中度抑郁。请注意，该得分仅能作为一项参考指标而非绝对诊断标准，若有相关疑惑，请咨询校心理咨询中心老师或精神科医师。

学思践心

活动一　我的心理观

活动目的：通过活动制造热烈气氛；建立融洽亲近气氛，让大家加深对彼此的认识，澄清自己对心理健康课的诉求与认识。

活动过程：

1. 成员围成两个人数相等的同心圆，面对面相对而立。

2. 指导者宣布规则：在你面前的人，你可以有三种选择，与对方微笑、握手、拥抱。当你想微笑时，伸出一个手指并高举过肩；当想和对方握手时，伸出两个手指高举过肩；想和对方拥抱时，伸出三个手指高举过肩。如果对方和你的手指数一样，你们就可以按照你们的选择微笑、握手或拥抱。如果你们手指的数目不一样，你们就什么也不要做。你们只有很短的时间选择，活动结束后，我会高喊："向右迈一步。"所有的人听到指令后立即向右迈一步，然后与站在你面前的新人重复以上的动作。游戏开始。

3. 活动讨论：做这个游戏你有什么体会？

活动二　心灵探索

活动目的：澄清大家对课程的诉求与认识。

活动过程：

1. 所有同学通过1、2、3、4报数分组，每组选出一个组长。

2. 活动讨论：

（1）你认为心理健康可以帮助你解决什么问题？

（2）你希望通过上心理健康课获得什么？

（3）目前你最大的烦恼是什么？

3. 每个小组至少派一位代表总结该小组同学对这三个问题的看法。

活动三　心有千千结

活动目的：进一步加深彼此间的了解，促进彼此间的团队合作。

活动过程：

1. 全班分成两组，每组同学围成一个封闭圈。

2. 要求所有同学记住自己左右两边的同学后随意走动，并播放音乐。

3. 音乐停止，要求所有同学停止走动，左手拉住刚刚左边同学的右手，右手拉住右边同学的左手。

4. 手拉住不放的同时，要想尽一切办法恢复到正常的牵手状态（最快恢复原状的小组即为胜者，落后的小组则需要受到惩罚，可集体表演节目或者派代表表演）。

5. 活动讨论：

（1）解开"心结"的时候你们做了什么？

（2）哪位同学给你的印象最深刻？为什么？

单元二　大学生的心理健康

事说心语

跑遍医院寻良药的男生

某高职学院一年级男生，入学两个多月来，经常感到头疼、头昏、疲乏无力、失眠多梦、食欲不佳，体重下降了很多，对学习感到吃力，提不起精神，注意力不能集中，记忆力明显减退，整个人好像丧失了动力一样，脾气变得很坏。他跑遍了市内各大医院的内科与神经科，做了脑电图、CT 等检查，可结果都是正常的，医生让其服用各种补脑安神的中药，却一点效果都没有。这名男生到底得了什么病？是不是心理有问题？他的心理是否健康？他该怎么办？

案例分析：

从以上案例可以看出，这名男生身体没有疾病，而是心理有问题，他有神经衰弱的症状。神经衰弱是指精神容易兴奋和大脑容易疲劳并伴有情绪烦躁和一些心理、生理症状的一种神经症。它是一种常见的神经官能症，此病多发于 16～40 岁青壮年，两性无差别，常见于脑力劳动者、青年学生群体，重度患者不仅身体和精神痛苦，而且会影响工作、学习和生活。神经衰弱的特征是易兴奋、易激惹、易衰竭，常有失眠、头痛、抑郁、注意力涣散、记忆力减退和情感脆弱等症状。患者经常感到精力不足、萎靡不振、不能用脑或脑力迟钝，肢体无力，困倦思睡；特别是工作稍久，即感注意力不能集中，思考困难，工作效率显著减退，即使充分休息也不足以恢复其疲劳感。很多患者自述做事丢三落四，说话常常说错，记不起刚经历过的事；有些患者感到头重、头胀、头部紧压感，或颈项僵硬；有些患者则诉述腰酸背痛或四肢肌肉疼痛，还会出现头昏、眼花、耳鸣、心悸、心慌、气短、胸闷、腹胀、消化不良、尿频、多汗、阳痿、早泄或月经紊乱等。

引起神经衰弱的原因很多，社会心理因素是神经衰弱的主要病因。如工作、学习负担过重、持续的精神过度紧张、考试压力大、学习目标超过实际能力、人际关系紧张、竞争激烈、亲属死亡、家庭重大不幸和生活受挫等都会引起神经衰弱。社会心理因素是否会致病，取决于刺激的性质、强度和作用的时间，还与个人性格有关。

指导建议：

大学新生初到一个生活、学习环境，不大适应，会感觉有无形的压力，而且学习任务繁重，长时间过度学习，不注意用脑卫生，往往容易导致神经衰弱。为避免这种不良结果的产生，提出如下建议：

（1）学会自我调节，加强自身修养。学会以适当方式宣泄自己内心的不快和抑郁，以解除心理压抑和精神紧张。家人及周围的人要努力给其创造一个和谐的环境，使其生活得轻松、愉快，减少思想负担，有利于早期治愈。

（2）正确认识自己。对自己的身体素质、知识才能、社会适应力等要有自知之明，尽量避免做一些力不能及的事情，或避免从事不适合自己的体力和精神的活动，好高骛远、想入非非、杞人忧天、为了名利和地位而费尽心机，都是不好的。

（3）培养豁达开朗的性格。脾气、性格一旦形成，一朝一夕确实是很难改变的。但天下无难事，只怕有心人。只要对培养良好的性格有心有意，良好的性格自然就会找上门来。

（4）提倡顾全大局。遇事要从大局着想，如处理人际关系时，严于律己、宽以待人，互相理解、体谅，是防止人际关系紧张的有效方法之一。在处理家庭关系、同事关系、邻里关系或上下级关系时尤应如此。

（5）善于自我调节，有张有弛。对于工作过于紧张、过于繁忙，或学生学习负担过重以及生活压力很大的人，都有必要自我调节，合理安排好工作、学习和生活的关系，做到有张有弛、劳逸结合，这样做还能提高工作效率。

（6）加强人际沟通，建立良好的人际关系。积极参加学校各项活动，多种活动能促进成员之间、群体之间的交往，开阔眼界和心胸，以增进了解、信任和彼此的吸引力。在交往中互诉疑难、排除焦虑、缓解紧张。

温故知心

一、大学生心理发展特点

第一，本书中的大学生主要是针对高职生而言。高职生是大学生的一部分，具有一般大学生的心理共性。我们所指的高职生是通过高考考入高职学院的三年制高职生。他们的年龄正处在18～22岁，心理发展处于迅速成熟而又没有完全成熟的过渡期，美国心理学家霍林沃斯称为“心理断乳期”。

微课

大学生心理发展特点

他们精力旺盛、情感丰富，思维的理性水平大大增强，具有一定的独立性和批判性，自我同一性初步确立。他们自我意识觉醒，正处在不断分化、整合的过程，追求个体存在价值的欲望强烈，情绪较高中阶段稳定，但调控能力还很有限，易于激动、烦躁、不安，加上对自身和外界的怀疑，容易做出一些过激或出人意料的行为。他们的人生航行正由“青年心理学之父”——美国的霍尔所指的“疾风怒涛”时期向“相对平稳”时期过渡。

第二，高职生又有着与普通本科大学生相区别的心理个性。首先，从生源特点来看。当前高职的生源是高中毕业生中成绩中等偏下的学生，他们通常会被社会扣上“应试教育的失败者”“本科录取的落榜者”的帽子。不少学生存在学习目标不明确、行为习惯不良、缺乏意志力、网瘾、早恋等现象，在行为和情绪上出现困扰的比重大于普通本科高校学生。其次，从培养目标来看。教育部《关于加强高职高专教育人才培养工作的意见》明确指出：高职高专“培养拥护党的基本路线，适应生产、建设、管理、服务第一线需要的，德、智、体、美等全面发展的高等技术应用性专门人才”。可见高职教育主要是为地方经济建设和社会发展培养应用型、技能型人才。但不少高职生对自己未来的职业没有正确的认识，并不看好自己的前途，对未来缺乏信心，甚至自暴自弃。最后，从培养内容来看。高职不仅要求学生学好必备的基础理论和专业知识，而且重点要掌握从事专业领域实际工作的基本技能，多数高职生文化基础知识不扎实，对基础理论的学习缺乏耐心，加上专业技能过关和职业资格证书的压力，不少同学逐渐失去学习的兴趣，厌学情绪较严重，表现为意志力薄弱，对学习能力存在一定自卑心理等特点。

二、大学生心理健康的标准

（一）智力正常

具有旺盛的求知欲和浓厚的学习兴趣，能体验到学习与成功的快乐。大学生一般智商都比较高，学习是他们生活的主要内容。具有健康心理的大学生，目标明确、学习热情高、精力旺盛、朝气蓬勃、不畏艰难、孜孜不倦，在学习中经常体验到满足与快乐。而抱着“六十分万岁，多一分浪费”思想的学生终日懒洋洋，糊里糊涂混日子，体验不到成功的喜悦。

（二）具有独立生活能力

独立自主，能够自我选择、自我决定是大学生适应环境和拥有自信的表现。这一能力体现了其生存能力。在竞争的时代，在众多选择面前，大学生要有独立处理自己生活的能力，要学会自己做决定。

（三）具有正确的自我意识

能正视自我与悦纳自我。自我意识是大学生人格的核心，是其对自己以及自己与周围世界关系的认识与体验。正确的自我意识是指既能客观地认识与评价自己，又能坦然地认可和接纳自己；既不自卑，又不自负；善于根据自身特点，在适应现实与改造现实的过程中扬长避短，努力开发自身的潜能，并积极创造事业成功与生活美满的机会。大学生健康的心理应该是自我评价客观，能够接纳自我，不苛求自己；既不妄自尊大而做力所不能及的事情，也不妄自菲薄而甘愿放弃可能的发展机会。

（四）具有完整统一的人格品质

有较强的意志品质，能承受挫折。人格是个人比较稳定的心理特征的总和。人格完整是指构成大学生人格要素的气质、能力、性格、理想、信念、人生观等各方面均衡发展，不存在明显缺陷。有积极进取的人生观，并以此为中心，有效支配自己的心理行为。只有克服了各种困难、超越自我的人才可能达到辉煌的顶点。

（五）情绪乐观

具有协调和控制情绪的能力。良好的心境使大学生经常保持愉快、开朗、自信、乐观、满足的状态，对生活充满希望。在痛苦、忧伤等不良情绪袭来时，能合理地宣泄不良情绪。善于表达、控制、调整情绪并保持情绪的稳定及与周围环境的平衡。

（六）具有良好的适应和改造环境的能力

大学生适应和改造环境的能力是由其生活态度决定的，标志着心理健康的水平。即使学习环境、生活环境、自然环境与人际环境等都发生了新的变化，也能较快地适应环境并保持心理平衡。心理健康的大学生能在环境改变时正确面对现实，对环境做出客观正确的判断，不怨天尤人；能与社会保持良好的接触，使自己的思想、行为与社会协调一致。

（七）具有良好的人际交往能力

人际关系和谐，善于与人合作，有安全感和幸福感。良好的人际关系是心理健康的润滑剂。人际关系和谐的人有安全感和幸福感。大学生只有学会与人合作，善于与人交往，才能获得自身的精神快乐与成功发展。健康的人善于与他人接触，以乐观豁达、宽容理解的心态与人相处，既能正确认识他人，尊重与接纳他人，善于发现与学习他人的优点与长处，也能够包容他人的缺点与不足，正确处理个体与群体的关系。

（八）具有符合年龄特征的心理行为

行为协调，反应适度。不同年龄阶段有不同的心理行为。心理健康者具有与多数同龄人相符合的心理行为特征。如果严重偏离，就是不健康的表现。果断决策与理智行为可以表现出行为的统一性、持续性和协调性，对于各种刺激的反应常常恰如其分。反应强度适当，该激动时就激动，该冷静时就冷静，与外部环境刺激的强度及变化基本保持一致。

三、大学生常见心理问题及疏导

（一）什么是心理问题

微　课

大学生心理健康及其问题表现

这里所说的心理问题是指与健康心理相对应的不健康心理，是指影响个体正常行为和活动效能的心理因素或心理状态。首先需要强调的是，不健康心理或者说心理问题，它的前提是正常心理，而非我们平常一些人误解的变态心理。变态心理是异常心理，是精神疾病的范畴。相对于心理健康，心理问题是正常心理范畴中的动态失衡状态。对于大学生来说，这种问题的呈现往往有一定的社会刺激因素，从而产生情境性的情绪行为反应。一般来说，一些心理问题的产生可能是暂时的，同时通过自己的积极调解可以恢复到常态。因为心理状态与身体有相似性，都具有一定的自愈能力。但如果一些问题的产生持续时间过长，或者给自己带来的影响太大，并且已经超出了自己调整的能力范围了，那么就需要找专业老师进行调节与辅导。

（二）大学生常见的心理问题

1. 生活适应问题

这一问题在新生中表现得最为突出。新生来自全国各地，以往的家庭环境、受教育环境、成长经历、学习基础等都相差很大；来到大学后，在自我认知、同学交往、自然环境等各方面都面临全面的调整和适应。目前大学生的自理能力、适应能力和调整能力普遍较弱，生活适应问题广泛存在。有的学生因为思家、恋旧常常以泪洗面；有的学生厌学、彷徨、无所事事；有的学生失眠、抑郁，在焦灼中混日子；更有的学生则想休学、退学。

2. 学习问题

大学生的主要任务是学习，学习上的困难与挫折对其影响是最为显著的。大量事实表明，学习成绩差是引起大学生焦虑的主要原因之一。由于大学学习与中学学习存在很大的不同，因此很多学生存在学习问题，包括学习方法、学习态度、学习兴趣、考试焦虑等。例如：毛某是高职二年级学生，来自某重点中学。在中学时他算班上成绩优良的学生，学习上从未有过吃力的感觉。进入大学后，经过一段时间的学习，他在班上名次掉到最后，自尊心受到了打击，从此放弃了努力。第一学年结束时毛某两门功课不及格，觉得对不起父母，萌生了留级或退学的念头。

3. 人际关系问题

受应试教育的影响，一些大学生较为封闭，人际交往能力较弱。进入大学后，如何与周围的同学友好相处、建立和谐的人际关系是他们面临的一个重要课题。由于每个人待人接物的态度不同、个性特征不同，再加上青春期学生固有的羞怯、敏感和冲动，大学生在人际交往过程中不可避免地会遇到各种困难，从而产生困惑、焦虑等心理问题。这些问题甚至会严重影响他们的健康成长。例如：某学院机械专业二年级学生林某上了大学后因为不知道如何与他人交往而吃尽了苦头。上学一年多，他和班上同学很不融洽，跟同寝室人发生过几次不小的冲突。他后来只能搬出宿舍，几乎不与同学来往，集体活动也很少参加，与同学感情淡漠，常常感到特别孤独和自卑。长期的苦恼和焦虑使他患上了抑郁症，甚至失去了学习信心。他厌倦学习，厌恶同学，坚持要休学。

4. 恋爱问题

恋爱问题一直是大学校园的热门话题，也是大学生非常关注的自身问题之一。大学生处于青年中期，性发育成熟是重要特征，恋爱问题是不可避免的。由于接受青春期教育不够，很多学生根本没有弄懂什么是真正的爱情，对异性的神秘感和渴望交织在一起，由此产生了各种心理问题，严重的会导致心理障碍。有的学生在求爱遭到拒绝后陷入深深的自责与自卑中；有的学生因遭遇“第三者”而焦虑、抑郁；有的学生为单相思或暗恋某人而茶饭不思；有的学生为失恋而萌发报复或自杀的念头。

5. 经济方面的问题

大多数大学生在大学过着衣食无忧甚至非常舒适、潇洒的日子，但也有一部分学生为学费和生活费一筹莫展。更让他们难以忍受的是同学的嘲笑和不理解。这些情况会使他们的自尊心受创，造成性格孤僻、心情忧郁、烦躁不安的情况，导致学习成绩下降，人际关系冷漠，会严重地影响学习、生活和健康，如不及时加以引导和解决会发展成严重的心理障碍。例如：某学院李同学，家境贫寒，考上大学本来非常高兴，好不容易凑够学费入了学，到校后却因经济困难觉得自己穿得太寒酸。因为参加集体活动又要花钱所以他就很少参加，遭到同学的嘲笑和排斥。他觉得同学们伤害了他的自尊，于是慢慢地疏远了集体。他想以优异的成绩证明自己的能力，但委屈、烦躁、苦闷、孤独、自卑常常侵扰着他，结果导致他注意力难以集中、记忆力下降、四肢无力、胸闷心悸。到医院检查，医生鉴定其得了抑郁症。

6. 择业问题

经过几年的勤学苦练，每个大学生都希望找到一份满意的工作。他们会考虑个人理想、薪资报酬、社会声望、工作条件、发展前途等因素。而如今社会竞争激烈，用人单位的要求也越来越高。很多大学生在校时一心只读圣贤书，与社会接触少，对社会缺乏真正的了解。这些情况导致他们在找工作时总觉得不遂己愿，感到失落、不安、彷徨和焦虑。

（三）解决措施与疏导方法

微课

揭开心理咨询的面纱

1. 遵循与采纳一些务实有效的建议

（1）适应环境，主动学习。从中学来到大学，新的同学、新的生活条件等都有可能使大学生出现陌生、好奇、拘谨、惊慌失措等不适应新环境的现象。中等强度的不适应感有可能激发向上的勇气或进取的潜能。但如果不适应感过强则可能导致自卑、焦虑、压抑等不良心理反应，给生活、学习带来负面影响，甚至无法在校正常学习。进入大学应该选择面对现实，主动适应新的学校生活，尽快熟悉周边环境（包括教室、食堂、图书馆、浴室等），了解当地的风土人情，和周围的同学尽早熟悉起来。在学习方面应该逐步培养主动获取知识、制定学习计划、培养自主学习的好习惯，并积极找出一种更加适合自己的学习方法。

（2）认识自身，悦纳自我。我们常说“人贵有自知之明”。大学生对自己的一切不但要充分了解、正确认识，还要坦然承认、欣然接受，不能欺骗自己、排斥自己、拒绝自己，更不能厌恶自己。总的来说，悦纳自我包括三方面：第一，接受自己的全部，无论是优点还是缺点，无论是成功还是失败；第二，无条件地接受自己，接受自己的程度不以自己是否做错事而有所改变；第三，喜欢自己，肯定自己的价值，有愉快感和满足感。

（3）乐于助人，广交朋友。乐于助人是一种朴实的中国传统美德。每个大学生都有遇到困难的时候，这时就需要我们伸出援助之手给予他人帮助。澳大利亚科学家发现：拥有较多朋友的人，心理比那些朋友少的人健康，寿命也比朋友少的人长。因此大学生要积极广交朋友，参与社会活动，经常与亲朋好友沟通，保持心理健康。

（4）磨炼意志，陶冶情操。大学生可以参加野外素质拓展训练，通过参与快乐、轻松又富有挑战性的游戏激发个人潜能、塑造团队精神，提高自己的环境适应能力、应变能力、控制与决断能力。挖掘自身蕴藏的巨大潜力，增强自信心，培养战胜困难的毅力，以更积极的态度沉着地应对生活中的挑战。

（5）有张有弛，健康生活。英国科学家贝弗里奇说：“疲劳过度的人是在追逐死亡。”如果长期处于疲劳状态，不仅工作效率低下，还会诱发疾病。大学生平时要学会调节生活，短途旅游、游览名胜、爬山远眺、听音乐、跳舞、唱歌、观赏花鸟鱼虫都是解除疲劳的好方法。

（6）正视问题，寻求帮助。对于心理疾病的“病毒”，每个大学生都应有积极预防的意识和坦然面对的心态。有了心理问题不是一种错误，也不是软弱无能的表现，而是表明一个人在成长过程中遇到了障碍，暂时还没有找到好的方法来解决它。因此，产生心理障碍没什么可难为情的，最重要的是如何寻求各种帮助越过这个障碍，不应退缩回避、自怨自艾或怨天尤人，更不应选择对抗。

（7）升华理想，确定目标。社会需要有学习能力、积极向上、具有团队精神和身心健康的高素质、创新型、专业型人才。大学时期是一个人理想形成的重要时期，也是一个人立志的关键时期。在进入大学后，要学会独立思考，确立好自己的理想和人生目标，并为此而努力奋斗。

2.合理、适度地运用一些减压方法

（1）压抑作用。压抑作用是指个体将一些自我不能接受或具有威胁性、痛苦的经验及冲动在不知不觉中从个体的意识中排除到潜意识里去的作用。例如：宿舍同学都在睡午觉，某同学戴耳机听音乐很是陶醉，特别想放声高歌一曲，但他马上意识到这是不应该的，于是打消了这一念头。

（2）否定作用。否定作用是一种否定存在或已发生的事实的潜意识心理防卫术。它将已发生而令人不快或痛苦的事情完全否定，以减轻心理上的痛苦。这种防卫术能使个体从难以忍受的思想中逃避，也同样可借此逃避个体难以忍受的愿望、行动、事故，以及由此引发的内心焦虑。例如：不慎将花瓶或杯子摔破后，知道闯了大祸而用双手把眼睛蒙起来，回避已发生的事实，以免除心理上的负罪感或痛苦，这种“眼不见为净”就是否定作用的表现。

（3）退化作用。退化作用是在遭受外部压力和内心冲突不能处理时借此退回到幼稚行为以使自己感到舒服、安慰的一种心理防卫术。

（4）幻想作用。幻想作用是指一个人遇到现实困难时因无法处理而利用幻想的方法使自己从现实中脱离开或存在于幻想的境界中，以得到内心的满足。理想化作用是幻想作用的表现之一。

（5）转移作用。转移作用是指把对某一方的情绪反应转向另一方的心理防卫机制。例如：受到老师的批评后回去朝同学或书本撒气。转移作用可使个体的消极情绪及时地发泄出去，减轻精神负担，但应该注意的是转移的对象应是比较安全的且为大家所接受的。转移作用还表现为转移个体对当前情境的注意力。如不良情绪到来时，听听音乐、打打球或找朋友聊聊天等。

（6）合理化作用。合理化作用又叫文饰作用，是指个体无法达到目标或行为不符合社会规范时用有利于自己的理由来为自己辩解，将面临的窘迫处境加以修饰，从而为自己求得解脱的一种心理防卫机制，如“酸葡萄效应”和“甜柠檬效应”。合理化作用如运用得当可以消除紧张心理，缓解挫折感，但运用过度会妨碍个体去追求真正需要的东西。

（7）投射作用。投射作用是指个体将自己不喜欢或不能承受但又是自己具有的冲动、动机、态度和行为转移到他人或周围事物上，认为他人或周围事物也有这样的动机和行为。如“以小人之心度君子之腹”“我见青山多妩媚，料青山见我应如是”等就是投射作用的写照。

（8）摄入作用。摄入作用与投射作用相反，指广泛地、毫无选择地吸收外界的事物，而将它们变为自己内在的东西。如常言所说“近朱者赤，近墨者黑”。

（9）反向作用。反向作用又称“矫枉过正”现象，是为处理一些不能被接受的欲望及冲动所采用的方法。例如：有的人对伺机报复的对象内心憎恨，而表面却非常温和，过分热情。

（10）补偿作用。补偿作用是指个体企图用各种方法来弥补因生理或心理缺陷而产生的不适感，从而减轻不适感的心理防卫机制。所谓“失之东隅，收之桑榆”即为补偿作用。补偿作用若运用得当，对维护自身形象及抵御挫折是有好处的。例如：有生理缺陷或相貌较丑的人，可以先天不足后天补，发奋努力追求新的目标，以避免不必要的挫折感。

（11）仿同作用。仿同作用是指把所钦佩或崇拜的人的特点当作自己的特点，用以掩护自己的短处。仿同有两种：一种是近似模仿，如在不知不觉中，男孩模仿父亲，女孩模仿母亲；另一种是利用别人的长处满足自己的愿望、欲望，如一个不漂亮的女孩子喜欢和一个漂亮的女孩子做朋友，她可以为别人夸奖她的女伴而感到自豪。

（12）隔离作用。隔离作用是指把部分事实从意识境界中加以隔离，不让自己意识到，以免引起精神的不愉快。最常被隔离的是整个事情中与事实相关的感觉部分。例如：老人去世常不说“死”而说“归天”“长眠”等。

（13）抵消作用。抵消作用是指以象征性的事情来抵消已经发生了的事情，以消除心理上的不舒服的一种心理防卫机制。例如：某人由于某些原因误解了好朋友，伤害了对方，于是选择时机帮朋友买饭、打水或找借口给朋友送件礼物，以此来抵消内心的愧疚。抵消作用能使个体缓解心中的不安和内疚，有助于维持人际关系，但过分使用易有“自欺欺人”之嫌。

（14）升华作用。升华作用是指把被压抑的不符合社会要求的冲动或欲望用符合社会要求的建设性方式表达出来的一种心理防卫机制。例如：受到失恋的打击后通过写诗、绘画等抒发被压抑的情感。升华作用能使心理冲突得到宣泄、消除焦虑，还能满足个体的创作与成就需要。

（15）幽默作用。幽默作用是指当一个人处于难堪境地时，可使用幽默来化险为夷；或通过幽默来间接表达潜意识，在无伤大雅的情况下表达意愿、解决问题的一种心理防卫机制。幽默作用是一种较高层次的、成熟的心理防卫机制。哲学家苏格拉底有位脾气暴躁的夫人。有一天，当苏格拉底正跟一群学生谈论学术问题时，夫人突然跑了进来。她先是大骂，接着又往苏格拉底身上浇了一桶水，把他全身都给弄湿了。可是苏格拉底只是笑一笑说：“我早知道，打雷之后一定会下雨。”这本来是个很难为情的场面，但苏格拉底一句幽默话就化解了。

3. 正确掌握一些自我调节方法

（1）运用认知调节方法纠正绝对化看待事物、以偏概全过分概括化和可怕糟糕至极化的不合理信念。

（2）运用心理调节方法培养强者心态。这主要表现为对待人生自信积极、乐观微笑；对待困难满不在乎、轻松自如；对待他人不卑不亢、宽仁博爱；对待挫折拿得起、放得下。

（3）掌握“心理加减乘除法”。加法——积极参加体育锻炼与文化活动，拓展生活圈子。减法——降低生活标准，接受别人帮助，不要过高地苛求自己。乘法——学会多留一些时间给自己，累了一定要休息与放松一会儿。除法——不要总想自己能够同时做好几件事，多考虑如何提高做每一件事的效率。

4.深入了解一些心理咨询辅导的知识与方法

（1）采用个人经验法与科学测量工具法来诊断与判定自身是否存在心理障碍。考虑自身行为与现实社会文化之间是否协调一致或关系融洽。常规心理测验量表有评价个人整体人格量表（如卡特尔 16 型人格调查表）、评价个人心理健康水平量表（一般性评定量表，如 SCL-90 症状自评量表和大学生人格问卷；专门评定量表，如孤独症行为评定量表）、确定治疗方案量表（如艾森克 EPQ 人格调查表）。

（2）要慎重选择心理咨询机构。目前国内心理咨询机构主要有学校心理咨询中心、专业的心理咨询机构和各种医疗机构下设的心理咨询门诊三类。

（3）在咨询会谈过程中要注意倾听与理解。要建立一种相互尊重、真诚、平等、信任的合理咨询关系。可以进行直接的情绪宣泄，不必顾虑，但不能完全依赖咨询者帮助解决问题，关键是要学会自助，达到自我成长。

心理学与生活 日常对心理咨询的误解

Q1：心理咨询可以马上提供解决方案。

有的同学会认为心理咨询跟中医开方一样，望、闻、问、切，开个药方，自己回去吃就好了。有同学会问：能给我一个确切的解决方案吗？有同学会问：多久能见效？

心理咨询不是一蹴而就的，不管什么流派什么取向，至少咨询师要了解你的大致情况、你的咨询目标，还需要建立基本的信任关系，才能很好地跟你开始工作，一个你都不怎么信任的人，跟你聊了一个小时，就跟你说，第一你应该怎么样，第二要做什么，大多是个片面的方案。此外，即使你得到一个方案，也不一定会去完整地执行。这样的误解其实也是在神化心理咨询。

Q2：心理咨询就是聊聊天。

心理咨询最多的方式就是“话疗”。两个人坐在咨询室，有时候你说话，有时候咨询师说话，看上去像是在聊天，但是没那么简单。咨询师跟你说的每句话几乎都带着自己的觉察，带着自己的理论支持，不是想到哪儿说哪儿。而对于来访者来说，从咨询师看似轻描淡写的话语中也许就能感受到温暖、理解和力量。

Q3：你知道我在想什么。

这个已经算是学心理学的一个梗了。

心理老师：我是学心理学的。

学生：啊，那你是不是知道我在想什么了？我以后要离你远点，不然我想什么你都知道。

心理学专业里确实会有人研究测谎、微表情之类的，但是这跟心理咨询的关系不大，而且也是基于分析的前提才能提出结论，而不是站在那里就知道你在想什么，那是超能力。

现实中的“知道对方在想什么”，其实是指在咨询过程中，来访者认为咨询师明白自己在说什么、在想什么，那是咨询师对来访者的共情和理解，是站在来访者的角度去思考问题。这有别于大众认为的“读心术”，而是来访者产生了“有人能理解我的感受了”的想法。

Q4：心理咨询就是说教。

缺乏经验的咨询师会把咨询过程变成说教、指导的过程。“都过去那么久了，你别放在心上。”“想开一点吧，不经历风雨怎么见彩虹。”“××也是为了你好，你这样做确实不对，应该……”来访者来咨询不是想来听这些的，而心理咨询也不是为了扭转来访者的价值观的。

Q5：来做心理咨询的人都有病。

其实现在大家对于心理咨询已经不会强烈地污名化，渐渐开始接受，但是如果等到自己被建议去做心理咨询的时候，可能还是会说一句：“我没病，我挺好的，不用做心理咨询。”

心理咨询的用途说得通俗一点：有病治病，无病强身。而且这些“病”里面，不包括精神类疾病，因为相关法律法规规定，心理咨询师没有诊断权，所以精神类疾病、严重心理问题都需要去专业的医院做诊断治疗，心理咨询只是辅助治疗。

现在来做心理咨询的人，大多都有压力、情绪、情感、就业焦虑等问题。可以理解为来做心理咨询的人，大多是希望提升自己生活质量的人。

Q6：心理咨询能帮我挽回爱情。

在校的心理咨询中，最多的就是情感问题。当今社会的同学似乎不太会处理亲密关系，当遭遇被分手、被出轨等事件时，想到的就是找人帮我把他（她）追回来。但心理咨询可能做不到你想要的那样，只能帮你疗愈创伤，或者在另一半也有意挽回时，帮你们探索如何更好地相处可以不分手，以及让自己在未来更好地去投入一段亲密关系，而不是重蹈覆辙。

扪心问诊

心理自测：心理健康测验

中国科学院心理研究所王极盛教授编制了一份心理健康测验表（见表 1－2），用于心理健康的自我测定。此表只用于粗略检查，不能用于正式诊断与筛选。测验时在每项右边五级标记栏中选中一栏打“√”。

表 1－2　心理健康测验表

项目	测验标准				
	无	轻	中	重	很重
1. 身体有衰弱感					
2. 身体有刺痛感					
3. 怕痛					
4. 皮肤破了不易好					
5. 动作迟钝					

续表

项目	测验标准				
	无	轻	中	重	很重
6.注意力难以集中					
7.记忆力不好					
8.丧失兴趣					
9.难以摆脱苦恼					
10.为自己的病情烦躁					
11.常为一些小事而着急					
12.平时情绪易紧张					
13.关心身体的程度超过身体健康实际需要关注的程度					
14.遇到紧急的事心跳加快或出汗					
15.情绪易波动					
16.思维迟钝					
17.想象力贫乏					
18.容易发怒					
19.难以控制自己的情绪					
20.精神不能放松					
21.情绪易波动					
22.难以入睡					

根据测验结果，可将受测者的心理健康水平分为以下四类：

第一类：心理健康水平高——表中 22 个项目的答案均为“无”。

第二类：心理健康水平一般——表中 2/3 的项目基本答“无”，其余基本为“轻”。

第三类：心理健康水平较低——表中半数左右答案为“无”，其余分布于各等级。

第四类：心理不健康——表中答案基本分布于“重”“很重”两栏。

学思践心

你好，新同学

活动目的：通过活动，帮助班级同学之间打破陌生，接纳彼此，并能更好地融入并适应大学生活。

活动过程：

■ 第一步：相见欢

规则：

1.每个同学写一张胸卡，注明姓名，并写上自己最喜欢的一句话。

2.报数分组，从 1 到 8，相同的数字为一组，组内同学相互认识，团队的每个成员都参与，想出队名和口号，并做出团体的造型，每个团队在全体同学面前展示，同时各成员做自我介绍。

3.热身活动：大风吹。

（1）所有人围成一圈。

（2）主持人喊“大风吹”，其余人喊“吹什么”，主持人接着喊“吹××的人”，那么符合××条件的人就必须离开自己的位置（例如：吹戴眼镜的人，那么所有戴眼镜的人就必须移动自己的位置），找到一个新的位置。

（3）改变“吹”的内容，重复步骤几次，直到学生彼此的次序打乱为止。

分享：在打乱原来的位置次序，和不熟悉的人分在一起时，如何快速地认识新人。

■ 第二步：我眼中的你

规则：一次由一个组员作为中心人物，每个组员轮流对中心人物的优点（性格、外貌或处事方式等）或欣赏之处进行称赞，只说优点，态度要真诚，努力去发现别人的长处，不能毫无根据地吹捧，那样反而会伤害别人，被称赞的成员说出哪些优点是自己以前知道的，哪些是未曾意识到的。

分享：要求参加者注意思考体验与分享：被人称赞的感受如何？怎样用心发现他人的长处及自己的优点？怎样做一个乐于欣赏他人，同时也欣赏自己的人？

可以小组分享讨论，组间交流，组长代表本组同学简要谈谈对本次活动的感受，也可再请几位本组同学做补充反馈，表达感受，也可以就同学们提出的焦点问题做讨论，最后主持人做总结。

■ 第三步：同舟共济

规则：练习刚开始时，将一张报纸铺在地上，代表汪洋大海中的一条船，现在需要小组成员全部站在报纸上，一个也不能少，必须同生死、共命运，成员脚不能挨地，必须想方设法让所有成员都登船。在行动之前，成员可以进行充分讨论。完成任务后，主持人可以把报纸对折，随着难度的增加，成员的努力也会越来越强。

分享：活动后大家的感受如何？在活动中，你的角色是什么？你对最佳方案满意吗？你在活动中是否有成长？有哪些？

■ 第四步：梦想成真

规则：主持人给每人发一张纸、一支笔，说明活动规则：你得病即将离世了，现在要替自己写墓志铭，反映自己的一生。墓志铭将会刻在墓碑上，供人凭吊。墓志铭上除了生卒年外，至少还要包括以下几点：一生最大的目标、在不同年纪值得骄傲的事情，对社会、家人及其他人的贡献和我是一个什么样的人。这些话题不一定全包括进去，成员可以尽量用幽默以及适当的语言表达。写完后请几位成员起来说出自己的墓志铭。

分享：团体成员写下有关团体学习的心得，并且与成员分享，回顾和总结自己的团体经验和收获。每人发一张白纸、一支笔，发下去之后，领导者请成员们写下团体的感受和体会，如“我在团体中学到的三四件事情”“团体对你最有帮助的经验是什么”“怎样才能将团体中所学的运用到日常生活中”等，写完后在小组成员内讨论分享，并在团体中分享。

活动结束：

和成员分享团体感受，要积极地适应大学的生活，未来会有很多挫折，但也有很多精彩，需要大家带着自己的梦想在大学里扬帆起航。

专题二

悦纳自我——大学生的自我意识与调适

内容提要

本专题主要讲解大学生的自我意识及其发展特征，大学生的自我意识的发展及自我认知偏差和调适；借由理论的阐释和案例的讨论，旨在全面而客观地展示、引领和改善大学生的自我认知过程。

学习目标

知识目标：

1. 掌握大学生的自我意识的概念及其发展特征；
2. 了解大学生自我意识的变化及其特点。

能力目标：

1. 掌握完善自我意识的心理技能；
2. 能客观认识和接纳自我。

素养目标：

培养自尊、自信、理性、平和的心态。

单元一　自我意识概述

事说心语

失落的孔雀

小敏，女，某高校大二女生，出生在一个贫困的家庭，家里有一个哥哥，还有一个妹妹。哥哥虽然已经结婚生子，但是日子过得紧巴巴的。因为妹妹也在上学，加上经济条件的限制，家里人并不支持她上大学，但是小敏凭着顽强的意志，通过勤工俭学读完了高中并考入了大学。虽然上了大学，但是小敏并没有感到轻松，因为家里的经济条件实在太差了。

入学后，小敏发现面临的处境除了经济上的窘困外，还有自卑与茫然。室友虽然成绩不如自己，但是视野开阔，经常谈论一些名牌产品，讨论一些自己从来没有接触过的生活，她感觉自己根本插不上嘴，觉得很失落。

为了改变现状，小敏开始节衣缩食，省下钱去买名牌衣服、价值不菲的化妆品和电子产品，以获得室友的关注和聊天的资本。但这样的“付出”并没有得到预期的效果，反而让室友感到朴实无华的她变得越来越没有自我。小敏也因此非常烦恼，严重影响了正常的学习生活。

案例分析：

从案例提供的资料来看，小敏可能存在一定程度的心理问题。因为家庭经济情况不佳，小敏对于自身产生了比较糟糕的评价，自尊心受到伤害，情绪上引起了极度焦虑，担心其他同学看不起自己、不接纳自己，甚至觉得自己没有“资格”。从临床分类的标准，我们可以把这一类表现归为疑似焦虑症，如果同时伴有比较强烈的抑郁情绪，同时考虑疑似抑郁症，不过这些情况需要进一步到专业医院的临床心理科或精神卫生科才能确诊。

指导建议：

像小敏这样的女生在校园中并不少见，只是表现形式与程度不同而已。她们由于自我认知的偏差而导致自卑，为了掩饰自己的自卑常常拒绝帮助，语言尖刻、防御多疑、封闭自我，内心痛苦不堪。外表的自尊无法欺骗自己的真实感受，她们在自卑与自尊的矛盾中挣扎，最后以偏激的方式来解决问题，往往使自己越陷越深。由此可见，在自我认知基础上的现实体验会直接影响在校大学生的心理健康。

就像一则寓言故事说的，孔雀向天后哭诉，说夜莺以她的歌声取悦每个人的耳朵，而自己的声音非常难听，别人都笑话她。天后安慰她，说她有美丽的羽毛，是别的鸟所不能比的，但孔雀还是很伤心，最后在悲观绝望中死去。小敏就像这只孔雀，没有意识到自己的魅力所在，盲目去羡慕和模仿别人，最终迷失了自我。

温故知心

一、自我意识的概念

微 课

自我意识概述

自我意识就是一个人对自己身体、智力、品质、性格特征等身心状况以及自己和周围关系的一种全面认识、体验与控制，是认识自己和对待自己的统一。自我意识有以下三方面的内涵：

（1）生理的自我——个体对自己生理状态的认识、体验，如身高、体重、容貌，以及温饱感、舒适感、病痛感等。

（2）心理的自我——个体对自己的心理活动、个性特点、心理品质的认识、体验和愿望，如智慧、能力、性格、气质、兴趣、爱好、意志等的认识和体验。

（3）社会的自我——个体对自身与外界客观事物关系的认识和体验，也包括自身对客观世界中的地位、责任、力量的认识和体验。

二、自我意识的构成

自我意识的构成如表 2-1 所示。

表 2-1　自我意识的构成

维度	成分	含义
形式	自我认识	个体对主体以及主客体关系的认识，主要指自我评价
	自我体验	个体在认识自我的过程中所产生的情感体验，反映了个体对自己的态度
	自我控制	个体对自己心理活动和行为的自觉而有目的的调节与控制
内容	生理自我	个体对自己的生理属性的认识、体验和控制
	社会自我	个体对自己的社会属性的认识、体验和控制
	心理自我	个体对自己的心理属性的认识、体验和控制
	过去自我	个体对自己的过去的认识、体验和控制
	现在自我	个体对自己的现在的认识、体验和控制
	未来自我	个体对自己的未来的认识、体验和控制

三、自我意识的形成和发展

（一）自我意识的萌芽（0 岁至 3 岁）

刚出生的新生儿，没有意识，也没有自我意识，只有一些简单、片段的感觉、动作和本能的反射，因而和一般的小动物没有多大区别。他们认识不到自己的存在，分不清自己的身体与外界有什么区别，吮吸自己的指头和吮吸母亲的乳头一样。婴儿一般在 8 个月时产生“生理自我”，1 岁左右产生自我感觉，这是自我意识最原始、最初级的形态，此时，儿童开始能区分自己的动作与动作的对象，之后把自己这个主体与自己的动作区分开来，有了自我意识的萌芽。2 岁以后，儿童学会了使用人称代词“我”，开始从把自己当作客体转化为把自己当作一个主体的人来认识。3 岁左右的儿童，“我”的使用频率增加，能有意识地用“我”来表达自己的意愿，标志着初级的自我意识基本形成，尽管此时的自我意识主要表现在生理方面。

（二）自我意识的发展（3 岁至青年初期）

这一时期是个体接受社会化影响最深刻的时期，经历了从幼儿园、小学、中学到大学的人生成长最为关键的时期，个体在游戏、学习、劳动、生活中通过模仿、认同、练习等方式，逐步形成各种角色观念，建立角色意识，开始意识到自己在人际关系、社会关系中的地位和作用，意识到自己所承担的社会责任与享有的社会权利。1）幼儿期，自我意识的特点是完全依照成人的影响来认同自己、他人，以及自己与他人的关系，从他人那里获得“肤浅”的自我评价与自我认识。没有困惑、烦恼与忧愁，因此单纯而快乐。2）童年期，自我意识的特点是模糊、不大自觉、被动的心理活动，主要指向外部世界，对自己的内心世界没有多少认识，他们意识不到自己所面临的各种矛盾，因而内心世界很平静。3）少年期，自我意识的发展有了质的变化，独立性、自觉性和自律性都有了迅速发展，并能够深入自己的内心世界，意识到自己的个性品质，但水平还比较肤浅，不够清晰全面。4）青年初期，这是自我意识发展的关键时期，其间自我意识经过分化、整合而接近成熟，个体逐渐清晰地意识到自己的内心活动，全面认识到自己的心理品质，正确地感知到自己的社会角色并能主动地根据社会要求去认识和发展自己。自我意识的显著特征是把原来主要朝向外部的认识活动转向自己的内心世界，探索自己的内心活动。比如，这时的青年会提出一系列的问题要自己回答：我是一个什么样的人？我要成为一个什么样的人？我的长相如何？我的脾气、性格怎样？我有什么样的特长和才能？我能成就什么样的事业？我在别人心目中的形象如何？我怎样走人生之路？等等。这都是由于个体生理和心理日趋成熟、社会角色逐步确定而促进自我意识发展的具体表现。

（三）自我意识的完善（青年中期至终生）

如果说前一个阶段是自我意识迅速发展并趋向成熟的阶段，那么，从青年中期开始，个体的自我意识便开始进入完善与提高阶段，这一阶段一直持续到人生的终结。也就是说，自我意识的完善与提高是个体毕生的任务。大学生处于青年中期，是自我意识完善的关键时期。他们的自我意识发展正经历着一个特别明显的分化—冲突—统一的过程。这时，原本“笼统的我”被打破了，出现了两个“我”，一个是处于观察地位的我，即主体的“我”（I），另一个是处于被观察地位的“我”，即客体的“我”（Me），出现了“主观我”与“客观我”、“理想我”与“现实我”的分化。这种分化标志着大学生自我意识已开始走向成熟，也是他们自我意识发展的最重要的过程。正是这种分化过程，促进了大学生思维和行为主体性的形成，从而为客观地评价自己或他人、合理地调节自己的言行奠定了基础。

四、大学生健康自我意识标准

（1）自我定位准确，能够准确地认知与评价自己的优缺点、现实状况与未来规划。

（2）积极而客观地自我体验与评价，以积极的态度去认识与评价人与事，客观理性地分析现象背后的真正原因，体验愉悦的情绪，产生积极的人生态度和健康观念。

（3）体现自尊与自信，尊重自己的言行与人格，对自己持肯定的态度，充分相信自己，坦然面对困难，健康向上，自立自强。

（4）自主又善于合作，独立分析与思考问题，有独立见解，不受他人暗示，但同时又不拒绝与他人合作，能正确对待竞争与合作的关系。

（5）有良好的“自我同一性”，完成生理自我、心理自我、社会自我三者的整合、协调与统一，形成自我认知、自我体验、自我控制的独特个体差异和良好的自我意识状态。

（6）能有效地进行自我控制，形成成熟的心理调节机制和意志行为，理智化、自动化、自主化地思考与面对需要解决的问题。

五、大学生自我意识特点

（一）强烈关注自我形象

现代大学生比较关注自己的行为举止（身体容貌、内心活动和个性品质）与自己的智力、才能、性格、交际能力，力图使自我形象更加丰满化和理想化。一方面，大学生对自己的心理活动表现出极大的兴趣，并渴望对自己的心理特点有一个完整、全面、深入、清晰的了解，如“我的性格究竟是什么样的”“我的脾气到底如何”“我的能力强不强”等。另一方面，大学生比较关注自己的社会形象，关心自己在社会中的位置，如“别人会怎么看我”“我如何实现自己的价值”“社会对我有什么要求”“我如何才能适应社会发展的需要”等。

（二）自我认识和评价能力提高

由于知识水平的提高、视野的开阔、接收信息量的加大，因此大学生自我认识的水平与同龄人相比在深度和广度方面有很大的扩展，对自我的认识不仅停留在生理与心理的一般问题上，而且逐步涉及自己对整个社会乃至整个人类的思考，能够多角度、多层次地认识自己、接纳自己，理性地对待自己的优缺点，同时能较客观、全面而主动地评价和认识自己，并能主动自觉地按照社会要求和规范来评价自己。但是大学生毕竟知识经验不足，人格、意识还没有完全成熟，因此在自我评价和认识上不可避免会失之偏颇，出现高估或低估的情况。

（三）心理体验细腻、敏感、深刻

首先，大学生对自我体验更加细腻、敏感、深刻。大学生重视自己在别人心中的形象，尤其是自己在异性朋友心中的形象，这促使他们对别人的言行和态度极为敏感，容易引起自己情绪与情感的体验，其中男学生自我体验的倾向为紧张、自信、急躁，女学生则是热情、舒畅、愁闷。

其次，大学生的自我体验出现了新质——自尊感与自卑感。当他们意识到自己能力的高低和专业的好坏时，或者肯定自己，对自己悦纳和尊重；或者否定自己，对自己产生不满、轻视、自卑。同时他们会有自豪、自信、自矜或自卑、自怜、自愧的自我体验。有时又会感到自己非常渺小，如沧海一粟。

再次，大学生自我体验的波动性很大，当学习、事业与爱情进展得很顺利时，就会产生积极、肯定的情绪体验，甚至得意忘形、忘乎所以；当遇到挫折时，就会产生消极、否定的情绪体验，甚至自暴自弃、悲观失望。

最后，大学生对自我体验的表达从封闭性向开放性过渡。刚刚进入高校的学生往往少言寡语，有意无意地将自己的情绪体验埋藏在心里。这不是因为他们不善于表达、不愿意与别人相处交往，而是由于缺乏人际交往能力，因自卑而害怕交往。但随着时间的推移、自我表达能力的提高和强烈的人际交往需要，大多数学生会经历由陌生到相识、由相识到相熟、由相熟到相知的过程，同时自我体验也由封闭性阶段过渡到了开放性阶段。

心理学与生活　　**焦虑症**

焦虑症，又称为焦虑性神经症，是神经症这一大类疾病中最常见的一种，以焦虑情绪体验为主要特征，可分为慢性焦虑（即广泛性焦虑）和急性焦虑两种形式。焦虑症主要表现为：无明确客观对象的紧张担心、坐立不安，还有植物神经功能失调症状，如心悸、手抖、出汗、尿频等。我们应注意区分正常的焦虑情绪，如果焦虑严重程度与客观事实或处境明显不符，或持续时间过长，则可能为病理性的焦虑。

扪心问诊

心理自测：焦虑自评量表（SAS）

焦虑是一种比较普遍的精神体验，长期存在焦虑反应的人易发展为焦虑症。本量表包含 20 个题目，分为 4 级评分。A——没有或很少时间；B——小部分时间；C——相当多时间；D——绝大部分或全部时间。请仔细阅读表 2-2，根据最近一星期的情况如实回答。所有题目均共用答案，请在 A、B、C、D 上打“√”，每题限选一个答案。

表 2-2　焦虑自评量表（SAS）

题目	评分			
1. 我觉得比平时容易紧张或着急	A	B	C	D
2. 我无缘无故害怕	A	B	C	D
3. 我容易心里烦乱或感到惊恐	A	B	C	D
4. 我觉得我可能要发疯	A	B	C	D
*5. 我觉得一切都很好	A	B	C	D

续表

题目	评分			
6. 我手脚发抖打战	A	B	C	D
7. 我因为头疼、颈痛和背痛而苦恼	A	B	C	D
8. 我觉得容易衰弱和疲乏	A	B	C	D
* 9. 我觉得心平气和，并且容易安静坐着	A	B	C	D
10. 我觉得心跳得很快	A	B	C	D
11. 我因为一阵阵头晕而苦恼	A	B	C	D
12. 我有晕倒发作，或觉得要晕倒似的	A	B	C	D
* 13. 我吸气呼气都感到很容易	A	B	C	D
14. 我的手脚麻木和刺痛	A	B	C	D
15. 我因为胃痛和消化不良而苦恼	A	B	C	D
16. 我常常要小便	A	B	C	D
* 17. 我的手脚常常是干燥温暖的	A	B	C	D
18. 我容易脸红发热	A	B	C	D
* 19. 我容易入睡并且一夜睡得很好	A	B	C	D
20. 我做噩梦	A	B	C	D

评分标准：

正向计分题 A、B、C、D 按 1、2、3、4 分计；反向计分题（标注 * 的题目题号：5、9、13、17、19）按 4、3、2、1 计分。总分乘以 1.25 取整数，即得标准分。低于 50 分者为正常；50～60 分者为轻度焦虑；61～70 分者为中度焦虑；70 分以上者为重度焦虑。

学思践心

二十个我是谁

活动目的：帮助学生通过认识自己，澄清自己的优劣势，从而更好地接纳与悦纳自己。

活动过程：

1. 首先在下面写出 20 句“我是一个怎样的人”，要求尽量选择一些能反映个人风格的语句，避免出现类似“我是一个男生”这样的句子。

（1）我是一个________________________________

（2）我是一个________________________________

（3）我是一个________________________________

（4）我是一个________________________________

（5）我是一个________________________________

（6）我是一个________________________________

(7) 我是一个________________________________

(8) 我是一个________________________________

(9) 我是一个________________________________

(10) 我是一个________________________________

(11) 我是一个________________________________

(12) 我是一个________________________________

(13) 我是一个________________________________

(14) 我是一个________________________________

(15) 我是一个________________________________

(16) 我是一个________________________________

(17) 我是一个________________________________

(18) 我是一个________________________________

(19) 我是一个________________________________

(20) 我是一个________________________________

2.然后将陈述的20项内容做下列归类。

(1) 身体状况（属于你的体貌特征，如年龄、身高、体型等）

编号：________________________________

(2) 情绪状况（你常持有的情绪情感，如乐观开朗、振奋人心、烦恼沮丧等）

编号：________________________________

(3) 才智状况（你的智力、能力情况，如聪明、灵活、迟钝、能力、机灵等）

编号：________________________________

(4) 社会关系状况（与他人的关系、如何和别人应对进退、对他人常持有的态度和原则，如乐于助人、爱交朋友、坦诚的、孤独的，等等）

编号：________________________________

3.接着评估一下你对自己的陈述是积极的还是消极的。在你列出的每句话的后面加上加号（+）或减号（−），加号表示“这句话表达了你对自己肯定、满意的态度”，减号的意义则相反，表示“这句话表达了你对自己不满意、否定的态度”。看看你的减号与加号的数量各有多少。如果你加号的数量大于减号的数量，说明你的自我接纳状况良好；相反，你的减号将近一半甚至超过一半，这显示你不能很好地接纳自己，你的自尊程度较低，这时你需要内省一番，寻找问题的根源。比如，你是否过低地评价了自己？是什么原因使你成为这样？有没有改善的可能？

单元二 大学生自我意识的变化及其特点

事说心语

想做伟人的男生

小C，某高职院校计算机专业三年级男生，一直认为自己能当领导、做伟人，但在连续几次的学业考试与班干部竞选中均受挫折，心仪的女生也拒绝了他。于是他经常逃课，放弃努力，成了全系最差的学生，成绩挂科无法正常毕业。面对自己的失败，他归咎于当初错误地选择了这个学校的这个专业。他开始计划退学，想彻底离开这个伤心地。

案例分析：

案例中的男生因自负导致学业差，竞选班干部屡次失败，感情受挫，最后萌生退学的念头，是对自我不合理认知导致的自我过度夸大的典型案例。自负对大学生的成长极为有害，它使人用一种井底之蛙的眼光看待周围的一切，凡事以自我为中心，不能善待他人，结果常常陷入孤芳自赏的封闭和孤独境地。

自负一般表现为三点。其一，自视过高，认为自己非常了不起，别人都不行。很少关心别人，与他人关系疏远。这种人时时事事都从自己的利益出发，从不顾及别人，不求于人，对他人没有丝毫的热情，似乎人人都应为他服务，结果落得个门庭冷落。其二，看不起别人，总认为自己比别人强很多，这种人固执己见、唯我独尊，总是将自己的观点强加于人，在明知别人正确时也不愿意改变自己的态度或接受别人的观点。总爱抬高自己、贬低别人，把别人看得一无是处。其三，过度防卫，有明显的嫉妒心。这种人有很强的自尊心，当别人取得一些成绩时，其嫉妒之心顿生，极力去打击别人、排斥别人。当别人失败时幸灾乐祸，不向别人提供任何有益的信息。同时，在别人成功时，这种人常用“酸葡萄心理”来维持自己的心理平衡。

形成自负的原因主要有四个方面。一是过分娇宠的家庭教育。家庭教育是一个人自负心理产生的第一根源。对于青少年来说，他们的自我评价首先取决于周围的人对他们的看法，家庭则是他们自我评价的第一参考系。父母宠爱、夸赞、表扬，会使他们觉得自己“相当了不起”。二是生活中的一帆风顺。人的认识来源于经验，生活中遭受过许多挫折和打击的人，很少有自负的心理，而生活中一帆风顺的人，则很容易养成自负的性格。现在的学生大多是独生子女，是父母的掌上明珠，如果他们在学校又出类拔萃，老师又宠爱他们，就会养成自傲和自负的个性。三是片面的自我认识。自负者往往会遮掩自己的短处，夸大自己的长处。自负者也同样缺乏自知之明，同时又把自己的长处看得十分突出，对自己的能力评价过高，对别人的能力评价过低，自然产生自负心理。当一个人只看到自己的优点，看不到自己的缺点时，往往会产生自负的个性。这种人往往好大喜功，取得一点小小的成绩就认为自己了不起，成功时完全归因于自己的主观努力，失败时则完全归咎于客观条件的不合作，过分地自恋和以自我为中心，把自己的举手投足都看得与众不同。四是情感上的原因。一些人的自尊心特别强烈，为了保护自尊心，在遇到挫折时常常会产生两种既相反又相通的自我保护心理：一种是自卑心理，通过自我隔绝，避免自尊心进一步受损；另一种是自负心理，通过自我放大，获得自尊不足的补偿。

指导建议：

要想克服自负心理，可以从四个方面入手。一是提高自我认识。要全面地认识自我，既要看到自己的优点和长处，又要看到自己的缺点和不足，不可一叶障目，不见泰山，抓住一点不放，未免失之偏颇。认识自我不能孤立地去评价，应该放在社会中去考察，每个人生活在世上都有自己的独到之处，都有他人所不及的地方，同时又有不如人的地方，与人比较不能总拿自己的长处去比别人的不足，把别人看得一无是处。二是与人平等相处。自负者视自己为领导者，无论在观念上还是行动上都无理地要求别人服从自己，而平等相处就是要求自负者以一个普通社会成员的身份与别人平等交往。三是要以发展的眼光看待自负，既要看到自己的过去，又要看到自己的现在和将来，辉煌的过去可能标志着你过去是个英雄，但它并不代表着现在，更不预示着将来。四是接受批评。接受批评是根治自负的最佳办法。自负者的致命弱点是不愿意改变自己的态度或接受别人的观点，接受批评就是针对这一特点提出的方法。它并不是让自负者完全服从于他人，只是要求他们能够接受别人的正确观点，通过接受别人的批评，改变过去固执己见、唯我独尊的形象。

温故知心

微课

大学生自卑心理及其调适策略

由于心理尚未完全成熟，自我意识还在发展中，大学生自我意识发展会出现各种偏差。大学生自我意识障碍主要表现为完美主义与自我中心主义。完美主义表现为要求与期望自己完美无缺，对自己十分苛刻，不能容忍自己“不完美”，只接受自己理想中的“完美”自我，不肯迁就现实生活中平凡或有缺点的自我，过分看重自己“不完美”的地方，从而严重影响了自己的情绪与自信心。自我中心主义表现为过度自我接受、过高自我评价、个人主义、自私自利思想等，常常拿放大镜看自己的长处、优点，拿显微镜看别人的短处、缺点，盛气凌人、斤斤计较，目光短浅、心胸狭隘。

一、自卑与自负：自信的误区

自卑是一种自我否定，即对自己缺乏信心，对自己不满和否定，目光总是盯着自己的缺点、不足和失误，遇到困难就心虚胆怯、逃避退缩，或过分补偿，对自己的所作所为过分地夸张，拒绝接纳自己，缺乏主见，遇事从众，其本质上捍卫的是虚假的、懦弱的、不健康的自我。自负是一种自我膨胀，即过度的自信。每个人都有强烈的自尊心、好胜心、好强心，不甘落后，但把握不好度，就会物极必反，过强的自尊、自信与骄傲、自大、自我膨胀、过度的自我接纳等联系在一起。这种人缺乏自我批评，同时也不接受别人对自己的批评，唯我独尊，以自我为中心，盛气凌人，缺少自知之明，容易失败，容易受到伤害。实际上自卑与自负是紧密相连的，自负表现强烈的人往往会极度自卑。自负心理和自卑心理都会影响我们心理的发展和人格的成熟。

二、独立与逆反：意识的扭曲

独立意向是大学生自我意识发展中最显著的标志之一，然而在摆脱依赖、走向独立的过程中有时会矫枉过正，表现出过分的独立意向。有的人把独立理解成“凡事自己来”，不需要别人的帮助，或没有任何依赖他人的需要。其结果是在现实生活中屡屡遭遇困苦和挫折，而只能自食其果。其实独立并不意味着独来独往，或不顺从社会规范、我行我素，而是指个体在感情上、行为上能对自己负全部责任。一个真正成熟的个体的独立意向是对自己负责任，但是也不排除接受他人的帮助。逆反心理是学生自我意识发展中的一种非理性的产物，是大学生试图施展自我形象、强调个人意志的一种手段，其实质是为了寻求独立，寻求自我肯定。

三、盲目与懒惰：意志的缺失

大学生正处在精力旺盛和朝气蓬勃的年龄，他们有广泛的兴趣和爱好，对事物表现出极大的热情和好奇心，总想在各方面显示自己的才能和智慧，有强烈的参与意识。在学业上有的同学涉猎的领域较广，只要自己有时间、有精力就学，同时热衷于社会上流行的考证，试图在许多方面都有收获；在参加社会活动方面也是面面俱到。一个人的精力是有限的，如果主次不分，眉毛胡子一把抓，就会什么都抓不住。这虽然不是普遍现象，但是它确实影响部分学生的发展。消极懒惰是缺乏目标意识的表现。在高职院校中有许多这样的人，寒窗苦读十余载，迈入大学校门后，有种如释重负的感觉，再也不需要学了，“60 分万岁，61 分浪费，59 分白费劲”，对不及格无动于衷；有的人甚至对一切都毫无兴趣；有的人明知道自己不对，但是不能控制自己，因此越走越远；有的人根本不去控制自己，完全放纵自己，结果学业失败。

四、自我中心与从众：认知的偏差

因为有较强的自尊心、自信心、优越感和独立性，所以大学生比较容易出现自我中心的倾向。随着自我意识的不断发展与完善，大学生把关注的重心投向自我。过分以自我为中心的人，往往想问题和做事情都从“我”出发，不能进行客观的思考和分析，趾高气昂、盛气凌人。这种人常常不能赢得别人的好感和信任，人际关系一般都不和谐。还有的人遇事缺乏主见，人云亦云、随波逐流，表现出盲目从众倾向，从而阻碍自我的发展。

心理学与生活　　**抑郁症**

抑郁症又称抑郁障碍，以显著而持久的心境低落为主要临床特征，是心境障碍的主要类型。临床可见心境低落与其处境不相称，情绪的消沉可以从闷闷不乐到悲痛欲绝、自卑抑郁，甚至悲观厌世，有自杀企图或行为；部分病例有明显的焦虑和运动性激越；严重者可出现幻觉、妄想等精神病性症状。每次发作持续至少2周，长者甚至数年，多数病例有反复发作的倾向，每次发作大多数可以缓解，部分可有残留症状或转为慢性。

扪心问诊

心理自测：抑郁自评量表（SDS）

本量表包含20个题目，分为4级评分，A——没有或很少时间；B——小部分时间；C——相当多时间；D——绝大部分或全部时间。为保证调查结果的准确性，请你务必仔细阅读表2-3，根据最近一星期的情况如实回答。所有题目均共用答案，请在A、B、C、D上打“√”，每题限选一个答案。

表2-3　抑郁自评量表（SDS）

题目	评分			
1.我觉得闷闷不乐，情绪低沉	A	B	C	D
*2.我觉得一天之中早晨最好	A	B	C	D
3.我一阵阵哭出来或想哭	A	B	C	D
4.我晚上睡眠不好	A	B	C	D
*5.我吃得跟平常一样多	A	B	C	D
*6.我与异性密切接触时和以往一样感到愉快	A	B	C	D
7.我发觉我的体重在下降	A	B	C	D
8.我有便秘的苦恼	A	B	C	D
9.我的心跳比平时快	A	B	C	D
10.我无缘无故地感到疲乏	A	B	C	D
*11.我的头脑跟平常一样清楚	A	B	C	D
*12.我觉得经常做的事情并没有困难	A	B	C	D
13.我觉得不安而平静不下来	A	B	C	D
*14.我对将来抱有希望	A	B	C	D
15.我比平常容易生气激动	A	B	C	D
*16.我觉得做出决定是容易的	A	B	C	D
*17.我觉得自己是个有用的人，有人需要我	A	B	C	D
*18.我的生活过得很有意思	A	B	C	D
19.我认为如果我死了别人会生活得更好些	A	B	C	D
*20.平常感兴趣的事我仍然感兴趣	A	B	C	D

评分标准：正向计分题A、B、C、D按1、2、3、4分计；反向计分题（标注*的题目，题号：2、5、6、11、12、14、16、17、18、20）按4、3、2、1计分。总分乘以1.25

取整数，即得标准分。低于 50 分者为正常；50～60 分者为轻度抑郁；61～70 分者为中度抑郁；70 分以上者为重度抑郁。

学思践心

活动一　认识我自己

活动目的：协助参与者反省个人价值观及了解人生目标。

活动过程：

1. 准备白纸、笔、“墓志铭”表格。

2. 介绍练习背景，使参加者投入活动及了解何谓墓志铭。举例如何写墓志铭（可以简单至只有名字、生年及卒年，也可长篇大论）。分发“墓志铭”表格给参加者填写（选择写自己的墓志铭或他人的墓志铭）。填好的表格张贴起来（不必写姓名），然后讨论。

讨论大纲：

（1）看完这么多墓志铭后，你觉得哪些人的人生目标吸引你并值得你尊重？为什么？

（2）哪些人的成就是“真正”的成就？为什么？

（3）你认为对社会或他人最有贡献者是谁？

（4）若你要替自己重写墓志铭，你会怎样写呢？

活动二　关系中的我

活动目的：全面认识家庭中的自我，促进成员清晰地了解家庭对自己的影响，对自己的个性特征形成更明确的认识。

活动过程：

1. 每人准备好 1 张表、1 支笔。

2. 请填写以下句子：

（1）家庭关系中的我____

（2）爸爸眼中的我____

（3）兄弟姐妹眼中的我____

（4）老师眼中的我____

（5）自己眼中的我____

（6）妈妈眼中的我____

（7）爱人（恋人）眼中的我____

（8）同学眼中的我____

（9）理想的家庭我____

填完后大家一起交流，填写的过程会反映出不同的心态。有些人再一次肯定积极而可爱的自我，有些人却引发一些长期压抑的感受。指导者要特别注意：成员对哪个人的看法最重视，为什么；最难填写的是什么，为什么有人填不出；成员填的内容多是正面还是负面的。然后引导成员做出探索。这个练习可以从多个角度来看自我，有助于成员全面认识自己。同时，成员也可以在他人的鼓励下做深入的自我探索。

单元三　大学生完善自我的途径与方法

事说心语

身残后遗症

吴某，男，20岁，某理工类高职院校二年级学生。该生在中小学期间曾担任学习委员、班长、学生会副主席等职，在同学中是个威信颇高的核心人物。在高考录取时，虽考分较高，但他却因自己曾患小儿麻痹症，腿部留有残疾而遇到了一些波折。吴某自述："幸亏政策保护了我，使我这个残疾儿也有了上大学的机会。当我听到被录取的消息时，我流泪了，一方面是高兴，另一方面却感到十分沮丧，从此就背上了沉重的精神包袱，对未来怀有一种恐惧感。跨进大学校门之后，我时时处处都小心翼翼，常常独来独往，怕与他人接触，也讨厌人们用那种同情的态度对我。我常有意回避人多的场合，即使在教室上课，也总坐在靠门边的角落，下了课，一般也不轻易离开座位。我平时少言寡语，郁郁寡欢。有时几个同学在一起窃窃私语，我就怀疑他们是在议论我；老师偶尔看我一眼，我也觉得非常不舒服。由于我常常处于担惊受怕的状态，学习上常分神，成绩明显下降，我感到在大学得不到重视，我的存在似乎是多余的。我非常喜爱运动，尤其擅长打排球与篮球，可是当我怀着一腔热血，鼓足了勇气去报名参加系排球队时，却被无情地冷落在一旁。现在我感到很压抑，觉得活得好累呀！我真后悔考进了大学，非常怀念中学时代的生活。再加上最近身体一直感到不适，我不想再读下去了。我该怎么办呢？"

案例分析：

案例中的男生因身患小儿麻痹症，腿部留有残疾，出现人际交往恐惧心理。所谓恐惧心理，是在真实或想象的危险中，个人或群体深刻感受到的一种强烈而压抑的情感状态。其表现为：神经高度紧张，内心充满害怕，注意力无法集中，脑子里一片空白，不能正确判断或控制自己的举止，容易冲动。

指导建议：

怎样才能克服恐惧心理呢？要克服恐惧心理，首先要通过提高对事物的认知能力，扩大认知视野，判定恐惧源。认识客观世界的某些规律，认识人自身的需要和客观规律之间的关系，确立正确的目标，提高预见力，对可能发生的各种变化做好充分的思想准备，这样才能增强心理承受能力。其次要培养乐观的态度和坚强的意志，学习英雄人物的事迹，用英雄人物勇敢顽强的精神激励自己。在平时的训练和生活中，有意识地在艰苦的环境下磨炼自己，培养勇敢顽强的作风。这样，即使真正陷入危险情境，也不会变得惊慌失措，而是沉着冷静，机智应对。最后，平时应积极加强心理训练，提高各项心理素质。比如：进行模拟训练危险情境，设置各种可能遇到的情况，进行有针对性的心理训练，形成对危险情境的预期心理准备，这样就能够有效地战胜紧张和不安的情绪，提高心理适应性和平衡性，增强信心和勇气，以无畏的精神克服恐惧心理。

此外，恐惧心理还可以通过自我调适训练来帮助克服。具体方法如下：

第一步：把能引起你紧张、恐惧的各种场面，由轻到重依次排列（越具体越好），分别抄到不同的卡片上，把最不令你恐惧的场面放在最前面，把最令你恐惧的场面放在最后面，将卡片按顺序依次排列好。

第二步：进行松弛训练。坐在一个舒服的座位上，有规律地深呼吸，让全身放松。进入松弛状态后，拿出上述系列卡片的第一张，想象上面的情景，想象得越逼真越好。

第三步：如果你觉得有点不安、紧张和害怕，就停下来不要再想象，做深呼吸使自己再度松弛下来。完全松弛后，重新想象刚才失败的情景。若不安和紧张再次发生，就再停止后放松，如此反复，直至卡片上的情景不会再使你不安和紧张为止。

第四步：按同样的方法继续下一个更使你恐惧的场面（下一张卡片）。注意，每进入下一张卡片的想象，都要以你在想象上一张卡片时不再感到不安和紧张为前提，否则，不得进入下一个阶段。

第五步：当你想象最令你恐惧的场面也不感到恐惧时，便可再按由轻至重的顺序进行现场锻炼，若在现场出现不安和紧张，亦同样让自己做深呼吸放松来对抗，直至不再恐惧、紧张为止。

温故知心

一、多视角、客观地认识自我

（1）从他人对自己的评价中认识自我。

（2）从与他人的比较中认识自我。

（3）通过反思反省认识自我。

（4）通过参加实践活动认识自我。

（5）通过自我教育认识自我。

（6）辩证地认识自我。

二、用阳光心态对待自我

（1）增强自信心，克服自卑心理，正视自己那些本能性的不符合社会要求的欲望、观念和行为，不要过分贬损，要勇敢地承认、对待与修正，努力发现自身更多的“闪光点”与“亮点”，尝试运用自我美化的心理暗示。

（2）扬长避短，要对自己进行恰到好处的评价，不能夸大，也不能贬低与否定自己，对于一些能够改进的短处应及时改进，如不良的习惯、不合理的知识结构等；对于一些无法补救的短处，如先天身材矮小等，要勇敢面对、承认与接受，也可利用代偿心理，选择一项有意义的活动或事情去努力做好。

（3）直面挫折与失败，事先做好充分的思想准备，深入分析成败原因，树立阳光心态与自信心，寻找、总结成功经验。

三、及时有效地调控自我

（1）确立符合实际情况的理想自我，树立远大的理想与目标，符合自己的认知程度、能力水平、品德修养和生活经验等实际情况，多参与和了解社会、思考人生价值与意义、明确发展目标要求与规划、用榜样的力量去自我激励、用反面教材进行自我警示，要使理想自我根据变化需要日臻完善。

（2）全力打造现实自我。逐步提高与改善现实自我的智力、性格、气质、兴趣、地位、身份与声望等，形成比较稳定、清晰、系统的自我意识。

（3）培养顽强的意志和坚强的品格，可以通过设定可行性训练目标、组织枯燥乏味、磨炼意志的实践活动、激发自我锻炼热情和遵守学校纪律等措施与途径来实现。

（4）自觉走向成熟完善的“大我”与超越自我，加大行动力和毅力，在实践中持续努力，实现现实自我与理想自我、个体自我与社会自我的“两我”统一。积极进行自我设计、自我监督、自我修正、自我说服、自我激励，克服“小我”价值倾向，升华与实现服务于社会和国家的“大我”价值目标。

心理学与生活　　习得性无助

“习得性无助”指因为重复的失败或惩罚而造成的听任摆布的行为。习得性无助是指通过学习形成的一种对现实的无望和无可奈何的行为、心理状态。

美国心理学家塞利在1967年研究动物时发现，他起初把狗关在笼子里，只要蜂音器一响，就给狗施加难以忍受的电击，狗关在笼子里逃避不了电击，于是在笼子里狂奔，惊恐哀叫（见图2-1）。多次实验后，蜂音器一响，狗就趴在地上，惊恐哀叫，也不狂奔。后来实验者在给电击前，把笼门打开，此时狗不但不逃，而是不等电击出现，就倒地呻吟和颤抖。它本来可以主动逃避，却绝望地等待痛苦的来临，这就是习得性无助。为什么它们会这样，连“狂奔，惊恐哀叫”这些本能都没有了呢？因为它们已经知道，那些是无用的。“习得性无助”在教育活动中的表现这一项研究显示，反复对动物施以无可逃避的强烈电击会造成其无助和绝望的情绪。

图2-1　实验室里的狗

20世纪60年代对这种“习得性无助”的研究又做了加强。宾州大学的马丁·赛利曼把笼中的狗从钢制格栅地板通以强烈而持久的电，以致狗不再企图逃避，“学会了”处于无助状态。赛利曼和史蒂芬·麦尔与詹姆士·吉尔在一篇论文中写道：“当一条正常、未曾受过任何训练的狗在箱中接受逃避训练时，以下的行为是常态：初遭电击，狗狂奔，惊恐哀叫，爬过障碍时间较短，如此反复，直至可以有效地避免电击。”

再一步，赛利曼把狗绑住，使它在遭到电击时无法逃脱。当把狗重新放回电击时可以逃脱的穿梭箱时，赛利曼发现：狗在穿梭箱最初被电击时的反应和未曾受过任何训练的狗一样。但它不久就停止奔跑，默然不动地一直等到电击结束，狗没有越过障碍逃避电击。

20 世纪 80 年代，心理学家仍在继续做这种“习得性无助”的实验。费城天普大学的菲立普·柏希和另三位实验人员训练老鼠去认识警示灯，让它们知道 5 秒钟之内将有电击。老鼠一旦懂得了警示灯的含义，就可以走入安全区避免电击。在老鼠学会了这一步以后，实验人员又把安全区挡住，使老鼠遭受比原先更久的电击而无法逃避。可以想见，后来即使可以逃避了，老鼠还是无法重新很快习得逃避。柏希又让 372 只老鼠遭受难以忍受的雷击，以测验巴甫洛夫制约和习得性无助之间的关系。他们报告说，实验结果并不很能确定巴甫洛夫制约和习得性无助的关系。

在对人类的观察实验中，心理学家也得到了与“习得性无助”类似的结果。细心观察，我们会发现：正如实验中那条绝望的狗一样，如果一个人总是在一项工作上失败，他就会在这项工作上放弃努力，甚至还会因此对自身产生怀疑，觉得自己“这也不行，那也不行”，无可救药。而事实上，此时此刻的我们并不是“真的不行”，而是陷入了“习得性无助”的心理状态中。这种心理让人们自设樊篱，把失败的原因归结为自身不可改变的因素，放弃继续尝试的勇气和信心，破罐子破摔。

比如，认为学习成绩差是因为自己智商不够，失恋是因为自己本身就令人讨厌等。所以要想让自己远离绝望，我们必须学会客观理性地为我们的成功和失败找到正确的原因。

扪心问诊

心理自测：自尊量表（SES）

这个量表是用来了解你是怎样看待自己的。请仔细阅读表 2 - 4，选择最符合你情况的选项。请注意，这里要回答的是你实际上认为自己怎样，而不是回答你认为你应该怎样。答案无正确与错误或好与坏之分，请按照你的真实情况来描述自己。

表 2 - 4　自尊量表（SES）

条目	非常符合	符合	不符合	很不符合
1. 我感到我是一个有价值的人，至少与其他人在同一水平上	4	3	2	1
2. 我感到我有许多好的品质	4	3	2	1
3. 归根结底，我倾向于觉得自己是一个失败者	1	2	3	4
4. 我能像大多数人一样把事情做好	4	3	2	1
5. 我感到自己值得自豪的地方不多	1	2	3	4
6. 我对自己持肯定态度	4	3	2	1

续表

条目	非常符合	符合	不符合	很不符合
7. 总的来说，我对自己是满意的	4	3	2	1
8. 我希望我能为自己赢得更多尊重	4	3	2	1
9. 我确实时常感到自己毫无用处	1	2	3	4
10. 我时常认为自己一无是处	1	2	3	4

自尊量表（SES）是用以评定个体关于自我价值和自我接纳的总体感受。该量表由 10 个条目组成，设计中充分考虑了测定的方便性。受试者直接报告这些描述是否符合他们自己。分四级评分，1 表示非常符合，2 表示符合，3 表示不符合，4 表示很不符合。总分范围是 10～40 分，分值越高，自尊程度越高。本量表已被广泛应用，它简明、易于评分，是对自己的积极或消极感受的直接评估。

评分建议：

1. 表格中关于 SES 计分和分值的说明应明确地表述为：

对于 1、2、4、6、7 题（正向计分题），“很不符合”计 1 分、“不符合”计 2 分、“符合”计 3 分、“非常符合”计 4 分；对于 3、5、8、9、10 题（反向计分题），“很不符合”计 4 分、“不符合”计 3 分、“符合”计 2 分、“非常符合”计 1 分。分值越高，自尊程度越高。

2. 考虑到中西方文化差异，将第 8 题改为正向计分。

学思践心

活动一　自画像

活动目的：强化成员自我认识，促进自我觉察。

活动过程：

1. 准备 1 张图画纸、1 盒彩色水笔或油画棒。

2. 指导者给每位成员发 1 张图画纸，每人或几个人合用 1 盒彩笔，然后请成员画出自己。可以有标题，也可以无标题。若有标题，如大学生活中的我、我的梦等。无标题则让成员随自己的意思，可以用任何形式来画出自己，抽象的、形象的、写实的、动物的、植物的，什么都可以。总之，把自己心目中最能代表自己的东西画出来。这种方法可以使成员发现隐藏在潜意识层面的自我，不知不觉中对自己做出评估和内省。画完后挂在墙上开“画展”。团体成员自由观看他人的画，不加评论。欣赏完毕，请每一位画家对他的画解释并答疑。

3. 总结：自画像用非语言的方法将画者的内心投射出来，是一种独特的自我探索、自我分析、自我展示的方法。通过团体内交流，促进成员深化自我认识，加深对他人的认识和理解。

活动二　天生我才

活动目的：通过练习，协助参加者了解自己的长处，珍惜自己的潜能，学习自我欣赏、自我肯定，学习欣赏别人，增进信任。

活动过程：

1. 每人准备 1 张“天生我才”练习表（见表 2-5）、1 支笔，每组 8～10 人。

表 2-5 “天生我才”练习表

序号	题目	你的想法
1	最欣赏自己的外表是	
2	最欣赏自己对朋友的态度是	
3	最欣赏自己对求学的态度是	
4	最欣赏的一次学业成绩是	
5	最欣赏自己的性格是	
6	最欣赏自己对家人的态度是	
7	最欣赏自己做事的态度是	

2. 领导者先介绍活动，请成员填写“天生我才”练习表，然后请成员在小组中讲出自己所填的答案，每位参加者说出同一项答案后，再开始下一项。

完成各项答案，开始讨论。讨论大纲：

（1）你是否同意“每个人都有长处”？原因何在？

（2）你做了一件事，例如帮助一位盲人安全过马路或考到理想成绩等，你会欣赏自己的行为吗？为什么？

（3）你做了一件事，例如在一个重要约会上迟到了或考试时完全看不懂题目，你会怎样待自己呢？你会责骂自己吗？为什么？

3. 总结：每个人都有长处，有值得自己或他人欣赏的地方。对于优点应欣赏、珍惜及继续发扬；对于缺点应了解并改善。

专题三

解密人格——大学生的健康人格与培养

内容提要

人格是人的心理面貌的集中反映，具有生物性、社会性、独特性、可塑性、稳定性、整体性特征。大学阶段是人的人格发展、完善的重要时期，向往成才、追求卓越是每个高职高专学生的愿望。因此，每个高职高专学生都应该了解有关人格的知识，关注自己人格的发展，积极主动塑造良好的人格，使自己的人格不断完善，为走向成功奠定坚实的基础。本专题将为你解读人格的内涵、健全人格的特征以及塑造健全人格的方法。

学习目标

知识目标：

1. 了解人格的内涵；
2. 知晓人格类型与身心健康的关系；
3. 认识大学生常见的人格障碍类型。

能力目标：

1. 会识别大学生常见的人格缺陷；
2. 知悉自己的人格类型。

素养目标：

关注自身人格发展，积极主动塑造健全人格。

单元一 人格概述

事说心语

难以控制的暴脾气

A，某高校大二女生。坐在咨询师对面时，A刚刚更换到了她的第五个寝室。新寝室刚住进去不过一个月，她和室友的矛盾就开始持续升温。说起自己眼中的“极品室友”，她开始声泪俱下地控诉起她们的“十大罪状”：洗脸盆不按规定摆放在一个地方，擅自动用自己的插座，背后说自己的坏话，晚上翻身声响很大故意弄醒自己……说起这些室友的不好，A觉得给自己三天三夜的时间或许都不够，她觉得自己倒霉，为什么总碰到这些“让人倒胃口”的人。在过去的五个寝室里，A因为同学用了她的插线板跟人打过架，因为觉得自己一到寝室其他人就不说话而砸过室友的脸盆和书。A在寝室里与新室友的“蜜月期”总是超不过两周，打架、吵架、摔门……她什么都干过。她想不明白为什么她们都要针对自己，班级里也没一个好人。为了躲避室友，有时A宁愿选择在校园里闲逛，因为寝室里的气氛实在让她觉得压抑。

A厌倦了这样不断换寝室的状态，走在校园里，有时看着别人三三两两的背影也会羡慕，内心也会泛起孤独感。她想改变，想和室友和平相处，但是不知道自己应该怎么做。有时说不上几句话就盖不住自己内心泛起的无名火而要爆发。

A是家里的小女儿，父亲中年得女，现在已近七旬，对A的管教不是很多。小时候要么不闻不问，要么就是拳脚相加。母亲目前离家在外，因常年跟工厂的同事处不好关系，所以只能靠打零工为生。

案例分析：

坐在第三个接触过的心理老师对面，A已经失去了一开始对心理老师的好奇与新奇感。因为从高中开始，A就已经开始和心理老师打交道了。A有点怀疑，不知道这些老师能做些什么，除了翻来覆去讲她的小时候，讲跟她在寝室里吵架无关的爸妈的事之外，这些老师好像也没给她的生活带来什么大的改变，甚至她想再换一个新寝室这样的要求这些心理老师都不能满足她。和心理老师的几次接触中，她多次午夜打来电话，质疑老师的专业性，第二天又为自己的行为向老师道歉。每次提出不想再咨询了，但每一次又反悔，希望老师能帮帮自己。这其实也是边缘型人格障碍患者典型的特征：偏执，情绪的不稳定带来的与人关系的不稳定等。

边缘型人格障碍（Borderline Personality Disorder，BPD）是精神科常见人格障碍，主要以情绪、人际关系、自我形象、行为的不稳定，并且伴随多种冲动行为为特征，是一种复杂又严重的精神障碍。边缘型人格障碍的典型特征有学者描述为“稳定的不稳定”，往往表现为治疗上的不依从，治疗难度很大。这类患者在临床上大多表现为对自我认识的不确定性，难以控制的火暴脾气，害怕孤独，恐惧被抛弃，有时为了反抗自身的孤独感与被抛弃感而对身边人做出极端的行为、说出极端的话语而造成不稳定的人际关系。他们对他人的评价是不稳定也不全面的，要么是好，要么是坏，用非黑即白的简单思维评价别人。同时，边缘型人格障碍患者临床上还会表现出自伤自杀的行为。

人格的形成不是一蹴而就的，影响 A 的人格特质的因素有以下几方面：

（1）遗传。双生子研究认为，人格障碍具有遗传性。从 A 的家庭成员身上我们也可以找到一些蛛丝马迹。A 与母亲的生活状态非常类似，常年与他人关系不和而导致争吵。我们不知道 A 的母亲的具体情况是怎样的，或许有其他精神疾病，或许和 A 一样，也是人格层面的问题，但从问题表征来看，他们具有相似性。

（2）童年的生活经历。童年时期被虐待的经历，被忽略或者强行离开照料、爱护自己的亲人，这些对一个人人格的形成都至关重要。A 自述，小时候没有跟妈妈在一起过，基本和父亲在一起。父亲的火暴脾气让她觉得被打是家常便饭。童年受到情绪极不稳定的父母的影响，导致人格部分分裂，无法将好与坏两极融合，无法对世界产生统一和综合的观念，从而对世界缺少安全感，形成绝对好和绝对坏的期待，而这两者都不是现实的，只好在这两极震荡中形成一种极其不稳定的人格。

指导建议：

根据 A 的问题症状、家庭情况和从学院辅导员老师处了解到的信息综合评估来看，A 的问题从表面上来看好像是人际交往问题，但深层次是人格问题带来的与人相处上的困难。因此在学院辅导员及其班主任商量以后，建议该生转介到精神疾病专科医院进行鉴别诊断。

温故知心

一、什么是人格

微课

人格概述

任何一个在大学读书的人大概都能想起学期之初第一节课的话题是什么。哲学老师问道：“什么是哲学？”传播学的第一节课中心话题是：“什么是传播学？”其他的学科也是如此。因此心理学家也从这个基本问题开始思考：“什么是人格？”

人格是个体内部的心理特质和机制的集合，具有组织性和相对持久性，它们影响个体对心灵内部的、物理的和社会环境的适应以及与它们的相互作用。

（一）人格的发展阶段与人格特征

1. 人格的发展阶段

每个人的人格塑造都经历了不同的发展阶段，大体上可以分为萌芽期、重建期和成熟期，每个阶段都有不同的特点。

（1）萌芽期。这个阶段是指一个人从出生到进入青春期之前。在这个时期，人以模仿为主，依赖性很强，自觉程度较低，缺乏个体的主动性。

（2）重建期。这个阶段是指从青春期开始到青年期结束。这是人格突变、重建和产生新质的时期，是人的心理和生理都处于显著变化的时期。人在这个时期由过去的依附走向独立，由无忧无虑的儿童成长为承担责任和义务的成年人。在心理方面，气质、性格、情感、态度都开始由易变转向稳定，独立意向增强，学会用自己的眼睛去审视世界，加以判断，确立自己的世界观与人生观，人格在这个阶段得到调整、修正和完善，因此称为人格的重建期。

（3）成熟期。这个阶段是指从成年期到老年期。随着自我意识的日趋成熟，人在社会中的位置和适应性得到强化，人格特质也逐步稳定，行为方式进一步得到稳固，社会角色得到确立，由过多的自我调节向积极参加社会活动迈进。人们开始专注于自己的事业，发挥才干，为社会谋利益并进一步实现人生价值，同时会关注、维持家庭及教育子女。在事业和情感上会产生全面的体验和认识。心理上若遇到强烈刺激也会趋于平稳，观念上会把青年后期积淀下来的东西消化掉，由成熟走向坚定、宽容和豁达。

2.人格特征

（1）人格的整体性。人格的整体性表现在人格的内在统一性上，人格的内在统一性是人格健康的表征，一个人失去了人格的内在统一性，其行为就会经常由几种相互抵触的动机支配，这是一种人格分裂的现象，会形成“双重人格”或“多重人格”。

（2）人格的稳定性。人格的稳定性是指个体的人格特质具有跨时间的持续性和跨情景的一致性。人们常说的“江山易改，本性难移”就是这个道理。从个人的行为中偶尔表现出来的心理特征和心理倾向不能断定一个人的人格，如一个人处事谨慎，经常循规蹈矩、持事稳重，但偶尔也表现出冒失、轻率。在这里，谨慎是这个人的人格标志，而轻率不是。

（3）人格的可塑性。虽然人格具有稳定性，但并不意味着人格是永恒的、一成不变的，它随着现实环境的变化而变化，因此人格同样具有可塑性。人生观、价值观还不是很成熟的青少年的人格尚不稳定，易受环境的影响而发生变化。成年人相对就比较稳定，但是对个体具有决定性影响的环境因素和机体因素也有可能改变某些人的人格，如移居外地；严重疾病、严重挫折等可能使某些人格特征发生变化，如自我观念、价值观、信仰等的改变。

（4）人格的独特性。人格的独特性是指人与人之间的心理与行为是各不相同的，也就是说人格是由某些与别人共同的或相似的特征，以及完全不同的特征错综复杂地交织在一起构成的。由于人格结构组合的多样性，每个人的人格都有自己的特点。“人心不同，各如其面”，在日常生活中，我们随时随地都可以观察到个性不一的不同个体，如有的人沉默寡言，有的人热情开朗，有的人胆小懦弱，有的人勇敢坚毅。因此，人与人在人格上既有共性也有差异性，是共性和差异性的统一。

（5）人格的生物性和社会性。人格受个体的生物性的制约，是在个体遗传和生物性的基础上形成的。虽然人的自然的生物特性不能预定人格的发展方向，但是它却构成人格的基础，影响人格发展的方向和方式，影响某些人格特征形成的难易。在充分看到人格的生物性的同时，绝不能把人格归结为先天固定下来的，也不能把人格的发展看成由遗传所决定的特征的成熟过程。人格是个体的自然性与社会性的综合，是在社会化的过程中形成的，人格的形成是生物因素和社会环境交互作用的结果。

（二）气质、性格与人格的关系

人格与气质和性格的关系十分密切，有时人格与气质往往统称为人格。就人格与气质的关系而言，没有离开人格的气质，也没有缺乏气质的人格。就人格与性格的关系而言，心理学家认为性格就是狭义的人格，从严格意义上讲，性格是对人格的评价，而人格是对性格的再评价。

微 课

大学生气质类型与心理健康

1. 气质

如果你花几分钟时间观察一下托儿所里初学走路的孩子，你看到的第一个现象可能是，哪怕不到一岁的孩子，行为也是不一样的。如果你在托儿所里观察一段时间，你就能区分出那些好动的、爱哭的孩子和那些总是安静的、快乐的孩子。虽然这些差异可能是由于孩子在家里受到了不同的对待，但是越来越多的研究者认为这些一般的行为类型可能在出生时就显示出来了。他们认为这些一般类型在一个人的一生中相对稳定，并影响其人格特质的发展。但是这就意味着一些人生来好交际而另一些人生来害羞吗？不是。可能我们生来就具有形成某些行为类型的倾向性。心理学家把这些一般行为倾向称为气质。

人们一般把气质分为四种类型，即多血质、黏液质、胆汁质和抑郁质。不同的气质有不同的心理特征。

（1）多血质：属于敏捷而好动的类型。灵活性强，易于适应环境的变化，性情开朗、热情、喜闻乐道、善于交际。在群体中精神愉快，相处自然，常能机智地解脱窘境。在工作和学习上肯动脑筋，常表现出机敏的工作能力和较高的办事效率。对外界事物有广泛的兴趣，不安于循规蹈矩地工作，情绪不够稳定，易于浮躁，时有轻诺信、见异思迁的表现。《水浒传》中的燕青就是这一气质类型的典型代表。

（2）黏液质：属于缄默而安静的类型。灵活性低，反应迟缓，无论环境如何改变，都能保持心理平衡。凡事力求稳妥、深思熟虑，一般不做无把握的事情，具有很强的自我克制能力。外柔内刚，沉静多思，很少流露出内心的真情实感。与人交往时，态度持重适度，不卑不亢，不爱抛头露面或做空泛的清谈。行动缓慢而沉着，有板有眼，严格恪守既定的社会秩序和工作制度。因此，能够高质量地完成那些要求有坚忍不拔、埋头苦干的品质和长时间集中注意力的工作。其中不足之处是过于拘谨，不善于随机应变，有墨守成规的表现，常常是沉稳有余，灵活不足。《水浒传》中的林冲就是这一气质类型的典型代表。

（3）胆汁质：属于兴奋而热烈的类型。表现为有理想和抱负，有独到的见解，反应迅速，行为果断，表里如一。在言语、面部表情和体态上给人以热情直爽、善于交际的印象。不愿受人指挥而喜欢指挥别人。一旦认准目标，就希望尽快实现。遇到困难不屈不挠，有魄力，敢负责。但是往往比较粗心，自制力较差，容易感情用事，有时有刚愎自用、鲁莽的表现。工作带有明显的周期性，能专注地投身于事业，一旦精疲力竭，情绪顿时转为沮丧而心灰意冷。《水浒传》中的李逵就是这一气质类型的典型代表。

（4）抑郁质：属于呆板而羞涩的类型。精神上难以承受或大或小的神经紧张，常因微不足道的小事引起情绪波动。极少向外表露自己的情感，但内心体验却相当深刻。喜欢独处，交往拘束，兴趣爱好很少，性格孤僻。在和睦的集体中可能是一个很易相处的人。对力所能及的工作认真完成，遇事三思而后行，求稳不求快，因而显得迟缓刻板。学习工作易疲倦，在困难面前怯懦、自卑、优柔寡断。《红楼梦》中的林黛玉就是这一气质类型的典型代表。

由于人的气质带有自然的属性，因此气质类型在比较时不能进行社会意义的评价，也就是说，它们之间没有好与坏之分。在实际生活中，很少有单一典型气质的人，一般都是混合型的，只是哪一种气质类型表现得突出而已。随着年龄的增长，在环境的影响下，经过自身的修养，人的气质可以发生某种变化，这种变化能够使人格更加完美。

2. 性格

性格是指一个人对周围事物的一种稳定的态度和与之相适应的习惯化了的行为方式。性格是人们对客观现实的主观反应，与人的气质一样，性格也是有差异的，可以划分出不同的类型：按理智、意志、情绪在性格中所占优势可以划分为理智型、意志型和情绪型；按个体心理倾向可以划分为外倾型和内倾型；按个体独立程度可以划分为独立型和顺从型；按人际交往关系同时考虑其他心理品质可以划分为A型（行为型）、B型（一般型）、C型（平稳型）、D型（积极型）、E型（退避型）。性格具有可变性，更容易因为经历和遭遇的不同而改变，同时气质也影响性格的形成和发展。

心理学与生活　让·皮亚杰

让·皮亚杰，瑞士人，近代著名的儿童心理学家。他的认知发展理论是这个学科的典范。从1929年到1975年，皮亚杰在日内瓦大学担任心理学教授。皮亚杰对心理学最重要的贡献是他把弗洛伊德的那种随意、缺乏系统性的临床观察变得更加科学化和系统化，使临床心理学有了长足的发展。

皮亚杰对生理学具有浓厚兴趣和突出才能。1907年，皮亚杰在公园里发现一只患有白化症的小麻雀，经过仔细观察，他在《自然科学》杂志上发表了一篇关于白化症麻雀的文章，引起轰动，被誉为科学神童。在纳沙泰尔大学读书期间，他对哲学、心理学和逻辑学颇有兴趣。他认为，生物学和哲学的融合是通向认识论的捷径。

1915年，皮亚杰获得瑞士纳沙泰尔大学生物学学士学位。1918年，他在纳沙泰尔大学获得科学博士学位。之后，皮亚杰在苏黎世一个心理实验室工作，开始接触心理分析与临床精神医学；1919年去巴黎大学学习病理心理学与科学的逻辑学和哲学；1921年获得法国国家科学博士学位；继而在巴黎任西蒙助手，在一所小学的比纳实验室研究儿童心理，受西蒙委托应用勃德的推理测验测量巴黎儿童。他早年接受生物学的训练，继而对认识论和逻辑学具有浓厚兴趣，之后又长期从事儿童心理学的研究。1921年，经日内瓦大学克拉巴莱德的邀请，皮亚杰由巴黎回到日内瓦，任日内瓦大学卢梭学院研究主任。从20世纪30年代开始，皮亚杰将研究成果写成他早期的五本儿童心理学著作。

1925年和1927年，他的两个女儿先后出生。1931年，妻子为他生下一个男孩。他在妻子的协助下用大量时间观察儿童动作并进行各种实验。对自己三个孩子的研究，为他提供了创立儿童心理发展理论的重要基础。1929 年皮亚杰在日内瓦大学任科学思想史教授，兼卢梭学院助理院长。1937 年在巴黎举行的国际心理学会议上，他提出了关于儿童的具体运算和运算的整体结构的论文。1924—1954 年他连任日内瓦大学教授。1929—1939 年的十年间，皮亚杰坚持研究数学、物理和生物学中主要概念的形成和历史，并在卢梭学院从事儿童的动作和思维活动的大规模研究，对此进行了一系列的实验。1940 年起，皮亚杰任日内瓦大学卢梭学院（现改称教育学院）院长兼实验心理学讲座和心理实验室主任。1939—1945 年，皮亚杰从事两方面的研究：第一方面，研究儿童到成年期的知觉发展，企图探索知觉与智慧的关系，借以验证格式塔心理学派的论点；第二方面，利用具体的实验技术和分析方法，开始研究儿童的时间、运动和速度概念以及与这些概念有关的行为的发展。1954 年在加拿大举行的第十四届国际心理学会议上，皮亚杰被选为国际心理学会主席。1955 年起，皮亚杰任日内瓦“发生认识论国际研究中心”主任。他创立的“发生认识论”主要研究作为知识形成基础的心理结构（即认识结构）和探讨知识发展过程中新知识形成的机制。该中心集合各国著名学者共同研究儿童认识的发生与发展问题。

二、人格类型与心身健康

（一）A 型行为与冠心病

几十年前，一些内科医生对查明病人中哪些人易患心血管疾病感到困难。他们知道高血压、吸烟、肥胖和缺少锻炼都会使人易患心脏病，但是只综合考虑这些因素还是不能准确地做出预测。医学专家还发现：心脏病患者的行为与其他病人有些不同。心脏病患者与没有心脏病的人相比，表现得更主动，精力更充沛，更具有支配性。简单说，他们的人格看起来与众不同。

这个人格维度被称为心脏病易感行为方式，因为它似乎是与心脏疾病相关的一些行为的结合。今天，这个维度常被称为 A 型—B 型，或简单地称为 A 型。严格来讲，这个名字也是不确切的，因为这不是严格意义上的分类学。与其把人区分为 A 和 B 两种类型，不如用一个连续体来理解这个概念。这个连续体的一端是 A 型，另一端是 B 型。典型 A 型有克服困难的强烈动机，努力达到目标。他们喜欢竞争、权力和受人瞩目，但也易被激怒。他们不喜欢浪费时间，而喜欢以有激情的高效方式做事，更加悠闲自在的人们常常让 A 型性格的人感觉受挫。典型的 B 型人则比较放松，不急迫。他们偶尔也会努力工作，但不是以 A 型人那种冲动的、富于激情的方式工作，也不会像 A 型人那样追求竞争或易被激怒。

那么，A 型行为的哪些部分更致命，或者说与心脏病更密切相关呢？那一定非敌意莫属了。请记住，A 型人格实际是一种症候群，是三个子特质的集合。这三个子特质通常，但并非总是，出现在同一个人身上。例如：一个人可能有时间紧迫感和高成就动机，但不一定有敌意。越来越多的证据表明总体 A 型人格并不能预测心脏病。因此，研究者开始检验这样一个假设：是否是敌意特质，而不是 A 型人格的总体症候，更能预测心脏病。

研究者所说的敌意特质是什么意思呢？有很强敌意的人并不一定表现出暴力或攻击行为，他们也不一定过分自信或者对他人要求过高。相反，他们面对失望、挫折和麻烦时更有可能表现出不友善。挫折可理解为当不能达到一个重要目标时的一种主观感受。例如：你要从自动售货机中买冷饮，它吞了你的钱却没有给你想要的东西，这就是挫折。一个有敌意的人会用不友好的行为来处理这种挫折，他会不断拍打机器、咒骂，或者把垃圾桶踢开。具有敌意的人易怒，即使一点小挫折，如错放了车钥匙或在零售店排队，也会激怒他们。在这种情况下，充满敌意的人会明显变得不高兴，有时甚至会变得粗鲁、不合作甚至敌对。

现在有研究发现敌意是心血管疾病的一个重要预测源。事实上，研究证明，对敌意特质的问卷调查比对A型人格的问卷调查能更好地预测动脉疾病。近来，许多研究表明敌意与身体炎症有关，以血液中的白细胞数量的增加为标志。慢性炎症可能是敌意与心血管疾病相联系的通道。

研究的积极发现是，并非A型人格的所有方面都对心脏和动脉不利。假设敌意是致命成分，我们能勾画出A型人格的“健康”形象吗？为获得成功和成就而奋斗似乎是好的，但在奋斗过程中不要充满敌意和攻击性；为达到目标即使成为工作狂也可以，但不要为日常生活中不可避免的小挫折感到挫败；喜欢急匆匆，尽可能多做事也可以，但当不能每件事都做好时不要感到挫折与生气；喜欢竞争也可以，只要竞争是友好的，不是充满敌意的。有时候在商店排长队也是一种很好的治疗方式。在这些情境下，保持放松，不要充满敌意或愤怒。

成为一个没有敌意的A型人似乎还有很多益处。在一项关于男性的纵向研究中，研究者发现，正如所预期的那样，A型人比B型人更易患心脏病。但是，在心脏病发作后，A型人比B型人更可能存活下来并成功地恢复。似乎A型症候群的特定组成部分，如奋斗和成就动机，帮助A型人形成和保持了一种有效的从心脏病中恢复的方式。

那么，敌意的A型行为是如何损伤动脉的？A型行为，尤其是其中的敌意因素，如何对心脏和动脉产生损害呢？强烈的敌意和攻击性能够导致反抗—逃避反应。这种反应包括血压升高，并伴随着动脉的收缩、心跳加速、每次心跳输血量增加。简言之，人的身体突然通过更小的动脉输送了更多的血。这些变化会对动脉的内壁造成破坏，引起微小的磨损。磨损处会变成胆固醇和脂肪堆积的地方。除了在动脉壁上产生的机械磨损，压力荷尔蒙也会在反抗—逃避反应中释放到血液里，可能会引起动脉损坏和之后动脉壁的脂肪堆积。随着脂肪分子在动脉内部的不断堆积，动脉变得越来越窄，就会形成动脉硬化，或称动脉变硬或阻塞，为心肌提供供应的动脉阻塞时，就会导致心脏供血持续不足，从而导致心脏病发作。

（二）C型行为与癌症

近来，流行病学调查、肿瘤行为学的研究和生理生化学、免疫学的研究都把焦点集中在C型行为上。

流行病学调查发现，肿瘤病人的气质和性格有着共同的规律性。例如：中国医学科学院余铭鹏等调查205例宫颈癌病人发现，47.5%的患者有抑郁气质和精神创伤史；龚惠心调查158例宫颈癌病人发现，性格急躁、内向、好生闷气者占43%，有上述性格气质者，宫颈癌的发生率较对照组高3.15倍。这些调查提示宫颈癌发生与心理、行为因素有密切相关性。

C 型行为被定义为容易发生癌的行为模式，C 是 Cancer 一词的第一个字母。C 型行为的特征是在气质上好压抑自己的情绪，特别是压抑怒气，怒而不发，也不善于发泄自己的情绪，在性格上好克制自己，忍让、过分谦虚、过分依从社会、回避矛盾、好调和矛盾。

研究发现，C 型行为的人肿瘤发生率比一般人高 3 倍以上，并可促进恶性黑色素瘤的发生，促进癌的转移，使癌病变恶化。心理研究发现，愤怒可引起血压升高，胃肠抑制，交感—肾上腺系统活化，垂体—肾上腺活化，RAA 系统活化，高血糖素、胰岛素系统变化，甲状腺活化五条途径引起生理变化。但愤怒发泄后，上述变化便恢复原有平衡。愤怒如受到压抑，长期不能发作出来，将导致慢性愤怒与紧张，后者将引起慢性而严重的应激，通过神经、体液系统降低免疫，为癌发生创造条件。

C 型行为何以引起癌的发生，据研究报道可归纳如下：

（1）C 型行为的人通过 5 种途径使人体细胞和体液免疫机能低下，癌得以发生。

（2）Kiecolt 发现压抑、紧张都会损伤细胞 DNA 自然修复过程导致肿瘤发生。此外，压抑通过递质、激素可使细胞内调控正常细胞增殖、分化的原癌基因转化为癌基因，诱发癌变。再者，愤怒使血中皮质激素升高，后者可抑制细胞内 DNA 合成，抑制肝等正常细胞生成，为癌发生创造条件。

（3）压抑愤怒可通过交感—肾上腺、垂体—肾上腺、RAA 系统、垂体—甲状腺等系统使内脏器官供血减少，代谢障碍，甚或发生细胞坏死，为癌细胞滋生创造条件。

（三）乐观主义与悲观主义

假如预测坏事件发生在你身上的可能性，用 0 到 100 之间的数字表示其可能性：0 表示“永远都不会发生在我身上”；100 表示“肯定会发生在我身上”。你需要评估的事件包括：死于飞机失事，被诊断为癌症，得心脏病，被雷电击中等。乐观主义者认为这些消极事件发生在他们身上的概率低于普通人的平均水平。然而，真正有趣的是大部分人都普遍低估了自己可能面临的危险，比真正的平均水平要低。这就是乐观主义偏差，它通常会让人们忽视或最小化生活中的危险或让他们冒更大的风险。然而，对与日常生活相关的危险，人们的看法非常不同。相对于乐观主义者，悲观主义者更高地估计了风险。

研究者发现，乐观主义有益于健康。乐观主义者的健康状况通常要好于悲观主义者。在一项研究中，被试为 25 岁男性，研究者根据他们若干年前写的文章把他们分成乐观组和悲观组。研究者发现，到这些被试 45 岁和 60 岁时，乐观组比悲观组的健康状况更好。

为什么乐观主义者比悲观主义者更健康？乐观主义与健康之间的关系似乎很复杂，但是研究者提出了几种可能性。例如：我们知道乐观主义者喜欢建立广泛的社交网络。在遇到困难时会求助于朋友。相反，被诊断为乳腺癌的悲观的女性倾向于减少与朋友的接触。很多研究发现社会支持有利于健康。研究者发现，乐观主义者的免疫力更强。另外，由于悲观主义者经常体验消极情绪，因此他们的血压更高，这可能影响他们的健康。

乐观主义者比悲观主义者更健康，对此最好的解释也许是，乐观地看待前景导致有利于健康的态度和行为。例如：研究者考察了一些参加某一心脏康复项目的病人。每个病人都是突发心脏病或者被诊断为患有某种心血管疾病之后参加项目的。与悲观的病人相比，乐观的病人在减少饱和脂肪摄入、减轻体重以及提高供氧量方面做得更好。乐观的被试确信他们能够实现康复目标，并朝着这个方向努力。研究还发现，乐观主义者比悲观主义者更关注相关的健康信息，对某种物质上瘾之类的影响健康的习惯较少。宿命论观点使悲观主义者不会采取合理的预防或保障措施，如开车系安全带或者用专门的司机。几位研究者发现，悲观主义者，尤其是遇事就往坏的方面想的人，比乐观主义者更容易遭遇致命事故。

扪心问诊

心理自测 1：气质类型测验

请仔细阅读表 3－1，根据自己的情况选择契合的描述。

表 3－1　气质类型测验表

请根据自己的情况选择契合的描述，你认为很符合自己情况的，选 A；比较符合的，选 B；介于符合与不符合之间的，选 C；比较不符合的，选 D；完全不符合的，选 E。	
1. 做事力求稳妥，不做无把握的事	A　B　C　D　E
2. 遇到可气的事就怒不可遏，想把心里话全说出来才痛快	A　B　C　D　E
3. 宁愿一人干事，不愿很多人在一起	A　B　C　D　E
4. 到一个新环境很快就能适应	A　B　C　D　E
5. 厌恶那些强烈的刺激，如尖叫、噪声、危险镜头等	A　B　C　D　E
6. 和人争吵时，总是先发制人，喜欢挑衅	A　B　C　D　E
7. 喜欢安静的环境	A　B　C　D　E
8. 善于和人交往	A　B　C　D　E
9. 羡慕那种善于克制自己感情的人	A　B　C　D　E
10. 生活有规律，很少违反作息制度	A　B　C　D　E
11. 在多数情况下情绪是乐观的	A　B　C　D　E
12. 碰到陌生人觉得很拘束	A　B　C　D　E
13. 遇到令人气愤的事，能很好地自我克制	A　B　C　D　E
14. 做事时总是有旺盛的精力	A　B　C　D　E
15. 遇到问题时常常举棋不定，优柔寡断	A　B　C　D　E
16. 在人群中从不觉得过分拘束	A　B　C　D　E
17. 情绪高昂时，觉得干什么都有趣；情绪低落时，又觉得干什么都没有意思	A　B　C　D　E
18. 当注意力集中于某一事物时，别的事物很难使自己分心	A　B　C　D　E
19. 理解问题总比别人快	A　B　C　D　E
20. 碰到危险情景常有一种极度恐惧感	A　B　C　D　E
21. 对学习、工作、事业抱有很高热情	A　B　C　D　E
22. 能够长时间做枯燥、单调的工作	A　B　C　D　E
23. 对感兴趣的事情，干起来劲头十足，否则就不想干	A　B　C　D　E
24. 一点小事就能引起情绪波动	A　B　C　D　E

续表

25. 讨厌做那种需要耐心的细致的工作	A B C D E
26. 与人交往不卑不亢	A B C D E
27. 喜欢参加热烈的活动	A B C D E
28. 爱看感情细腻、描写人物内心活动的文学作品	A B C D E
29. 工作学习时间长，常感到厌倦	A B C D E
30. 不喜欢长时间谈论一个问题，愿意实际动手干	A B C D E
31. 宁愿侃侃而谈，不愿窃窃私语	A B C D E
32. 在别人眼里总是闷闷不乐	A B C D E
33. 理解问题常比别人慢些	A B C D E
34. 疲倦时只要短暂地休息会儿就能精神抖擞，重新投入工作	A B C D E
35. 心里有话，宁愿自己想，也不愿说出来	A B C D E
36. 认准一个目标就希望尽快实现，不达目的誓不罢休	A B C D E
37. 和别人一起学习、工作一段时间后，常比别人更疲倦	A B C D E
38. 做事有些莽撞，常常不考虑后果	A B C D E
39. 老师和师父讲授新知识、新技术时，总希望他讲慢些，多重复几遍	A B C D E
40. 能够很快忘记那些不愉快的事情	A B C D E
41. 做作业或完成一件工作花的时间总比别人多	A B C D E
42. 喜欢运动量大的剧烈的体育活动，或参加各种文艺活动	A B C D E
43. 不能很快把注意力从一件事转移到另一件事上去	A B C D E
44. 接受一个任务后，就希望迅速完成	A B C D E
45. 认为墨守成规比冒风险强些	A B C D E
46. 能够同时注意几件事	A B C D E
47. 烦闷的时候，别人的开解很难使自己高兴起来	A B C D E
48. 爱看情节跌宕、激动人心的小说	A B C D E
49. 对工作认真严谨，具有始终一贯的态度	A B C D E
50. 和周围人的关系总是相处得不好	A B C D E
51. 喜欢复习学过的知识，重复做已经掌握的工作	A B C D E
52. 希望做变化大、花样多的工作	A B C D E
53. 小时候会背几十首诗歌，似乎比别人记得清楚	A B C D E
54. 别人说自己“语出伤人”，可自己并不觉得是这样	A B C D E
55. 在体育活动中，常因反应慢而落后	A B C D E
56. 反应敏捷，头脑机智灵活	A B C D E
57. 喜欢有条理而不麻烦的工作	A B C D E
58. 兴奋的事常会使自己失眠	A B C D E
59. 老师讲新的概念，常常听不懂，但是弄懂以后就很难忘记	A B C D E
60. 如果工作枯燥无味，马上就会情绪低落	A B C D E

计分方法：选 A，计 2 分；选 B，计 1 分；选 C，计 0 分；选 D，计－1 分；选 E，计－2 分。请将每题得分记入表 3－2 中。

表 3－2　气质类型测验计分表

胆汁质	题号	2	6	9	14	17	21	27	31	36	38	42	48	50	54	58	总分
	得分																
多血质	题号	4	8	11	16	19	23	25	29	34	40	44	46	52	56	60	总分
	得分																
黏液质	题号	1	7	10	13	18	22	26	30	33	39	43	45	49	55	57	总分
	得分																
抑郁质	题号	3	5	12	15	20	24	28	32	35	37	41	47	51	53	59	总分
	得分																

如果某一类或两类的得分超过 20 分，你就属于典型的该类气质。如果某一类或两类以上得分在 20 分以下 10 分以上，其他各类得分较低，你就属于该类一般气质。如果各类得分均在 10 分以下，但某类或某几类得分较其余类分高（相差 5 分以上），你就属于略倾向于该类气质（或几类气质的混合）。

心理自测 2：性格和压力测验

请仔细阅读表 3－3，根据自己的情况选择契合的描述。

表 3－3　性格和压力测验表

以下各题，你只需回答“是”或“否”。请以你的第一反应作答。	
1. 你是否一向准时赴约？	是　否
2. 和朋友或家人相比，你是否更易和同学或同事沟通？	是　否
3. 是否觉得周六早晨比周日傍晚容易放松？	是　否
4. 无所事事时，是否感觉比忙着学习和工作时自在？	是　否
5. 安排业余活动时，是否向来都很谨慎？	是　否
6. 当你处在等待状态时，是否常常感觉懊恼？	是　否
7. 你多数娱乐活动是否都和同学或同事一同进行？	是　否
8. 你的家人或朋友是否认为你随和、易相处？	是　否
9. 有没有某位同学或同事让你感觉很积极进取？	是　否
10. 运动时是否常想改进技巧，多赢得胜利？	是　否
11. 处于压力之下，你是否仍会仔细弄清每件事的真相，才能做出决定？	是　否
12. 旅行之前，你是否会做好行程表的每一个步骤，而当计划必须改变时，会感觉不自在？	是　否
13. 你是否喜欢在同学聚会时与人闲谈？	是　否
14. 你是否喜欢闷头学习或工作，躲避处理人际关系？	是　否
15. 你交的朋友是不是局限于本班同学或本部门同事？	是　否

续表

16. 当你生病时，你是否会将学习或工作任务带到床上？	是　否
17. 平时的阅读物是否多半和本专业相关？	是　否
18. 你是否比同学或同事要花更多的时间在学习或工作上？	是　否
19. 你在社交场合是不是三句话不离本专业？	是　否
20. 你是不是在休息日也会焦躁不安？	是　否

计分：4、8、13 题答“否”得 1 分，其他题答“是”得 1 分。请统计总分。

解释：总分为 12～20 分，表明你的性格倾向于 A 型；总分为 0～9 分，表明你的性格倾向于 B 型；总分为 10～11 分，表明你的性格介于 A 型和 B 型之间。

学思践心

活动一　轻柔体操

活动目的：放松练习，活跃氛围，缓解紧张情绪。

活动过程：全体成员站立，由领导者带头给大家示范一个放松动作，成员们跟着一起做三遍。再由其他成员依次给大家示范一个动作，所有成员跟着一起做。

活动二　我的小确幸

活动目的：通过问题讨论，增加积极体验。

活动过程：

1. 用 15 分钟左右的时间完成一个任务：回忆在过去一周或更长时间里发生的一件自己认为成功的事，可以找一张纸将回忆到的事情写下来。这件事可能是不怎么重要的（如“我帮朋友挑了一件衣服，她很喜欢”），也可以是很重大的事情（如“我完成了一个老师/学长交代的重要工作”），并记录下来，在写的过程中要注意下列要求：

（1）详细地记录事件发生的过程及它所带来的积极情绪；

（2）记录自己为取得成功而付出的努力；

（3）描述自己在事件回忆过程中的情绪变化。

2. 小组内讨论。

活动三　认识忧忧和乐乐

活动目的：学会正确区分现实性乐观与盲目性乐观。

活动过程：

1. 引入乐观话题，向小组成员介绍两种乐观：现实性乐观与盲目性乐观。小组讨论两种乐观，自己是否有此种行为和表现，是如何看待的。

2. 观看影片《头脑特工队》片段，讨论忧忧和乐乐这两个角色存在的意义。

单元二 大学生人格特点与心理健康教育

事说心语

昔日的好友怎么了?

小黄与小李是某艺术院校三年级的学生，同在一个宿舍生活。入学不久，两个人成了形影不离的好朋友。小黄活泼开朗，小李性格内向、沉默寡言。一段时间后，小李逐渐觉得自己像一只丑小鸭，而小黄却像一位美丽的公主，心里很不是滋味，她认为小黄处处都比自己强，把风头占尽，时常以冷眼对小黄。大学三年级，小黄参加了学院组织的服装设计大赛，得了一等奖，小李得知这一消息先是痛不欲生，而后妒火中烧，趁小黄不在宿舍之机将小黄的参赛作品撕成碎片，扔在小黄的床上。小黄发现后，不知道怎样对待小李，更想不通为什么她要遭受这样的对待。

案例分析：

案例中的小李是因为嫉妒小黄导致心理出现了问题。嫉妒是在人际交往中与他人比较，发现自己在才能、名誉、地位和境遇等方面不如别人，而产生的一种不悦、自惭、怨恨、恼怒，甚至带有破坏性的复杂情感，通常包含嫉慕、嫉怒、嫉恨、嫉毁四个不同程度的情感反应。就大学生而言，嫉妒心理主要表现是：对他人的成绩和长处不服气，甚至报以嫉恨，看到别人冒尖不甘心，总希望别人比自己落后。看到别人处于劣势则感到莫大安慰。有嫉妒心理的人还有一个重要的特点是没有竞争的勇气，往往是讽刺、挖苦、挑拨，甚至采取不合法、不正当的行为，对他人和集体造成种种危害。

产生嫉妒心理通常有两方面的原因：(1) 心胸狭隘。担心别人超过自己，把别人的优势视作对自己的威胁；(2) 自私自利、虚荣心强、好出风头，凡事总想高人一等。

指导建议：

嫉妒心理是一种消极的心理品质。嫉妒会吞噬人的理智，影响正常思维，造成人格扭曲。这种心理在大学生交往中，特别是女生中较为多见，必须加以调节。首先，要保持一种良好的心态。要知道在任何一个群体里，总有人比较优秀，总有人相对落后一点。自己可以去努力、去争取，实在赶不上，也不必强求。其次，要充实自己。嫉妒心往往是自信心和能力不足的曲折表现。一般来说，能力很强的人不用担心别人超过自己，只有那些无所事事，想变好又不愿努力的人才有时间计较、嫉妒别人。因此有嫉妒心理的人应化嫉妒为追求和上进，以积极的心态充实自己，努力弥补自己的劣势。最后，要克服“以自我为中心”的思想。嫉妒心理是自我膨胀的产物。有嫉妒心理者往往目光短浅、气度狭小，处处考虑自己。克服“以自我为中心”的思想就会去接纳别人的进步和发展，就会使自己的心态不因嫉妒别人的进步和成绩而失衡，从而使自己的情绪和情感得到升华。

温故知心

一、大学生人格特点

（1）有正确的自我意识，开放自我，保持热情、乐观与活泼的态度，悦纳自我，接纳他人。

（2）自己内部心理与人际关系和谐，心胸开阔、真诚待人、宽容他人、尊重他人，能够正确处理各种人际关系。

（3）独立自尊，独立性与社会适应能力较强，有正确的人生观与价值观，充满自信。

（4）意志与理性较强，能够客观认识、评价自我与控制自我，情绪反应适度，并能调解与控制自己的情绪，极端行为较少。

（5）富有同情心、爱心与幽默感，心地善良、善解人意、乐于助人，具有良好的道德和美学修养。

（6）能够发挥自己的潜能，不断地完善自我和创造性地生活，有事业心、责任感、竞争意识，勇于创新、珍爱生命，最大限度地实现自己的人生价值与理想。

心理学与生活　　弗洛伊德的人格理论

弗洛伊德最初把人格划分为意识、前意识和无意识。他把这种划分称为解剖模型。意识指的是人们正觉察到的想法。随着新的想法涌出，其他想法消失，意识的内容不断发生变化。当一个人说“我心里想”的时候，他也许指的是自己意识到的部分。但在大脑存储的信息中，意识处理的信息只占很小的比例。如果你愿意，你可以轻而易举地调集无数的想法到意识中。例如：你早餐吃了什么？你三年级的老师是谁？你上周六晚上做了什么？这些大量的可再现信息构成了前意识。

许多人认为意识与前意识的内容已经构成思维内容的全部，但弗洛伊德认为这还只是冰山一角。在精神分析理论看来，我们内心想法的主体位于无意识当中。这里的内容无法直接接触。弗洛伊德认为无意识的内容无法被提取进入意识，除非是在某种极端的情况下。然而，无意识的内容决定了人的许多日常行为。理解无意识对行为，尤其是对变态行为的影响，是理解精神分析思想的关键。

弗洛伊德很快就发现，解剖模型在描述人格上有局限。因此，他又创立了结构模型，把人格划分为本我、自我和超我。正如人们常说的：“一部分的我想做这件事，另一部分的我想做别的事。”弗洛伊德认为组成人格的各部分经常发生冲突。弗洛伊德认为，人出生时只有一个人格结构，即本我。这是人的自私部分，只与满足个人欲望有关。本我采取的行为遵循快乐原则，即本我只关心如何立即满足个人需要，而不受任何物质和社会的约束。婴儿看见想要的东西，就去够它，无论这东西是否属于他人或者有害。这种反射行为一直保持到成年。弗洛伊德甚至认为本我冲动永远存在，它们必须受控于健康成人人格的其他部分。

显然，如果本我仅仅试图依赖反射行为去得到它想要的，那么大部分时间里，快乐冲动都将受到挫败。因此，弗洛伊德假设本我还通过愿望实现来满足其需要。即当想要的东西得不到时，本我会想象它的存在。如果一个婴儿饿了，而周围又没有食物，本我就会想象食物，从而暂时满足自己的需要。稍后在本专题我们会提到，弗洛伊德认为梦也是愿望实现的一种类型。

如果你对本我冲动及愿望实现在心理系统中运作的观点表示怀疑，可能是因为本我完全隐藏于无意识中。实际上，由于大部分本我冲动与性和攻击这两个主题有关，因此人们意识不到这种无意识的东西或许是件好事。

生命的头两年里，随着儿童与环境相互作用，人格结构的第二部分逐渐发展起来。自我的活动遵循现实原则。即自我的主要工作是满足本我冲动——但以考虑情境现实性的方式进行。由于本我冲动倾向于不为社会所接受，因此它们会对自我构成威胁。自我的工作是将这些冲动控制在无意识当中。与本我不同的是，自我能在意识、前意识和无意识各部分之间自由活动。

二、大学生常见的人格障碍类型

人格障碍是指与个体文化预期相去甚远的一种持久的体验和行为模式。如果一种特质变得适应不良，缺乏弹性，并导致明显的功能损害和心理痛苦，那么它就被认定是一种人格障碍。比如，一个人如果过于尽责，以至于每晚都要检查门锁 10 次以上，并且在早晨离家前查看家用设备 5 遍以上，我们就可以将其视为一种人格障碍。

我们将列举几种在日常生活中常见的人格障碍表现。请注意，若在一个人身上出现以下所描述的行为，不能断定为该人格障碍，必须以精神科医师的诊断结果为准，切勿自行贴上标签。

（一）边缘型人格障碍

边缘型人格障碍（Borderline Personality Disorder，BPD）患者的生活以不稳定为特征。其人际关系不稳定，行为模式不稳定，情绪也不稳定，甚至自我意象也不稳定。下面我们从人际关系开始逐一展开。

边缘型人格障碍者的人际关系通常很紧张，比较情绪化，甚至有暴力倾向，他们非常害怕被遗弃。如果这类人感觉到自己在重要的关系中被孤立或排斥，就会导致他们的自我意象和行为模式发生巨大变化，如变得易怒。他们有明显的人际关系障碍。当他人离开时，他们会产生强烈的被抛弃的恐惧感，变得易怒，甚至带有攻击性。为了挽回人际关系，他们有时会做出自残行为（如烫伤或割伤自己），甚至有自杀企图。一项对 84 名边缘型人格障碍者的研究发现，72%的人有自杀史。事实上，每个人至少有过 3 次自杀尝试。他们的人际关系紧张而多变。他们可以从仰慕一个人很快过渡到嘲弄此人；他们对人际关系的看法也多变，时而充满关爱，时而严苛无情。对于以前受过的委屈，他们时而顺从接受，时而要愤怒复仇。

边缘型人格障碍者对自我的认识时常发生变换。他们目光短浅，价值观多变，观点也会发生突变。他们尝试结交各种类型的朋友，有多种性取向。在内心深处，他们通常认为自己很邪恶。他们经常自我伤害，当他人威胁要离开或要求他们承担新责任时，尤其如此。

情绪强烈在边缘型人格障碍者身上也很常见，如恐慌、愤怒、绝望。这些情绪多由人际事件引发，尤其是在遭抛弃或被忽略时。面对他人的压力，边缘型人格障碍者会猛力回击、怀恨在心、挖苦讽刺，并具有攻击性。愤怒期过后，他们常会因此而深感愧疚，有负罪感。他们常抱怨感到空虚，也会自我破坏，使努力前功尽弃。他们常会因此而深感愧疚，有负罪感。例如：在一项训练计划结束前夕放弃，或在一段重要的关系刚走向正轨时抽身而出。

很多研究者认为，边缘型人格障碍是由于个体早年丧失了父母的关爱所引起的，如父母早逝、被虐待、无人看管或父母吸毒、酗酒等。这种早期关爱的缺失会影响他们处理人际关系的能力，在这种环境下，儿童会认为没有人值得信任。虽然边缘型人格障碍者有人际关系障碍，但如果得到足够的帮助，他们还是能够建立稳固的社会关系的。如果他们发现某人随和友善，符合他们的期待和标准，有爱心并能化解矛盾，也能和这些人建立良好的人际关系。

（二）自恋型人格障碍

自恋型人格障碍（Narcissistic Personality Disorder，NPD）最突出的特征是希望得到赞美，妄自尊大，缺乏洞察他人感受的能力。自恋者自视清高，炫耀自己的成就，贬低他人的功劳。自恋者常做白日梦，幻想财富、成功、影响力、他人的赞美以及权力。他们总想得到他人的赞美，总埋怨他人对自己不够崇拜。他们表现出明显的权力欲望，认为自己应该受到特别的尊重和待遇。实际上，他们什么也没做，不配拥有任何殊荣。

自恋型人格障碍者身上弥漫着一种优越感。他们总觉得自己非同一般，只有那些同样出类拔萃的人才有资格和自己交往，由于他们只和这些特别的人交往，因此也会越发觉得自己了不起。这样的人会坚持请最好的律师、上最好的大学，认为自己与众不同、高人一等。

具有此人格者对周围人的要求很高，他们希望定期得到他人的赞美，尤其热衷于获得自己亲近的人的赞美。许多自恋者喜欢和社会地位较差或不受欢迎的人交朋友，他们不会和自恋者争夺他人的关注。自恋的悖论是指：虽然自恋者的自尊心很强，但他们膨胀的自尊也很脆弱。也就是说，虽然他们看起来很自信，但仍需要来自他人的赞美和关注，而一个真正自信的人是不需要他人赞誉的。当自恋者出现在舞会上，他们希望引起轰动的明星效应；去餐馆和商店时，他们也希望店员和服务生能一下就注意到自己，冲过来为自己服务。因此，自恋者依赖于他人的反应来证实自己的重要性。

自恋者自尊心脆弱并不是说他们在掩饰自己的低自尊，而是说他们对批评格外敏感。当认为自己没有得到应有的重视时，他们会勃然大怒。他们的自尊高度膨胀，即使没有任何证据的支持，他们也迫切希望别人看到自己的突出、独特和优越性。他们的弱点还表现为敏感，一种容易被激起的敏感，类似于小孩子发脾气、撅嘴时的情绪。这意味着他们的自我膨胀没有边界。

使自恋者产生交往障碍的另一个原因在于他们意识不到他人的真实需求和想法。在谈话中，他们总是在说自己："我"这样，"我"那样。他们比一般人更倾向于使用第一人称（我，我的）。心理学家发现，在自恋心理测试中得分高的人对自己表现的评价比他人对自己的评价高，这说明了自恋者的自我提升。和自恋者交往的人总是抱怨自恋者以自我为中心，情感冷漠，不愿接受礼尚往来的交往模式。

自恋者与人交往时还有一大障碍，就是容易对人心生嫉妒。当听到熟人的成功或成就时，自恋者就会诋毁其成功，他们认为自己比那些获得成功的人更值得被称赞，尤其喜欢在公众面前贬低他人。虚荣心有时会让他们在成功者面前掩饰自己的嫉妒和愤怒。

（三）回避型人格障碍

回避型人格障碍（Avoidant Personality Disorder，APD）的主要特征是：强烈的不胜任感和对他人的批评敏感。显然，没有人喜欢被批评。但是，回避型人格障碍者会极力避免在学校、单位或其他场合给他人提供挑剔自己行为或性格的机会。他们焦虑的主要原因是对他人批评与拒绝的极度恐惧，出于这种恐惧，他们会尽量少交朋友，或少在新场合露面。为了劝他们参与新活动，朋友们不得不讨好他们或承诺、鼓励与支持他们。

回避型人格障碍者害怕受到批评，因此他们会限制自己的活动，以避免可能的尴尬。比如，一位回避型的男性会因找不到合适的衣服而在最后时刻取消相亲。虽然这种做法能回避焦虑，但同时也会出现一些新问题，如机会的丧失。另外，回避型人格障碍者会给人一种温顺、安静、羞涩和孤独的印象。

回避型人格障碍者对他人怎么看待自己很敏感。他们很容易受到伤害，看起来很脆弱，不愿参与社会交往；因为害怕被嘲笑，也不愿发表自己的观点或表露自己的情感。他们的自尊水平通常很低，不能应对日常生活中的许多挑战。由于他们与社会隔绝，因此很少得到周围人的帮助。他们虽然内心也愿意与人交往，甚至幻想与他人建立亲密关系，但由于害怕被拒绝或受到谴责，往往会刻意避免与他人的亲密接触。这其中的矛盾是，在避免社交焦虑的过程中，他们也丧失了与他人建立良好关系，以帮助自己重塑自信的机会。

（四）依赖型人格障碍

回避型人格障碍者尽量避免与人相处，而依赖型人格障碍者则处处依赖他人。依赖型人格障碍（Dependent Personality Disorder，DPD）的主要标志是过分需要他人的照顾和呵护。他们以顺从的方式行事，以便获得他人更好的呵护，让他人控制情境。他们需要大量的鼓励和建议，甚至会把做决定的责任也推给他人。关于应该住在哪里、上哪所学校、修哪门课程、与哪些人交往等决定对他们来说都很困难，他们需要寻求他人的肯定和帮助。甚至对于很小的决定，如今天出门是否带伞、穿什么颜色的衣服、在餐馆里点什么菜等也需要他人的建议，他们很少掌握主动权。

由于害怕失去他人的帮助和建议，依赖型人格障碍者会尽量避免与被依赖者产生分歧。由于极度需要支持，依赖型人格障碍者甚至会屈从于本不赞同的建议或决定，以避免惹被依赖者生气。

他们缺乏自信，需要他人不断地肯定自己，因而他们无法单独完成工作。他们会等他人一起开始工作，在工作中总是需要他人指点。他们总强调自己能力不够，以便得到其他人的帮助。他们尽量不让自己表现得很能干，以免他人不再帮助自己。一个总是依赖他人解决问题的人不可能学会独立生活和独立处理问题的技能。

依赖型人格障碍者为得到他人的支持和帮助可以忍受各种极端的处境。他们会屈从于一些无理要求，忍受屈辱或与他人保持扭曲的关系。他们认为自己无力照顾自己，因此需要忍受屈辱来维系与被依赖者的关系。他们的悲哀在于他们推卸责任和过于依赖他人，永远也发现不了自己有照顾自己的能力。

（五）强迫型人格障碍

强迫型人格障碍者刻意关注事物的条理性，极力追求完美。对秩序的高要求可以体现在对细节的关注和对规则、程序的遵循上。比如，他们会提前计划好每天上班要穿的衣服，每周六和周三下午 5—7 时进行大扫除。强迫型人格障碍（Obsessive-compulsive Personality Disorder，OCPD）者对自己的要求通常很高。他们努力追求完美，但很少对自己满意。例如：强迫型的学生可能从不交作业，因为他总觉得写得不够完美。对完美的追求会影响他们做事的效率。

强迫型人格障碍者的另一特点是为了工作有时会牺牲业余时间和友谊。他们往往对工作过于认真，会占用夜晚和周末的休息时间去工作，很少休息。当他们真有时间放松娱乐时，也更愿做些严肃的事，如集邮或下棋。对于业余爱好，他们还是愿意选择些要求较高、需要关注细节的活动，如绣十字绣、电脑编程等。

强迫型人格障碍者在伦理和道德问题上也很不灵活。他们的自律性很强，从来都循规蹈矩。他们的责任心很强，对别人也如此要求。通常，他们认为只有一种正确的做事方式，即他们自己的方式。他们不放心把工作分派给他人，因此常常不愿意和他人一起工作。他们常常抱怨“要想把事情做好，你必须亲自动手”。如果他人不像自己那样认真对待工作，他们就会很生气。

强迫型人格障碍者也表现出其他一些古怪行为，其中之一是不愿丢弃废弃物。很多这类人都小气吝啬，喜欢攒钱。最后，他们不仅做事不灵活，还极端顽固。比如，他们会坚持说，由于别人的不尽力，导致他们无法完成工作。你可以想象，他们总在工作中给其他人找麻烦。

扪心问诊

心理自测：性格自测问卷

你知道自己的性格心理倾向吗？心理学认为，现实生活中每个人都有自己的性格。性格的分类方法有多种，目前为大多数心理学家所赞同的一种分类方法是根据各人的心理活动倾向来进行划分。有些人心理活动明显表露在外，即倾向于外部世界，这些人被称为性格外向者；有些人的心理活动很隐蔽、含蓄，即倾向于内部世界，这些人被称为性格内向者。在人群中，极端的外向型性格和极端的内向型性格很少见，大部分人属于中间类型，即性格兼有部分外向型和部分内向型的特点，或者属于偏外向型和偏内向型性格。请认真阅读表 3-4，根据自己的实际情况作答。

表 3-4　性格自测问卷表

如果你想了解自己的性格究竟是哪一种类型，自己的外向性或内向性究竟达到什么程度，请进行下述“性格类型自测”。本测验共有 50 道题，请根据自己的实际情况做出回答。

题目	是	不明确	否
1. 我与观点不同的人也能友好往来			
2. 我读书较慢，力求完全看懂			
3. 我做事较快，但较粗糙			
4. 我经常分析自己、研究自己			
5. 生气时，我总不加抑制地把怒气发泄出来			
6. 在人多的场合我总是力求不引人注意			
7. 我不喜欢写日记			
8. 我待人总是很小心			
9. 我是个不拘小节的人			
10. 我不敢在众人面前发表演说			
11. 我能够做好领导团体的工作			
12. 我常会猜疑别人			
13. 受到表扬后我会工作得更努力			
14. 我希望过平静、轻松的生活			
15. 我从不考虑自己几年后的事情			
16. 我常会一个人想入非非			
17. 我喜欢经常变换学习或工作内容			
18. 我常常回忆自己过去的生活			
19. 我很喜欢参加集体娱乐活动			
20. 我总是三思而后行			
21. 花钱时我从不精打细算			
22. 我讨厌在我学习或工作时有人在旁边观看			
23. 我始终以乐观的态度对待人生			
24. 我总是独立思考并回答问题			
25. 我不怕应付麻烦的事情			
26. 对陌生人我从不轻易相信			
27. 我几乎从不主动制定学习或工作计划			
28. 我不善于结交朋友			
29. 我的意见和观点常会发生变化			
30. 我很注意交通安全			
31. 我肚子里有话藏不住，总想对人说出来			
32. 我常有自卑感			

续表

题目	是	不明确	否
33. 我不大注意自己的服装是否整洁			
34. 我很关心别人对我有什么看法			
35. 和别人在一起时，我的话总比别人多			
36. 我喜欢独自一个人在房内休息			
37. 我的情绪很容易波动			
38. 看到房间里杂乱无章，我就静不下心来			
39. 遇到不懂的问题我就去问别人			
40. 旁边若有说话声或广播声，我就无法静下心来学习			
41. 我的口头表达能力还不错			
42. 我是个沉默寡言的人			
43. 在一个新的环境里我很快就能熟悉了			
44. 要我同陌生人打交道，我常感到为难			
45. 我常会过高地估计自己的能力			
46. 遭到失败后我总是忘不了			
47. 我感到脚踏实地地干比探索理论原理更重要			
48. 我很注意同伴们的学习成绩或工作成绩			
49. 比起读小说和看电影，我更喜欢郊游和跳舞			
50. 买东西时，我常常犹豫不决			

计分方法：题号为单数的题目，选“是”计 2 分，选“不明确”计 1 分，选“否”计 0 分；题号为双数的题目，选“否”计 2 分，选“不明确”计 1 分，选“是”计 0 分。最后将各道题的分数相加，总和即为你的性格倾向性指数。性格倾向性指数在 0 到 100 分之间。由性格倾向性指数的数值可以了解自己性格的内向和外向程度。得分为 0～19 分的是内向型，得分为 20～39 分的是偏内向型，得分为 40～59 分的是中间型（混合型），得分为 60～79 分的是偏外向型，得分为 80～100 分的是外向型。

解释：心理学认为，很难说哪一种性格倾向更好些，外向型、内向型、中间型都各有利弊。重要的是我们在工作和学习中应根据自己的性格倾向性来选择效率较高的工作方法和学习方法，在可能的条件下还应该根据自己的性格倾向性来选择自己最容易适应的职业。例如：性格外向的人适合从事需要经常与人打交道、工作内容变化多的工作，如记者、外交人员、教师、律师、营销人员、导游、采购人员、口头翻译人员、演员等，而从事流程单一、需要独自一个人进行的工作时会有不同程度的不适应感。反之，性格内向的人则适合于从事不需要经常与陌生人打交道和工作内容变化不多的工作，如自然科学工作者、工程和机械设计人员、会计、画家、图书管理员、仓库保管员、书面翻译员、绘图员、计算机工作人员、打字员、机械操作工等，而从事需要广泛进行人际交往的工作时会有不同程度的不适应感。

学思践心

活动一　撕掉消极标签

活动目的：改善对自己思维定式下的消极评价。

活动过程：

1. 在小组内，每个人说一个自己经常被人评价，听到后心里会很不舒服的消极标签。例如：我是一个自卑、胆小的人；我是一个爱发脾气的人；我是一个不善言谈的人；我是一个慢吞吞的人；我是一个脑子比较笨的人等。

小组讨论，选出最令人接受不了的 3 个消极标签，将之一一写在名牌上，并交给主持人。

2. 每组选 2 人组成 1 组，参与撕名牌活动。在活动开始前，主持人及助理给每位派出的成员背上随机贴一个标签名牌。活动开始后，各组需要撕掉消极的名牌标签，留下积极的名牌标签。撕掉消极名牌越多者为胜。

3. 讨论：对照撕下的名牌和留下的名牌，请思考这些消极评价对自己的影响。

活动二　给自己的拥抱

活动目的：扭转自身的消极思维定式，发现自身的优势与闪光点。

活动过程：

1. 学习用鼓励性的话语来代替贬义的描述，如用“我想去试一试，其实不一定是这样”取代“我过去认为自己不行……”；多使用积极的自我描述，如“我语文学得不错”“最近学数学比较轻松”；发现自己要说否定自己的话时，要学会告诫自己，不要说“我就是这样”，而是说“我曾经是这样”，不要说“我不行”，而是说“只要我现在努力，未来也许是可以办到的”。

2. 小组内讨论、分享对其他同学的鼓励性描述。

活动三　寻找另一种可能

活动目的：学习乐观特质的思维风格与特征。

活动过程：

1. 组内讨论以下情景，谈谈你认为可能出现的原因。

情景一：你与老师在走廊里擦肩而过，你跟老师打了个招呼，老师却没有理你，甚至没有注意到你。

情景二：你交了一个新朋友，刚开始就觉得相处得很好，相见恨晚，互相视为知己。

2. 组内讨论每个人对此情景的理解。

（1）乐观的解释风格。情景一原因：老师可能有事情，或者她没有听见，不用太在意。情景二原因：我在人际交往方面很好，我的性格开朗、热情，还爱帮助别人，因此跟我交朋友的人很多。

（2）悲观的解释风格。情景一原因：老师一定是不喜欢我才会没跟我打招呼。情景二原因：这个人一定是没有其他朋友才跟我这么好。

专题四

谁动了我的情绪——大学生的情绪与管理

内容提要

情绪是人心理的重要组成部分，与我们学习、交往、发展密切相关。人非草木，孰能无情。喜、怒、哀、乐、忧、悲、恐等乃人之常情，几乎每个人都有这样的体验。处在青春期的大学生有着丰富的情绪体验。情绪波动大，爱憎分明，但是也容易陷入情绪困扰，产生消极的情绪体验，直接影响学习和生活。不良情绪的长期持续还会严重危害大学生的身心健康。因此，全面了解情绪的特点，理解情绪的内涵，学会体察自己情绪的变化，避免消极不良情绪，掌握情绪调适与自控的方法，培养良好、积极的情绪，是大学生拥有积极、健康心态应对学习和生活的前提。

学习目标

知识目标：

1. 了解情绪的内涵；
2. 掌握大学生情绪的特点及对身心的影响；
3. 知晓大学生常见的情绪困扰类型。

能力目标：

1. 知道如何调节自身的负面情绪；
2. 学会自我情绪的管理。

素养目标：

能拥有积极、健康的心态应对学习和生活。

单元一　情绪概述

事说心语

为什么我体验不到快乐？

C，某校大二男生，大一第一学期主动来到心理咨询中心寻求帮助，希望老师能帮助自己体验到快乐。

C是一个看上去有点胆小内向的男生，说话声音极轻，有点腼腆。C主诉从初中开始就一直睡不着觉，体验不到快乐，觉得自己活得没有意义。同时，C觉得自己学习能力越来越差，记忆力也越来越差。谈到家人，C对父母有一种"恨"的感觉。

C出生在一个不算富裕的农村家庭，母亲是一个挡车工人，父亲平常就在村里干点零活。C从小的记忆就是母亲用分贝极大的嗓门告诉他，这一家活得不容易，要省吃俭用。他也是成千上万个典型的"不如别人家的孩子"的小孩，最讨厌过年时妈妈给成绩出色的表哥买衣服，自己却只有看的份儿。其实在小学时，他因为成绩优秀在班里也"红"过一时，用他自己的话说，那时在班里也是一个牛哄哄的风云人物。但从六年级的某次考试开始，他的成绩一路下滑。开始老师还对他抱有很大的期望，去家访时还特意关照他父亲"这是根好苗子，好好培养"。但不管他怎么努力，他的分数就是一直上不去。进入初中，他学习感到越来越吃力，更让他着急的是，学习能力也在下降，总觉得什么都记不住，晚上也开始睡不着。他说自己白天就跟行尸走肉一般，不知道自己在干吗，也不知道怎么让自己感到快乐。从初中开始到现在，他尝试过很多方法想让自己快乐，但总是收获甚少。高考结束那个暑假，他从《读者》上看到一篇文章，描述一个得了抑郁症的人的情况，觉得自己跟文章里描述的抑郁症病人的情况很像。他希望家人能带他到医院治疗并把这个想法告诉了母亲，却遭到了母亲的奚落："吃饱没事干，净瞎想！"来到大学，他认识了新的朋友，和室友成了哥儿们。他们总是能轻易地找到让自己大笑的理由，而自己总像被什么困住了，心里有种堵得慌的感觉。胆小、懦弱、自卑的自己，开始有点让C厌倦了，他想要寻求改变。

案例分析：

学校心理老师通过与该学生的谈话发现，造成该学生抑郁的原因是综合性的，归结为以下几点：

1. 性格因素：我们如何看待外部客观事物主要受到性格类型的影响。C的性格偏焦虑型，胆小、内向、敏感，容易夸大生活中潜在的危险因素，习惯从悲观的角度看事物，所以原本五彩的世界在C的眼里也只剩下了灰色。

2. 家庭因素：C来自农村，父母文化程度不高，对他的管教较严格，希望他能通过学习成为“人中龙”。尤其是母亲，与C的沟通方式偏强势，使得C成为强势母亲背后的弱小儿子。

3. 学习压力：中学时期不良的学习经历让C对学习产生了害怕，害怕自己考不好，害怕自己会让大家失望。慢慢地，这种对学习的害怕开始泛化到了生活的其他方面——开始做一件事就会习惯性地害怕这件事会不会做不好，失败了怎么办，别人会怎么嘲笑“我”等不良的思维方式。

指导建议：

根据在咨询过程中了解到的学生的家庭情况、目前问题的表现情况，给学生做了《抑郁自评量表》（SDS），总分55分，具有临床上的抑郁倾向，需要进一步寻求专业精神科鉴定，区分是抑郁症还是暂时的抑郁情绪。

通过转介到学校当地的专业精神疾病医院后，经专业医师诊断，该生属于中度抑郁，需要通过药物治疗来缓解病情。鉴于当前该生不具有自伤自杀的危险性行为，医生建议该生可继续在校学习，但需要定期复诊。在校期间，在配合药物治疗的同时，学校心理老师对该生进行了长达三年的谈话辅导。大三毕业时，该生总体情况稳定，抑郁症状得到缓解，并找到心仪的工作投入新的生活。

温故知心

一、情绪的定义

微 课

情绪概述

我们经常在问：你对这件事的感受是什么？这说明我们关心别人的情绪，也愿意分享自己的感受。确实，如果没有情绪，我们人和动物或者机器可能就没有区别了。从科学角度来看，情绪是心理学领域的核心。不同的研究者对情绪的认识与关注也是有差异的。临床心理学家通常喜欢帮助人们控制负面的或者功能紊乱的情绪；认知心理学家研究情绪如何影响人的思维过程和决策；社会心理学家和人格理论家则关注情绪如何影响人们的社交关系。尽管我们越来越意识到情绪对我们健康的重要性，但对情绪的研究一直以来都是一个难点，甚至情绪到底是什么，心理学家对此还没有穷尽对它的研究，也还没有唯一的定论。

结合一些专家学者的观点，综合来看，情绪是指人对于客观事物是否符合自己需要而产生的主观态度体验。情绪对人的行为活动具有增力与减力的作用，除了产生独特的喜、怒、哀、惧等主观体验外，还伴随着一定的机体生理变化和外部表现。

（一）生理唤醒

你有没有在影视剧作品中看到过这样的场景：一个身上被带上了仪器的嫌疑人在审讯室里接受公安机关的问讯。嫌疑人可能会被问一些问题：“年龄”“出生年月”“家庭住址”“有人见到你在案发现场出现过，你怎么解释？”嫌疑人在回答这些问题的同时有一个机器会同步记录他的心跳、皮肤电、血压等生理指标，这个过程可能是在测谎。测谎仪使用的原理即是当我们产生某些情绪体验时，身体内部也会相应发生一系列的生理反应，也就是生理唤醒。比如前面的场景，嫌疑人在平静地回答警察的提问时，冷不丁被问到一个跟犯罪行为有关的问题时，他可能会有一系列的情绪体验：他们怎么知道的？糟了，怎么被人看到了……这些在嫌疑人意识中一闪而过的念头和疑问，同时也夹杂着各种情绪，可能从面部表情我们很难观察到，因为他可能会伪装，但我们的身体内部的各项指标是诚实的，一闪而过的担心恐惧或者害怕都会有相应的生理反应，比如呼吸会有稍微的停顿、皮肤电会发生一定的波动等。

情绪背后的生理唤醒也提示我们，长期处在极度负性情绪体验中，对我们人的身体应该是有损害的。中医认为：怒伤肝、喜伤心、思伤脾、忧伤肺、恐伤肾。现代医学调查发现，一些负性情绪与慢性疾病存在一定的关联。比如，脾气特别容易暴躁的人，一言不合就要急眼拍桌子的人，得心脑血管方面疾病的概率要比一般人高一些。发脾气的时候肾上腺素飙升，面红耳赤、血管容量急剧扩大，长此以往我们的身体尤其是心脑血管方面就可能会出现一定的问题。

（二）主观体验

这是我们日常对情绪的认识最直观的感受，也是情绪最内隐与核心的部分。如果让你现在用一个词来描述自己的情绪体验，你会用哪个词？平淡、焦虑、害怕等，这些其实都是对情绪主观体验的一种描述。在通常情况下，当客观事物满足了我们的主观体验时，我们就会产生高兴、快乐等正性情绪体验。比如，终于吃到了一顿心仪已久的大餐，内在感受是满足的、欣喜的。相反，则会产生失望、伤心等负性情绪体验。

（三）外部表现

“喜形于色”这个词描述的是内心的喜悦表现在脸上，这个词正说明了情绪的内在体验通常情况下是与我们的外部表现一致并协调的。情绪的外部表现包括我们的表情、手势、姿势、动作等。

二、情绪的分类

按属性分，情绪有六类。第一类是原始的、基本的情绪，具有高度的紧张性。表现为快乐、愤怒、恐惧和悲哀。第二类是感觉情绪，表现为疼痛、厌恶、轻松。第三类是自我评价情绪，取决于一个人对自己的行为与各种行为标准的关系的知觉，表现为成功感与失败感、骄傲与羞耻、内疚与悔恨。第四类是恋他情绪，这类情绪常常凝结成持久的情绪倾向或态度，主要表现为爱与恨。第五类是欣赏情绪，表现为惊奇、敬畏、美感和幽默。第六类是心境情绪，这是比较持久的情绪状态。

按作用分，情绪有正性情绪和负性情绪。正性情绪有爱、希望、信心、同情、乐观、忠诚；负性情绪有嫉妒、恐惧、仇恨、愤怒、报复、迷信、紧张、抑郁、贪婪。

从情绪趋势下所导致的行为后果分，情绪又分为积极情绪与消极情绪。积极情绪是指在一种情绪的趋势下产生好的行为后果。比如，对马上到来的考试感到担心和害怕，有点焦虑。但是这种焦虑促使我们去认真备考，对考试非常用心，并最终因为这份认真与用心使得考试的结果让自己很满意，那么虽然看起来考试焦虑是负性的，但却最终帮助我们提高了考试成绩，可以说是积极的。相反，同样是考试焦虑这种负性情绪，使得这个人对考试结果很担心，害怕考不好或者挂科，所以他急得跟无头苍蝇一样，把所有的精力都用在担心和害怕考试结果上，却没有把时间用在认真备考上。因此，这种情境下的考试焦虑是不利于考试成绩的提高的。因为这种考试焦虑水平会占用备考者大量的认知资源，比如因为担心考不好所以注意力开始变得越来越难以集中，记忆力也越来越差等，那么考砸可能是必然的，所以这种情境下的考试焦虑就是消极情绪。因此判断情绪是积极的还是消极的，并不能从情绪本身来界定，而是由这种情绪趋势下产生的行为后果的好坏来界定。

三、情绪的功能

微 课

情绪的功能及其影响

情绪有没有好坏之分？当你被问到这样的问题时，你的回答是什么？或许你可能会脱口而出：当然有好坏之分。高兴、快乐就是好情绪，悲伤、抑郁就是坏情绪。但事实上情绪本身并没有好坏之分。每一种情绪都有存在的意义和价值。例如：通常我们会认为恐惧是一种坏情绪，因为恐惧会使我们产生退缩行为。但有时恐惧是可以帮我们规避危险的。某人恐高，可能因为他曾经在高处遭受过对生命的威胁，产生过极度的恐惧。但其实未来的每一次当其接近高空并产生恐惧感的时候，都是对自身的一种保护，可以帮助自己规避危险。

（一）动机功能

研究发现，适度的情绪兴奋会使人的身心处在最佳活动状态，能促进我们积极地行动，从而提高行为的效率。一定情绪紧张有利于行为的促进，但过于松弛或者过于紧张对行为的进程和问题的解决不利。因此，如果你希望提高自己的期末考试成绩，对这次考试一点儿不在意或者太在意都是不利于考试成绩的提高的。反过来，中等强度的考试焦虑可以激发我们认真备考的动力，调动自己所有的认知资源来提高我们的考试成绩。

（二）组织作用

积极的情绪对我们的行为有调节和组织作用，相反，消极的情绪具有干扰和破坏作用。还是以考试焦虑为例，适度的考试焦虑可以让我们自发去为考试做准备，调动自己的所有认知资源，注意力会更加集中，思维会更加活跃。因此这种状态下的备考可能更容易做到心无旁骛，也更容易提高我们的考试成绩。

（三）信号作用

情绪的外部表现包括表情、手势、姿势、动作等，这些都是我们在交际过程中传递信息的符号。与言语一样，情绪的外部表现也是我们的主要工具，我们也可以通过对方的外部表现去预测和评估他的情绪感受。

（四）适应功能

从进化心理学的角度来看，所有情绪的发生都是为了让我们更好地适应生存并繁衍。

比如当对方说了冒犯我的话，正常情况下我可能会生气。通过正确的方式去表达这种生气，既可以让对方了解我当下的感受，同时也能规避此类问题的发生，事实上这整个过程是帮助双方更好地建立关系的互动。

扪心问诊

心理自测：情绪类型测验

你的行为在多大程度上受理智的控制，又在多大程度上受本能的控制？回答以下问题，将每题分值相加，可以确定你的情绪状态与类型。

1. 如果让你选择，你更愿意（　　）。
A. 同许多人一起工作并密切沟通　B. 和少部分人一起工作
C. 独自工作

2. 当为解闷而读书时，你喜欢（　　）。
A. 读史书、秘闻、传记类　B. 读历史小说、社会问题小说
C. 读幻想小说、荒诞小说

3. 对恐怖影片反应如何？（　　）
A. 不能忍受　B. 害怕　C. 很喜欢

4. 以下哪种情况符合你？（　　）
A. 很少关心他人的事　B. 关心熟人的生活
C. 爱听新闻，关心别人的生活细节

5. 去外地时，你会（　　）。
A. 牵挂家人　B. 陶醉于自然风光
C. 希望去更多的地方

6. 你看电影时会哭或觉得要哭吗？（　　）
A. 经常　B. 有时　C. 从不

7. 遇见朋友时，你通常是（　　）。
A. 点头问好　B. 微笑、握手和问候
C. 拥抱他们

8. 如果在车上有个烦人的陌生人要你听他讲自己的经历，你会（　　）。
A. 显示你颇有同感　B. 真的很感兴趣
C. 打断他，做自己的事

9. 你是否想过给报纸的问题专栏写稿？（　　）
A. 从来没想过　B. 有时想过　C. 经常想

10. 被问及私人问题，你会（　　）。
A. 感到不快活和气愤，拒绝回答　B. 委婉地转移话题
C. 虽然不快，但还是回答了

11. 在咖啡吧里点了杯咖啡，这时发现邻座有一位姑娘或小伙子在哭泣，你会（　　）。
A. 想说些安慰话，但却羞于开口　B. 问她或他是否需要帮助

C. 换个座位远离她或他

12. 在朋友家聚餐之后，朋友和其爱人激烈地吵了起来，你会（　　）。

A. 觉得不快，但无能为力　　B. 立即离开

C. 尽力为他们排解

13. 你会在什么时候送礼物给朋友？（　　）

A. 仅仅在新年和生日　　B. 全凭兴趣

C. 在觉得有愧或忽视了他们时

14. 一个刚相识的人对你说了些恭维话，你会（　　）。

A. 感到窘迫　　B. 谨慎地观察对方

C. 非常喜欢听，并开始喜欢对方

15. 如果你因家事不快，上课或上班时你会（　　）。

A. 继续不快，并显露出来

B. 让自己忙起来，把烦恼丢在一边

C. 尽量理智，但仍因压不住火气而对同学或同事发脾气

16. 生活中的一个重要关系破裂了，你会（　　）。

A. 感到伤心，但尽量正常生活　　B. 至少在短暂时间内感到痛心

C. 无可奈何地摆脱忧伤之情

17. 一只迷路的小猫闯进你家，你会（　　）。

A. 收养并照顾它　　B. 扔出去

C. 设法给它找个主人，找不到就任其自生自灭

18. 对于信件或纪念品，你会（　　）。

A. 刚收到便无情地扔掉　　B. 保存多年

C. 每隔几年清理一次

19. 你是否因内疚或痛苦而后悔？（　　）

A. 是的，一直很久　　B. 偶尔后悔　　C. 从不后悔

20. 与一个很羞怯或紧张的人谈话时，你会（　　）。

A. 因此感到不安　　B. 觉得逗他讲话很有趣

C. 有点生气

21. 你喜欢的孩子是（　　）。

A. 很小的时候，而且有点可怜巴巴的样子　　B. 长大了的时候

C. 能同你谈话的时候，并且形成了自己的个性

22. 家人抱怨你花在事业上的时间太多了，你会（　　）。

A. 解释说这是为了家庭的未来，然后仍像以前那样去做

B. 试图把时间更多地花在家庭上

C. 对两方面的要求感到困惑，并试图做到两全其美、两者兼顾

23. 在一场特别好看的演出结束后，你会（　　）。

A. 用力鼓掌　　B. 勉强地鼓掌

C. 加入众人鼓掌，但觉得很不自在

24. 当拿到母校出的一份刊物时，你会（　　）。

A. 通读一遍后扔掉　　B. 仔细阅读，并保存起来
C. 一眼不看就扔进垃圾桶

25. 看到路对面有一个熟人时，你会（　　）。
A. 走开　　B. 走过去问好
C. 招手，如对方没反应便走开

26. 听说一位朋友误解了你的行为，并且正在生你的气，你会（　　）。
A. 尽快联系，做出解释　　B. 等朋友自己清醒过来
C. 等待一个好时机再联系，但对误解的事不做解释

27. 你怎样处置不喜欢的礼物？（　　）
A. 立即扔掉　　B. 热情地保存起来
C. 藏起来，仅在赠者来访时才摆出来

28. 你对示威游行、爱国主义行动、宗教仪式的态度如何？（　　）
A. 冷淡　　B. 感动得流泪　　C. 感到紧张、不安

29. 你有没有毫无理由地感到害怕？（　　）
A. 经常　　B. 偶尔　　C. 从不

30. 下面哪种情况与你最相符？（　　）
A. 十分留意自己的感情　　B. 总是凭感情办事
C. 感情没什么要紧，结局才最重要

计分方法：第 2、4、7、9、25 题选 A、B、C 得分分别为 1、2、3；第 1、6、19、29 题选 A、B、C 得分分别为 3、2、1；第 3、5、13、18、22、27、28 题选 A、B、C 得分分别为 1、3、2；第 8、11、16、20、24、30 题选 A、B、C 得分分别为 2、3、1；第 10、15、17、21、23、26 题选 A、B、C 得分分别为 3、1、2；第 12、14 题选 A、B、C 得分分别为 2、1、3。

解释：得分为 30～50 分，表示你拥有理智型情绪。你很少为什么事而激动，即使生气，也表现得很有克制力。主要弱点是对他人的情绪缺少反应。爱情生活很有局限，而且可能会听到人们在背后说你是“冷血动物”。目前需要放松自己。得分为 51～69 分，表示你拥有平衡型情绪。你时而感情用事，时而十分克制。即使在很恶劣的环境下握起了拳头，也仍能从情绪中摆脱出来。因此，你很少与人争吵，爱情生活十分愉快轻松。即使偶尔陷入情感纠纷，也能三下五除二地处理得妥妥帖帖。得分为 70～90 分，表示你拥有冲动型情绪。你是个非常重感情的人。如果是女人，一定是眼泪的俘虏；如果是男人，可能非常随和，但好强，且喜欢自我炫耀。你可能经常陷入短暂的、风暴式的爱情纠纷，因此麻烦百出，想劝你冷静简直是不可能的事。因此有必要提醒你：控制自己的情绪。

学思践心

活动一　梳理情绪

活动目的：帮助成员梳理自己的情绪，了解自己的主导情绪特点，并正确理解情绪对个体社会生活和身心健康所具有的意义。

活动过程：

1. 冥想放松：伴随舒缓的音乐，选择舒适的姿势，成员放松肌肉，回想近期生活中发生的事件，并注意自己情绪上的变化。

2. 纸笔练习：发给成员每人一张卡片，要求成员完成下列句子。

（1）最近让我感觉高兴的事情是________________________。当时我的心情是________________，现在想起这些事，我的心情是________________。

（2）最近让我感觉不高兴的事情是________________________。当时我的心情是________________，现在想起这些事，我的心情是________________。

（3）每当心情好的时候，我会觉得________________________。

（4）每当心情糟的时候，我会觉得________________________。

（5）我的心情总是________________________。

3. 交流、分享：引导成员间进行交流、讨论，帮助成员了解自己的主导情绪，感受到不同情绪体验对生活、行为、健康的影响，使其认识到积极情绪的重要性。

4. 领导者呈现生活中与情绪有关的小故事，启发成员思考。

5. 成员讨论：引导成员认识到自己才是情绪的主人，应该主动构建快乐心情。

6. 领导者小结。

活动二　情绪自我探究

活动目的：认识自己的情绪，能辨认各种情绪并了解它发生的原因。

活动过程：

1. 卡片列出了四种基本情绪——喜、怒、哀、惧，请在每种基本情绪后写出表现这种情绪的词语，写得越多越好。

2. 在白纸上写下令自己最高兴的三件事、令自己最沮丧的三件事、自己最向往的三件事。

3. 成员分享这些事情，并且尽量充分表达自己经历这些事情时的情绪。

4. 领导者小结。

活动三　天龙八“步”

活动目的：探讨日常的情绪表达方式与调节方法。

活动过程：

1. 大家围成一圈，胳膊搭在相邻两人肩上并伸直，一步步迈向圆心。到一定程度后，尝试单独往前走，再尝试大家一起往前走。

2. 分享：你的感受是什么？越往前，圈越小，人越不舒服；距离越近，压力越大。调节压力的方式各人不同：尝试、放弃、带动、一直受别人牵制、强行拉动、静观其变。距离产生美，距离会使我们有空间调整压力。让我们看看自己的压力在哪儿，来自哪儿，程度怎样，对我们产生了怎样的影响。

单元二　大学生的情绪

事说心语

坏脾气害了我

某高职院校的小卞同学，动不动就爱发脾气。只要稍有不顺心的事，他就很难控制自己的情绪，总要拿他人或物品来出气。他还有个特点，那就是怪别人不好，因而总要骂人、摔东西。比如，在宿舍里室友不小心碰了他的物品，就会被他乱骂一通，到食堂看到别人插队打饭，他就会马上冲到插队同学的面前，从队伍中将那位同学揪出来，因为插队是不道德行为，被揪出的同学也只好作罢，到后边去排队。上课看手机，被老师批评，就暗自跟老师发脾气说："小心你的车窗玻璃，哪天我就砸烂去。"同学扫地时，扫把不小心碰到了他的脚，他就骂同学，别人若和他理论他就会动手。人人都把他当成班里的定时炸弹，谁惹他谁倒霉。渐渐地，同学们都不敢与他接触和交往。为此，他感到孤独与无助，不知该怎么办。

案例分析：

遇到不顺心的事经常容易发脾气、争吵甚至打架，属于易怒、冲动心理。易怒是指情绪容易进入愤怒状态或具有愤怒倾向。愤怒是个体因外部干扰使愿望受阻或目标无法实现时累积起来的情感体验。愤怒是一种消极、有害的情绪状态，主要有以下几种表现形式：嘲弄、讥讽、怒骂；沉默不语、生闷气、发脾气；勃然大怒、仇视、怒目相视；乱摔乱砸东西，甚至故意伤人。

1. 愤怒情绪的危害

（1）影响身心健康。持续的愤怒对学生个体的健康损害是极大的。中医称："喜怒不节，则伤脏，脏伤则病起。"当人愤怒时，交感神经兴奋后增强，从而使心率加快，血压升高。因此，经常发怒的人，容易患高血压、冠心病，而且可使病情加重，甚至危及生命。愤怒可使食欲降低，影响消化，经常发怒的人消化系统的生理功能会发生紊乱。愤怒还会影响人体腺体的分泌功能。愤怒会提升去甲肾上腺素的水平，使血管收缩，损伤心血管系统。

（2）导致人际关系不良。愤怒的时候，个体会变得毫无宽恕能力，甚至不可理喻，思维总是在"报复"上打转，根本不计任何后果。情感压倒理智，在自我控制能力丧失的情况下，他们会不加考虑地说出平时不愿说的话，做出事后感到后悔和遗憾的破坏性行动。发泄的快感，会破坏情感和人际关系，造成与他人的隔阂。研究表明，不论是压抑愤怒还是发泄愤怒，都会体验到更少的支持和更多的孤独感。由此可见，愤怒会导致人际关系不良。

（3）影响学习成绩提高。愤怒时，学生会丧失理智思维，做出错误的判断。这时候他们对于家长和老师的劝解与教导，会产生逆反抗拒心理，处于不配合状态。处于愤怒状态的学生，也无法将精力放在学习上，思维无法处于缜密的状态下，不论是学习还是思考，都无法与平时正常状态下的学习效率同日而语。而长期易怒的学生，极易情绪化，学习成绩也会忽高忽低。

（4）导致犯罪。长期、过度的愤怒甚至还会使人丧失理智，引发犯罪或其他后果。只要愤怒成分占上风，就会由于敌意的不断发展而产生攻击行为。通常在校园内发生的学生吵架愈演愈烈之类的事件，大多数的诱因都不是什么大事，但因为双方的言语攻击行为没有得到控制，进而引发行动攻击行为。

2. 导致愤怒情绪产生的因素

（1）认知因素。愤怒情绪产生的最主要的因素就是认知因素。作为一名学生，当他自认为自己正当的愿望受到限制时，就容易产生愤怒情绪；当他在与共同学习生活的伙伴相处的过程中，认为受到不公平待遇时，也容易产生愤怒情绪；当他认为他遭到意料外的挫折或超越其能力的挫折，自己无法解决时，也容易产生愤怒情绪。学生往往会把一切来自学习或生活中他认为不公平的事情理解为挫折，理解为家长或老师对他的不认可，这是认知因素造成愤怒情绪的机理。

（2）性格因素。有些学生由于性格急躁，稍遇抗拒或不顺利就会产生焦躁情绪；有些学生由于缺乏抗挫能力，遇到挫折，不论是来自学校还是家庭，都无法抵抗，只是以简单的愤怒来发泄心中的挫败。

（3）社会风气因素。有些学生讲究江湖义气，平时常纠集一帮所谓的好哥们，不问是非，替人出头。这样的学生极易惹是生非。可以说，学生们在推翻了教师的权威地位后，又依照自己的经验，确立了通过强权来获取尊严并替代老师权威的新的地位观。这个地位观撇开了所有发生矛盾时该走的正道，把原本简单的问题上升到类似江湖纷争的地步，使单纯的校园平添了几分江湖的阴云。

（4）家庭教养因素。受应试教育模式的影响，有些家长只看重学生的成绩，教育子女的形式简单粗暴。这样教育的负面影响较大，最直接的影响就是这样家庭出身的学生的学习信心锐减、学习兴趣丧失、易暴易怒，常常成为班级中的问题少年。

指导建议：

1. 克制自己

通过自我克制和自我评价来调控自己的情绪。比如眼看要失去理智动怒时，马上提醒自己：我为什么生气？生气能解决问题吗？可以在即将动怒时做 5 次腹式呼吸，心中默念“放松”。

2. 目标转移

有意识地把对某一对象的情感或态度转到可以接受的对象身上，使情绪得到缓解，减轻精神负担。比如有的同学遭遇意外打击时，怒火中烧，悲愤难忍，就暂时离开这个环境，去做自己喜欢的事，如听音乐、欣赏艺术作品、散步、打篮球，和谈得来的朋友一起聊聊天等，使注意力转移到其他方面去，平静地度过情绪的“冲动高峰”，把情绪转移到平稳积极的状态。

3. 学会沉默

动怒之时少讲话或不讲话，暂时的沉默其实是一个缓和激情、冷静头脑的好办法。如果与人发生争吵，怒气即将发生时，不及时抑制它，则会造成不堪设想的后果，而暂时沉默一下，压住自己的“气头”，矛盾就容易解决，也能有效地削弱和避过对方的“气头”，“风平而后浪静，浪静而后水清”。

温故知心

一、大学生情绪的特点

（一）冲动性与敏感性

心理学家霍尔用“狂风暴雨”来形容青年人的情绪特征。年轻气盛是青年大学生的符号标签。社会经验不足又加上缺乏一定的理性思考，因此在处理问题时往往会表现出比较明显的冲动型，但是大学生内心又是敏感的，尤其会比较在意这个世界对自己的看法与评价。虽然有时大学生的行为会表现得特立独行、标新立异，但这可能只是一种追求关注的变形，但是鹤立鸡群下，他们又有一颗极度敏感的玻璃心。因此，在这种情绪特点的加持下，大学生会产生一系列人际交往方面的问题。

（二）波动性与阶段性

情绪的波动性体现在极易变化上。可能上一秒还在满心欢喜，下一秒就因为一首歌或一个故事而伤感。大学生对自己情绪的控制力有了一定的进步，但是还存在很大的不稳定性。同时，不同的年级和年龄阶段，情绪体验的表现也是有差异的。这与不同年纪所面临的不同的目标和重点是分不开的。一般而言，大一新生更多的是来自对大学生活的适应所产生的一系列情绪反应。而到了大二，更多的是因为生活事件的影响，比如学习、交友、恋爱等带来的不同情绪体验。但是到了大三，毕业论文、求职就业已经变成生活的主要内容，因此烦恼更多来自就业与择业以及就业竞争的压力等。

二、大学生健康情绪的标准

并不是只有积极情绪体验才是健康情绪的标准。事实上，情绪就像我们的血压，保持稳定很重要。因此，通常来说，我们会允许自己产生负性情绪体验，而且这也是不可避免的。关键是在产生负性情绪的同时能接纳当下的感受，并能积极处理它而不是忽视或者回避它。同时在这种情绪的趋势下我们的反应是适度的、情境性的，而不是过度的，并能以一种积极向上的心态努力去调整到常态，这样的过程事实上也是健康的情绪表现。具体来看，健康情绪的标准包括以下几个方面：

（1）心境自然、愉悦与稳定，热爱生活与学习，能承受欢乐与忧愁的双重考验，生活得非常自然、快活、幸福。

（2）有清醒的理智，悦纳自己与他人，明智、少偏见，能正确认识自己与他人的长短处，对平凡的事物也能保持兴趣和美感。

（3）有适度的欲望，较少需要别人的赞美或感激，较少为荣誉、特权和报酬而焦虑，能面对和承认现实，并按社会要求行动。

（4）自信、乐观、有主见，对前途充满信心、富有朝气、勇于上进、坚韧不拔，能独立地解决问题，创造性地开展工作。

（5）对人类有深厚的感情，胸怀宽广，同情弱者，挚爱友朋，人际关系和谐融洽，尊重他人，与人为善。

（6）情绪反应符合同龄人的常态，富有哲理的、善意的幽默感，反感恶意的幽默、体现优越感的幽默与反禁忌性的幽默。

三、情绪对大学生的影响

（一）影响学习效率

现代心理学研究表明，情绪会对人的学习和工作效率产生重大影响。一般说来，精神愉快、心情舒畅是思考和创造的最佳状态。积极的情绪在学习活动中起着重要的动机作用，它能够提高学习的积极性及效率，在学习活动中体现为强烈的学习动机、浓厚的学习兴趣、高涨的学习热情、强烈的求知欲望和顽强的学习毅力。对于大学生来说，忧愁、焦虑等不良情绪会降低学习与工作的效率。心理学家们用实验方法研究发现，焦虑程度与学习成绩有着密切关系，焦虑程度过低或过高，人的学习成绩都会下降。一方面，焦虑过度不利于发挥效能，如有的同学考试时过分紧张，结果能答的题反而答不上来，甚至有的同学在考试中出现晕场现象，这便是焦虑程度过高对学习所起的负效应。另一方面，有的同学焦虑程度过低，表现出毫无压力，缺乏学习动力，不刻苦努力学习，也难以取得好成绩。只有适度的焦虑，即个体心理承受能力不超过极限，才能使他们产生压力，有紧迫感，产生最佳的学习效率。因此人们常说，没有压力就没有动力，为实现某一目标要自我施压，道理就在于此。

（二）影响行为效果

一个在学习工作中取得优异成绩的人必定是情绪稳定而积极的人。相反，沮丧、孤独、无控制的消极情绪会成为有效行为的干扰因素。一项针对数百名大学生的调查研究表明，大学生的情绪与行为效果的关系有以下三种类型：

1. 积极—积极型

这一类大学生更多地体验到积极情绪，如快乐、高兴等，这时他们的行为效能也是积极的，如行为能力的主动性、对社会的兴趣、对周围人的尊重和理解、对行为价值的追求等，都呈现明显的积极心态。

2. 消极—消极型

这类大学生更多地存在消极的情绪体验，如痛苦、紧张、愤怒等，这些情绪使他们的行为效能向负方向发展，处于消极状态，表现在行为能力的被动性，对社会的兴趣下降，人际关系紧张，反社会行为增加等。

3. 消极—积极型

这种类型的学生也会经常体验到消极情绪，包括痛苦、愤怒、紧张等，但其行为效果却呈正向发展。通常表现为化悲痛为力量、总结教训重新奋起、变失败为成功等。

（三）影响身心健康

现代生理学、心理学的研究表明，情绪对人的心理健康有直接的影响，可以说情绪支配着健康。俗话说“人逢喜事精神爽”“笑一笑十年少，愁一愁白了头”，意思就是说情绪对人的生理和心理的影响很大。情绪对大学生身心健康的影响也是双向的。

1. 良好的情绪有利于促进大学生身体健康与心理健康

当大学生的情绪处于快乐、愉悦、乐观等良好状态时，人体内环境就会保持平衡，免疫功能活跃旺盛，就会减少疾病感染的机会，有益于健康。许多临床实践表明，积极开朗的情绪对防治疾病大有好处。美国哈佛大学的一些学者用了 40 年的时间对 204 位成年人做了跟踪调查，结果发现在 21 岁至 46 岁，过着舒畅精神生活的 59 人中，只有 2 人在 53 岁时得了重病，其中 1 人死亡。而在同一时期内得不到舒畅精神生活的 48 人中，都在 55 岁之前死去。良好的情绪不仅可以促进生理健康，还可以促进大学生心理健康发展。情绪发展良好的大学生有较积极乐观的生活态度，有强烈的好奇心和求知欲，思维敏捷，勇于创新，爱好广泛，乐于交往，并能与同学建立良好的关系，有利于提高学习效率，保持良好的心境。

2. 不良情绪是健康的大敌

许多研究表明，突然而强烈的紧张情绪的冲击会抑制大脑皮层的高度活动，使人的意识范围窄化，判断力减弱，失去理智和自制力，严重时可能引发各种神经症或精神疾病。近年来的调查表明，在从高职院校退学的学生中，由于情绪情感障碍而致病的占 30%左右。大学生常见的抑郁症、恐惧症、强迫症、神经衰弱等，大多与持久的消极情绪密切相关。有些大学生还因无法调适消极情绪，长期处于压抑、苦闷状态，感到悲观、痛苦，严重影响正常的学习和生活，有的甚至因无法自拔而走上自杀的道路。因此，不良情绪对大学生身心健康均会带来极大危害，需要不断进行调适。

（四）影响人格塑造

情绪不仅对大学生的身心健康至关重要，而且对大学生人格的形成与发展具有同样重要的作用。弗洛伊德精神分析理论和埃里克森的心理社会发展阶段理论中都强调了情绪在人格形成和发展中的核心作用。一个人爱什么、恨什么，为何喜、为何忧，这些爱与憎的倾向和内容构成人格的重要特征。因为人格的核心是性格，而性格又是由理智特征、情绪特征、意志特征和对现实的态度特征四个方面构成的。其中，情绪特征是性格最明显的表现，一个人的性格是否健康、良好，在很大程度上取决于情绪的表现。良好的情绪有助于激发大学生产生浓厚的学习兴趣，发挥潜能，提高学习、工作效率；有助于大学生与人建立相互信任、理解的友好关系；有助于大学生自信心的建立；还有助于大学生以积极、乐观的态度对待困难、挫折。因此，培养积极健康的情绪是大学生心理素质培养的重要内容。

四、大学生常见情绪困扰及调适

消极情绪主要是指那些陷入异常情绪体验中不能自拔或体验强度和持续时间都超过一般人，对学习、生活等造成影响的情绪反应，也称为不良情绪。大学生中普遍存在不同程度的不良情绪困扰，有的甚至发展为情绪障碍。

（一）自卑情绪及调适

自卑是自我情绪体验的一种形式，是个体由于某种生理或心理的缺陷或其他原因所产生的对自我认识的态度体验，表现为对自己的能力或品质评价过低、轻视或看不起自己的一种心理状态。具体表现有：第一，自我评价过低，这是自卑的实质；第二，对自我不足的概括化和泛化；第三，敏感性强；第四，掩饰与回避。

产生自卑的原因有客观与主观两个方面。

1. 客观原因

一是生理因素。有的大学生自觉身材矮小、体形不美、外貌不佳，或是生理上有某些缺陷而感到自卑。

二是家庭经济因素。部分学生因出身低微、家境贫寒、生活困难而感到自卑。

三是挫折因素。大学生有着强烈的自尊心和好胜心，事事都争强好胜、不甘落后，对自己的声誉和社会地位极为看重，希望得到别人的尊重。如果在学习上、生活上其自尊的需要得不到应有的满足，便逐渐累积为较强的挫折感，就会由此产生“再努力也赶不上别人”的自卑心理。

2. 主观原因

一是气质、性格因素。气质抑郁、性格内向者大多对事物的感受性强，对事物带来的消极后果有放大趋向，而且不容易将消极体验及时宣泄和排解。因而外界因素对他们心理的影响往往要比对其他气质、性格类型者的影响大，产生自卑的可能性也相应增大。

二是意志因素。意志是人类意识能动作用的集中表现，积极的意志品质表现为自觉性、果断性和自制力。大多数大学生都有较好的意志品质，在其上进心、自尊心受到压抑时，能及时调整自己的行动，努力走出一条成功之路来。但是，有自卑心理的学生，当其自尊需要得不到满足时，便放弃努力，不相信自己，由自尊走向自卑。特别是现在的学生都是从学校到学校顺利发展，缺乏必要的社会经验，也缺乏必要的恒心，想问题、做事情容易简单化、理想化，只想经过一阵子“冲刺”就取得成功。如果经过一番努力后尚无效果，便会泄气，认为自己不行，变得自卑起来。发现自己有自卑情绪后，要正确评价自己，按照自己的能力水平确定发展目标；建立合理的思维方式；打破强烈的自我意识的束缚，增加人际交往的机会；适当表现自己，克服“只想不做”的思想倾向；进行积极的自我暗示。

（二）焦虑情绪及调适

焦虑是个体主观对已经发生或预感即将发生的事件的一种紧张、害怕、担忧、焦急交织在一起的情绪体验，其表现是提心吊胆、惶惶不安、忧心忡忡。大学生的焦虑主要有考试焦虑、身体健康焦虑、适应焦虑、情感焦虑。

微 课

焦虑情绪及其调适

焦虑产生的原因主要有三方面。首先是社会因素。现代社会人们的生活节奏快，竞争无处不在，而且日趋激烈，人们的思想、观念、心理和行为受到巨大的冲击，大学生面临毕业、就业等方方面面的问题，普遍表现出困惑、迷茫、紧张、焦虑和无所适从。其次是学校因素。面对激烈的竞争、繁重的学习任务、门类众多的考试，许多学生感到紧张、担忧，甚至陷入焦虑中无法自拔。最后是个性因素。个体由于对人际交往、性心理、生理方面的错误认知而陷入焦虑的困扰。另外，平时谨小慎微、优柔寡断、依赖性强、过分夸大困难、常自怨自艾的人也容易产生焦虑感，严重的会发展为焦虑症。

发现自己有焦虑情绪后，要放下包袱，轻装上路；当机立断，积极行动；动静结合，放松身心。

（三）恐惧情绪及调适

恐惧是指对常人一般不害怕的事物感到恐惧，或者恐惧体验的强度和持续的时间远远超过常人的反应范畴。它是对某一类特定的物体、活动或情境产生持续紧张、难以控制的恐惧情绪，并伴有各种焦虑反应，如担忧、紧张、不安以及逃避行为。恐惧往往带有明显的强迫性，即自知这种恐惧是过分的、不必要的，但却难以抑制和克服。高校学生中常见的恐惧是社交恐惧。主要表现为异性交往恐惧、赤面恐惧、面部表情异常恐惧、视线恐惧、社交场所恐惧等。

恐惧产生的原因比较复杂，一般认为与个体以往的不良生活经历有关，或是通过条件反射作用而建立的一种不良的行为，另外可能是由于个体的性格特点而导致的，如胆子小、孤僻、敏感、退缩、依赖。

发现自己有恐惧情绪后，要积极改变认知，或采用系统脱敏法进行治疗。

（四）压抑苦闷情绪及调适

压抑苦闷是指个体的情绪被约束克制而不能适度表达或宣泄所产生的内心体验。这种体验混合着不满、苦闷、烦恼、困惑、寂寞等各种情绪。不同的个体有不同的压抑苦闷反应，有的人知道自己在压抑什么、为什么压抑，而更多的人根本不知道为什么压抑、这种压抑来自何方，更不知道如何消除压抑。大学生面对繁重的学业、毕业后激烈的就业竞争、生活上的不如意等，会有压抑和苦闷的情绪产生。压抑苦闷突出的表现是精神萎靡不振，失去青年人应有的朝气和活力，有的人对生活失去兴趣，感觉迟钝，易疲劳，在行为上表现为不愿意和人交往，爱发牢骚。

压抑苦闷产生的原因主要有外在和内在两种。首先，外在的因素。繁重的学业和就业的竞争、枯燥单调的生活和考试等是大学生出现压抑苦闷的直接而外显的主要原因。其次，内在的因素。学生自身心理、生理与社会性发展中的矛盾性特点是他们产生压抑和苦闷的重要原因。如渴望交往，渴望得到友情、爱情，但是在实际生活中却因缺乏自信而不能轻松愉快地交往。

发现自己产生压抑苦闷情绪后，要积极采取一些调适方法：一是正确识别自己的情绪及现状，找出压抑情绪的来源与原因；二是倾诉，求得别人的帮助；三是转移注意力，包括运动、听音乐、参加文娱活动；四是适当地宣泄，包括哭泣、从事较剧烈的运动等。这些方法中，宣泄是调适压抑的最好方法，但要注意的是，宣泄要做到适时、适度，注意宣泄的时间、地点和方式方法，既不能影响他人的工作、学习、生活和休息，也不能损害自己的身心健康，更不能触犯法律、危害社会。

（五）激动易怒情绪及调适

激动易怒是指个体容易发火、动怒，对于一般的甚至轻微的刺激也极易产生强烈的情绪反应。例如：有的人因一句刺耳的话、一件不顺心的事就暴跳如雷或出口伤人，甚至拳脚相加，酿成大错，时过境迁，又往往感到追悔莫及。正常人清晨和傍晚情绪易怒，女性在月经期情绪易怒。此外，酒精中毒早期，轻度脑缺氧、缺钙，均可以使人易怒。

激动易怒产生的原因大致有五个方面：一是受到某种惊吓，为向这种恐吓反击而发怒；二是一种有目的的活动受到阻止，为破除障碍而发怒；三是自尊心受到伤害；四是表现自我；五是人格扭曲。

发现自己有易怒情绪，要及时告诫自己：宽容待人，忍让克制。这是治怒的根本方法。有了宽容大度的胸怀，在发怒的时候，才能理智地克制和约束自己，才能扑灭心中的怒火。具体的方法有三个：一是平心静气。在激烈的争论即将引发冲突时，有意识地降低自己说话的语音、语速，同时避免身体前倾，这样可以淡化、缓和紧张冲突的气氛，慢慢地就会心气平和。二是冷处理。在你怒火中烧时，先从 1 数到 10 再开口，或将舌头在口内转 10 圈，起到缓解和淡化怒气的作用。三是暂离现场。在感到无法克制自己的怒气时，可以选择迅速离开，这样可以避开双方的“气头”，等待风平浪静的到来。

（六）冷漠情绪及调适

冷漠是一种对人和事物漠不关心、无动于衷的消极情绪。大学生正处于情感体验深刻而强烈的时期，正常的表现应该是感情丰富、兴趣广泛。然而在现实生活中，有的大学生却表现出对学习应付了事、缺乏兴趣，对学习成绩的高低不是很在意，对集体和同学的态度冷淡，整天昏昏欲睡、十分孤僻，仿佛周围的一切与己无关。

冷漠情绪产生的原因多种多样：一是好心得不到别人的理解；二是对某些事情看惯了；三是自己的态度和行为得不到别人的支持和承认；四是对某些事情无能为力或力不能及；五是感到与自身利益无关，认为自己不用关心；六是受不良的家庭教育与成长环境的影响；七是性格的因素，如内向、固执、心胸狭隘、思维片面等。

发现自己有冷漠情绪后，要积极采取一些调适方法：一是查找产生冷漠的根源与症结，勇敢面对并积极去改变现状；二是正确对待学习、工作、生活中的困难与挫折，不要因此而失去生活的乐趣与希望；三是克服被动与逃避的不良习惯，积极融入集体。

（七）嫉妒情绪及调适

嫉妒是因为个体的社会需要没有得到满足而产生的不良情绪反应，它包含焦虑、紧张、忧惧、悲哀、失望、愤怒、敌意、憎恨、羡慕、羞耻等不愉快的情绪体验，是一种错综复杂的情绪体验。嫉妒有积极与消极两个方面，有的人把嫉妒化为积极的行动动力，使之产生良性的效益，而有的人则不能把握这种情绪，使之成为自己人生道路上的绊脚石。嫉妒是大学生中普遍存在的不良的情绪反应，看到别人学习好、有才华、人际关系融洽等就感到不舒服，伴有恼怒、痛苦、愤愤不平等反应。当别人遭遇不幸时幸灾乐祸；当别人取得成绩时冷言讥讽，甚至在人后恶意诋毁。严重的嫉妒是一种不健康的心态，它使人的心理扭曲变形，损人不利己。

嫉妒产生的原因包括：虚荣心过强；自私狭隘；认知偏差。

发现自己有嫉妒情绪后，要积极采取一些调适方法：一是准确恰当地评价自己，肯定优点又不忽视缺点，做到“自知”；二是改变认知，以积极的心态面对别人的优势，并使之化为自己奋斗的动力；三是充实自己的生活，把有效的时间都用在学习、生活、运动、交往等有益的方面，使自己的生活愉快而充实。

（八）抑郁情绪及调适

抑郁是一种持续时间长、低落消沉的情绪体验。表现为对任何事情都不感兴趣，仿佛一切都笼罩在灰暗之中，常常精力不足，注意力难以集中，思维迟钝，伴有痛苦、羞愧、自怨自责、悲伤忧郁的情绪体验。

微课

抑郁情绪知多少

抑郁情绪产生的原因有以下四个方面：一是重大事件的打击，如挫折、亲人的亡故；二是压力巨大，如家境贫困，负担过重等；三是得不到认同，长期的努力没有回报，或成绩不被他人或社会认同；四是性格因素，如内向、敏感多疑、依赖性强、易悲观的人极易产生抑郁的情绪体验。

发现自己有抑郁情绪后要积极采取一些调适方法：一是纠正偏见，端正认识；二是正确评价自我，积极悦纳自我；三是积极交往并参加各项活动。

五、大学生积极情绪的管理

情绪对于大学生的身心健康是至关重要的，稳定而良好的情绪状态是身心健康的保证，因此要维护身心健康就必须学会管理自己的情绪。

微课

情商概述

（一）学会控制情绪

1.注意随时省查自我

有些情绪体验，如快乐或悲伤，是人们常常能明确意识到的情绪，但有些情绪人们并不能及时准确地感知到，如偶尔突发的情绪低落、精神萎靡等。因此我们要随时对自己进行省查，看看自己处于什么样的情绪状态，造成这种情绪状态的原因是什么，进而通过语言或非语言（面部表情或手势）将自己的情绪准确地表达出来。只有清楚准确地理解自己的情绪，才能根据外界环境的要求，有效地调整自己的情绪状态。

2.理解、辨析情绪

要管理自己的情绪，就必须理解自己情绪的特性，情绪产生的原因、背景、持续的时间、呈现的强度与性质。同时也要观察、理解、辨析他人的情绪。因为情绪具有感染性，他人的情绪会影响我们自己，我们的情绪也会影响他人，所以别人的情绪有时是我们自己的情绪的反映，是一面镜子。总之，学会理解、辨析自己和体察他人的情绪，是自我情绪调适与经营的前提之一。

（二）掌握积极有效的调适方法

微课

认识情绪ABC理论

1. 掌握心理学疗法

第一，合理情绪疗法。美国心理学家阿尔伯特·艾利斯创立了“合理情绪疗法”，也称 ABC 疗法。A 是指诱发事件；B 是指个体遇到诱发事件时产生的看法、解释及评价，即信念；C 是指继这一事件后，个体的情绪反应及行为结果。

通常人们都认为是诱发事件 A 直接引起了人们情绪与行为反应的结果 C。艾利斯认为，实质并不是如此，A 不是引起 C 的直接原因，它只是间接原因，而真正引起人们情绪与行为变化的是人们对诱发事件所持的看法、解释和评价，即 B。合理的信念会令人对事物做出适当、合理而适度的情绪反应，不合理的信念则会导致不适当的情绪与行为。因此，在现实生活中我们要学会转变认知角度去看问题，这样会使我们更好地经营自己的情绪。

第二，森田疗法。这一疗法由日本心理学家森田正马提出，得到了世界心理学界的认同，效果显著。“顺其自然，为所该为”是该理论的核心观念。森田正马鼓励人们带着不良情绪去面对现实，反而有助于症状的改善和好转。他认为，服从自然，不否认、不对抗，接受焦虑、恐惧、敌对等不良情绪的现实，反而是最有效的心理调节法。

2. 采用有效的行为疗法

第一，疏泄法，包括哭泣法、运动法、转移法、交谈法、发泄法、喊叫法、愉快疗法。

第二，转移法，包括呼吸法、想象法、艺术疗法、色彩疗法、幽默法、自我暗示法。

第三，行为训练法，包括：调息放松法——将“胸式呼吸”变成“腹式呼吸”，使血液循环恢复正常，充足的氧气随着血液流向全身，改变紧张的心理反应，通过深呼吸的控制来有效缓解压力与焦虑；纵情想象放松法——通过对一些广阔、宁静、舒缓的画面或场景的想象达到放松身心的目的；肌肉放松法——先让自己感受紧张，再让自己体验轻松，包括头部肌肉、颈部肌肉、肩部肌肉、臀部肌肉、胸部肌肉、背部肌肉、腰部肌肉、腹部肌肉、腿部肌肉、脚趾肌肉 10 个部位的肌肉放松。

第四，系统脱敏法。系统脱敏法是指通过循序渐进的过程，消除焦虑、恐惧状态及其他不适反应的一种行为疗法，每当焦虑反应出现时，即给以放松信号，使两种互不相容的反应发生对抗，使焦虑或恐惧等不适反应受到抑制，进而建立正常反应，以达到消除焦虑或恐惧的目的。

3. 调控心理期望值

对自己、对他人、对事物不要过分苛求，期望值不要太高。需要是情绪产生的基础，需要越强烈，情绪反应就越强烈。如果对自己、对他人、对事物所抱期望值过高，势必在需求难以满足时产生不良的情绪反应，因此要学会知足。目标的制定要切合实际，对他人、对事物不要苛求十全十美，这样就不会因为需求得不到满足而烦恼、郁闷。

心理学与生活　积极应对季节转换产生的心理情绪困扰

人的情绪经常随着季节的变化而变化，我们常说“伤春悲秋”“春困秋乏”，战国时候著名文人宋玉就说“悲哉秋之为气也”，《红楼梦》也有黛玉葬花的伤感情节。

那么为什么季节的变化会对人的情绪有影响呢？精神病学和心理学对此有较多的解释。

1. 生物因素。季节性情感障碍的发生主要与光照时间的变化与气温的波动有关，会带来人体内分泌的失调，从而导致情绪障碍的发生。同时，季节的变化容易引起个人生物钟的紊乱。

2. 社会因素。春秋时节对于在校学生来说，可能是重大事件多发的季节。比如秋季是各个学校开学的时节，也是新生报到的时候，而春夏季是国家重要考试集中安排的时间，比如专升本考试、找工作面试、毕业实习、初入职场的压力等，都会导致情绪困扰的产生。

当然，不是所有的人在季节转换的时候都会出现情绪困扰，对于在校大学生来说，其中有三类易感人群，换季时候尤其要做好心理自我保健工作。

第一类是有过心理疾病史，比如确诊过抑郁症或其他精神疾病，那么在换季时期尤其要多关注自己的情绪变化。

第二类是家族中尤其是直系亲属中有精神疾病史的人群，在换季时期也需要多关注自己的情绪状态。

第三类是当前遇到了挫折或压力事件，比如失恋、挂科、求职问题、人际纠纷等的人群。

不过，人生不如意十之八九，谁都无法预测自己哪天会和抑郁不期而遇。

如何让自己安然度过换季时期，遇见更好的自己呢？

第一，多晒太阳，规律作息。阳光被称为最好的抗抑郁药品，同时，保持规律作息，日出而作，日落而息，尽量让我们的机体活动符合自然规律。

第二，适当增加体育运动。保持持续的中等运动强度，可以帮我们释放一种被称为天然麻醉剂的内在激素，让我们更好地放松肌肉。运动本身也让我们有机会从当下的压力应激环境中释放出来。同时，白天通过运动适当增加的体力消耗可以帮助晚上更好地入睡，提高睡眠质量。

第三，学习恰当的压力应对方式，如蝴蝶拍、安全岛技术、心理保健操等。

第四，当已经超出自己调试能力的问题产生时，务必寻求专业援助。比如预约学校心理健康老师，或者前往专科精神疾病医院检查并接受心理治疗，或者寻求专业的咨询服务。

扪心问诊

心理自测：情绪稳定性心理测验

请根据自己的情况，选择最符合自己的选项。

1. 看到自己最近一次拍摄的照片，你有何想法？（　　）
A. 觉得不称心　　B. 觉得很好　　C. 觉得还可以
2. 你是否想到若干年后会有什么使自己极为不安的事？（　　）
A. 经常想到　　B. 从来没想过　　C. 偶尔想到
3. 你是否被朋友、同事、同学起过绰号、挖苦过？（　　）
A. 这是常有的事　　B. 从来没有　　C. 偶尔有过
4. 你上床以后，是否经常再起来一次，看看门窗是否关好、天然气是否关好等？（　　）
A. 经常如此　　B. 从不如此　　C. 偶尔如此
5. 你对与你关系最密切的人是否满意？（　　）
A. 不满意　　B. 非常满意　　C. 基本满意
6. 你在半夜的时候，是否经常觉得有什么值得害怕的事？（　　）
A. 经常　　B. 从来没有　　C. 极少有这种情况
7. 你是否经常因梦见什么可怕的事而惊醒？（　　）
A. 经常　　B. 没有　　C. 极少
8. 你是否曾经有多次做同一个梦的情况？（　　）
A. 有　　B. 没有　　C. 记不清
9. 有没有一种食物使你吃后呕吐？（　　）
A. 有　　B. 没有　　C. 记不清
10. 除去看见的世界外，你心里有没有另外一个世界？（　　）
A. 有　　B. 没有　　C. 记不清
11. 你心里是否时常觉得你不是现在的父母所生？（　　）
A. 时常　　B. 没有　　C. 偶尔有
12. 你是否曾经觉得有一个人爱你或尊重你？（　　）
A. 是　　B. 否　　C. 说不清
13. 你是否常常觉得你的家人对你不好，但是你又确知他们的确对你很好？（　　）
A. 是　　B. 否　　C. 偶尔
14. 你是否觉得没有人十分了解你？（　　）
A. 是　　B. 否　　C. 说不清楚
15. 你在早晨起来的时候最经常的感觉是什么？（　　）
A. 秋雨霏霏或枯叶遍地　　B. 秋高气爽或艳阳高照　　C. 不清楚
16. 你在高处的时候，是否会觉得站不稳？（　　）
A. 是　　B. 否　　C. 有时是这样
17. 你平时是否觉得自己很强健？（　　）
A. 否　　B. 是　　C. 不清楚
18. 你是否一回家就立刻把房门关上？（　　）
A. 是　　B. 否　　C. 不清楚
19. 你坐在小房间里把门关上后，是否会觉得心里不安？（　　）
A. 是　　B. 否　　C. 偶尔是
20. 当一件事需要你做决定时，你是否会觉得很难？（　　）

A. 是　　B. 否　　C. 偶尔是

21. 你是否常常用抛硬币、玩纸牌、抽签之类的游戏来测凶吉？（　　）

A. 是　　B. 否　　C. 偶尔

22. 你是否常常因为碰到东西而跌倒？（　　）

A. 是　　B. 否　　C. 偶尔

23. 你是否需用一个多小时才能入睡，或醒得比你希望的早一个小时？（　　）

A. 经常这样　　B. 从不这样　　C. 偶尔这样

24. 你是否曾看到、听到或感觉到别人觉察不到的东西？（　　）

A. 经常这样　　B. 从不这样　　C. 偶尔这样

25. 你是否觉得自己有超越常人的能力？（　　）

A. 是　　B. 否　　C. 不清楚

26. 你是否曾经觉得被人跟踪？（　　）

A. 是　　B. 否　　C. 不清楚

27. 你是否觉得有人在监视你？（　　）

A. 是　　B. 否　　C. 不清楚

28. 当你一个人走夜路时，是否觉得前面潜藏着危险？（　　）

A. 是　　B. 否　　C. 偶尔

29. 你对别人自杀有什么想法？（　　）

A. 可以理解　　B. 不可思议　　C. 不清楚

计分方法：以上各题的答案，选 A 得 2 分，选 B 得 0 分，选 C 得 1 分。请将你的得分统计一下，算出总分。

结果解释：总分为 0～20 分，说明你情绪稳定，自信心强，具有较强的美感、道德感和理智感。你有一定的社会活动能力，能理解周围人们的心情，顾全大局。你一定是个性情爽朗、受人欢迎的人。总分为 21～40 分，说明你情绪基本稳定，但较为深沉，对事情考虑过于冷静，处事淡漠消极，不善于发挥自己的个性。你的自信心受到压抑，办事热情忽高忽低，瞻前顾后，踌躇不前。总分为 41～50 分，说明你的情绪极不稳定，日常烦恼太多，使自己的心情处于紧张和矛盾中。总分在 50 分以上，则是一种危险信号，务必请心理医生做进一步诊断。

学思践心

活动一　指手画脚

活动目的：通过活动，学习感知他人情绪的方法，学会各种调节自身情绪的策略。

活动过程：

1. 准备若干张纸条，上面书写以下内容：我很高兴、我很生气、我很难过、我很失望、我很无奈、我很着急、我很困惑、我很害怕、我很担心、我很不甘心、我觉得丢脸、我觉得厌恶、我觉得惊讶、我好舒服、我好兴奋、我好痛苦、我好寂寞、我好满足、我好无助……

每张纸上写一种情绪，写好后折成四折，放在一个小纸箱或其他容器里。

2. 准备若干个小奖品。

3. 小组同学（4 人左右）自愿举手参加表演，自愿者抽取一张纸条，不能让别人看到纸条内容。抽到纸条的同学表演纸条上写明的情绪，不能说话，只能用面部表情和肢体动作表演，其他的同学猜表演者的情绪。猜对者与表演者均有小奖品，如果猜不出不得奖。

4. 分享交流：如何从非语言信息来判断各种情绪？（大家自由讨论）

活动二　击鼓传花

活动目的：了解调控情绪的方法。

活动过程：

1. 小组成员集体讨论：在日常生活中，当你出现生气、伤心、紧张、讨厌等消极情绪时，你会怎么办？

2. 游戏“击鼓传花”进行 6 次左右。接到花的同学提供 1～2 种解决消极情绪的办法。

3. 小组成员归纳小结。

活动三　快乐大本营

活动目的：让学生互相学习使自己快乐的有效方法。

活动过程：

1. 每小组准备一张大纸，写上“快乐大本营”。

2. 学生回忆、归纳让自己快乐的秘密武器。

3. 小组内交流，小组选出一些能使自己快乐的秘密武器，存入“快乐大本营”内。

4. 每个小组请一名代表把本组的“快乐大本营”贴出，并介绍本组的秘密武器。

5. 小组成员谈论活动收获，最后由教师总结。

专题五

沟通从心开始——大学生的人际交往与培养

内容提要

本专题从人际交往的内涵、影响人际交往的因素、人际交往的功能与作用等方面，重点分析了大学生人际关系的特点，从大学生在人际交往中的典型案例出发，运用心理学知识，结合实际，帮助大学生建立良好的人际关系，遵循成功人际交往的原则，形成和谐的人际氛围，提高心理健康水平，提高心理自我保健能力，形成和发展健康的个性品质。

学习目标

知识目标：

1. 知晓人际交往的内涵；
2. 了解人际交往的功能与作用；
3. 掌握大学生人际交往的特点与基本原则；
4. 认识大学生交往中常见的困扰类型。

能力目标：

1. 会运用人际交往中的吸引力法则改善与同学的关系；
2. 会调适自身交往中的偏差心理与行为。

素养目标：

1. 学会与同伴友好相处，尊重他人的观点和选择，促进彼此理解和包容；
2. 具有自尊、自信、自主的表现，明确自己的交友目的和期望。

单元一　人际交往概述

事说心语

“同室操戈”——女生寝室的故事

L，某校大一女生，因为与室友关系不好而前来咨询室寻求帮助。

高中时，L有一个室友J，因L看不惯J爱在别人背后“嚼舌根”的坏习惯，所以两人的关系一直不好。来到大学以后，这对见面就分外眼红的“仇人”又一次阴错阳差地来到了同一个班级，还成了一个寝室的室友。从开学初的井水不犯河水慢慢进入相互看不惯，“冷战”“骂战”的境地。L觉得八个人的寝室开始分成了两大“阵营”，而站在她这边的朋友好像越来越少了。

最近L觉得什么事都不顺利，和寝室的同学越来越没话说了，她们好像都跟J走得很近。L一直觉得自己在班里的人缘还不错，可最近在班里竞选班长一职时竟然得不到大家的支持。她觉得一定是J在背后捣鬼。她开始睡不着觉，有时还会做噩梦。梦里大家都在嘲笑自己，她拼命地跑，醒来时大口喘着气，心里又怕又气。跟班级同学的关系好像越走越远了，这让她有点难以接受。她甚至有点恨J了，她不知道应该如何调节自己。

案例分析：

根据“病与非病”三原则，L属于一般心理困扰的范畴，是典型的大学新生人际适应问题的表现。但因为L与室友的矛盾问题持续时间较长，且已影响她的日常人际交往与人际自信，同时伴有睡眠问题，所以需要接受心理辅导。

L是一个乖巧、偏内向的女生，坐在心理咨询师对面甚至有点紧张，气息都有点不稳，她说虽然高中跟心理老师谈过，但还是紧张。讲到室友J时，L的情绪很激动，开始号啕大哭。L不喜欢别人在背后说其他人的坏话，所以每次讲到J时她都会思量再三，用她认为最中性的词语评价J。因为爸妈从小教育她做人要正气，不能在背后搞小动作。L当前的问题症状表现有点复杂，又是跟寝室同学的矛盾，又是跟班级同学的问题，还有睡眠问题，焦虑情绪比较强烈。她的问题原因可以分为以下几点：

1. 家庭因素

L不喜欢J在背后“嚼舌根”，其实这是爸爸的要求。他的爸爸对她从小管教很严格，不允许她说脏话，不允许跟男同学出去玩，不允许跟长辈顶嘴等，总之她的印象中不被允许做的事情很多。童年期接受的教育在成长的过程中往往会内化为我们自己的标准与准则。因此L用自己的这套标准与准则，甚至自己内心的“真理”去衡量J，她觉得J的人品有问题。我们身边同学身上这样的“标准”“准则”“真理”并不少见，用自己理所当然的想法去评价对方，自然会引发寝室的矛盾。

L说她最近睡不着觉，再深挖最近发生的让她感到不能释怀的生活事件时，我们又发现了一件小事。有一次她在寝室午睡，J回来后没有关门。起床时她只穿着睡裙，此时正好送水的大伯从她们门口经过。她顿时觉得心里很不舒服。她觉得J是故意不关门的，为了让她出糗。她觉得穿着睡裙被送水大伯撞见是一件丢人甚至是伤风败俗的事。L哭着把这件事告诉了妈妈，但妈妈却安慰她这件事没什么，以后注意就可以。可她心里就是放不下，又是气J，又是埋怨自己不自爱。因为小时候爸爸就不允许她在爸爸在家的时候穿无袖及膝盖以上的裙子。这样的情绪在白天得不到调节，就只能在晚上，当我们放松了对自己的控制时，以梦的形式出现——宣泄，让自己心里好受一点。所以梦里大家在嘲笑她，其实这个“大家”就是她自己，她自己用原来的标杆一量，在心里嘲笑自己。所以她要逃，要跑。

2. 人际交往中的完美主义倾向

L希望能获得班级里所有同学的喜欢。当自己竞选班长落选时，她很难受，开始找原因，而J恰好成了她能想到的唯一原因。其实，生活中我们真的不能获得所有人的喜欢和认可。在我们周围同学中，往往有一些性格比较敏感、内向、爱多想的同学，他们非常关注身边同学的一言一行和别人对自己的评价。有时哪怕是别人的一个眼神、一句话就能让自己神思老半天：她是不是对我有什么意见？对于班委职务或者其他学生干部职务的竞选，摆平心态、端正态度，竞选到了认真对待，在其位谋其职；落选了，也能坦然接受，总结经验，重整旗鼓，再战下一轮，而不是自怨自艾、自暴自弃、胡思乱想，沉浸在自己的世界里。

3. 不够坦诚的交友方式

生活在大学寝室里，出现矛盾时，我们有些同学采用的并不是坦诚的交流，说出自己的想法，而是选择猜想、摆脸色或者摔东西这样的举动表明自己的心思。其实与其这样拐弯抹角，不如坦诚相待。交友的黄金法则是：你希望别人怎么对你，你就怎么对别人。交友是建立在平等、坦诚、真诚的基础上的，除了自己的父母，没有谁有义务围绕你转，知道你在想什么。当然，交流也是讲究方法与技术的，交流也是一种艺术。不是上来就告诉对方我对你什么地方有意见，而是用一种让自己和对方都舒适的方式，在恰当的情境下和对方交流也能达到事半功倍的效果。

指导建议：

1. 改变不合理的认知信念

案例中L的问题表面上看是因为无法与室友J和谐相处而带来的一系列身心反应，但从根源上看是因为她的认知方式上存在一些不合理信念。(1) 绝对化要求，是指从自己的意愿出发，认为某一事物必定发生或不会发生的信念。对于L来说，她以自己的价值标准去评判J所谓“嚼舌根”的行为，事实上容易带来自身的困扰，同时也会因此影响双方的关系。因为对于来自别人的对自己“好”或“坏”的道德评判，大多数人都会感到不舒服。(2) 糟糕至极。L当下可能因为被送水大叔看到自己穿着睡衣的样子而特别担心，所以还产生了做噩梦的现象。这其实是一种糟糕至极的表现，退一步说，哪怕穿着睡衣被年长男性看到了又会怎么样？当然，在L的成长经历中，因为父亲对于其相对严苛与隐晦的性教育，她对于性的概念会特别强烈。所以，在发生这样一件被异性看到自己穿睡衣的样子的事时会比平常人有更大的反应。生活中要去改变自己日积月累、耳濡目染形成的不合理认知信念是持久漫长而困难的，或许还有赖于一位专业咨询师的引导。但在日常生活中也可以尝试检查自己可能存在的不合理信念，尝试与这种不合理信念做辩论。或许在这样的辩论中可以开始启动认知信念的改变。

2. 修正完美主义倾向

有人把完美主义倾向归类为认知信念，也有人认为这是一种人格特质。但无论它是什么，绝对的完美主义倾向容易让自己陷入偏执甚至极端的境地中，容易让自己不舒服甚至受伤，也容易让身边的人不舒服。在一些情境中，适度的完美主义可以让自己获得比普通人更大的成功，但完美主义的要求过度了，就可能会适得其反。案例中的L期待获得所有人的喜欢与肯定，这既是一种绝对化的要求，也是一种极端对自己的完美主义要求。事实上，现实生活中又有哪些人是能获得所有人的喜欢的？对完美主义倾向的修正，从接纳这样的特质开始。同时，逐步给自己寻找一个中间值，既让自己舒服，同时也不伤害自己与他人感受。或许，寻找一个中间值并与自己的完美主义特质共生是一种比较好的尝试。

温故知心

一、人际交往的内涵

微　课

人际交往内涵分析

如果有人声称自己不需要朋友，那其实是一个谎言。因为人作为一种社会性生物，交往是满足其内在生存和安全需要的社会交互行为。那么什么是人际交往？当我们两个人面对面坐着的时候是否就构成了交往？

人际交往是指人与人之间为了满足各种需要而进行的思想、情感、行为等方面的交流，通过语言、表情、姿势、手势或动作等方式将信息传递给其他个体的过程，带有明显的社会属性，具有两重性、相互性和复杂性的特点，有助于消除人们的孤独、寂寞与无助感等，有助于满足人们生存与安全的需要，有助于完善自我意识与人格成熟社会化，获得自信、自尊、社会经验、他人帮助和身心健康，促进个人成长。

二、人际交往的心理因素及分类

（一）人际交往的心理因素

人际交往的心理因素包括认知、动机、情感、态度和行为等。认知是人际交往的前提。人与人的交往首先是从感知、识别、理解开始的，彼此之间不相知就不可能建立人际交往。动机在人际交往中存在引发、指向和强化功能。人与人的交往总是源于某种需要、愿望或诱因，无缘无故、彼此没有需要，是不可能建立起真正的人际交往的。情感是人际交往的重要调节因素，人们在交往过程中总是伴随着一定的情感体验。如满意或不满意、喜爱或厌恶等，人们正是根据自身情感体验，不断调整人际交往的。态度在人际交往中具有重要意义。人们在交往中无时无刻不觉察到别人的态度，也无时无刻不对别人表现出某种态度，态度直接影响人际关系的建立、形成和发展。行为是人际交往的手段。在人际交往中，不论是认知因素、动机因素，还是情感因素、态度因素，都要通过行为，即言谈举止、表情姿势等外部动作表现出来。

（二）人际交往的分类

通过人际交往而形成的人际关系，按其形成基础可以分为三类。一是血缘关系，即父母与子女的关系、兄弟姐妹之间的关系以及由此而衍生出来的亲戚关系。人一生约有 2/3 的时间在家庭中度过，处理好家庭中的人际关系事关重大。二是地缘关系，这是由于居住在共同的地区而产生的人际关系，如同乡关系、邻里关系等。这种关系虽然缺乏血缘关系的自然纽带，但是由乡土观念联结起来的心理上的纽带，其作用范围比血缘关系还要广。三是业缘关系，即由共同的事业或兴趣爱好而结成的人际关系，如师生（徒）关系、同学（事）关系、经营关系等。这种关系打破了血缘和地缘的界限，而以事业和志趣作为联结的纽带，其密切程度视事业、志趣的性质和人们对这种性质的理解程度而定。

三、人际交往的功能与作用

心理学家的大量研究和人们亲身的生活实践都已证明，对于任何一个人来说，正常的人际交往和良好的人际关系是其心理获得发展、个性保持健康、生活具有幸福感的重要前提。有人说："一个不会交往的人，犹如陆地上的船，永远不会漂泊到人生的大海中去。"可以说，交往及由此建立的人际关系是生活的基础。人际交往作为人类的一种最基本的社会活动，体现出人所共有的心理需求，因而既有社会功能，又有心理功能。

（一）信息沟通功能

人际交往最明显的作用是交流信息。人们之间信息的交流与沟通，不仅是互相联系的形式，而且是获取知识的途径。一个人直接从书本上学到的知识毕竟是有限的，即便是"皓首穷经""学富五车"，与现代社会如潮水般涌来的新信息相比也只是沧海一粟。而通过人际交往能使人以更迅速的方式直接沟通信息，丰富知识。当代著名科学家普赖斯认为，在那些激励每位科学家并促进其研究的情报来源中，80％左右是在这些资料正式报道之前，通过代表会议、讨论会、预印本或者通过现在被称为"无形的集体"的其他某些场合和手段得到的。在许多情况下，自己百般探索的问题，长期苦思冥想不得其解，在与人的偶然交谈中，却能突然得到启示，产生灵感。英国作家萧伯纳很形象地说道："如果你有一个苹果，我有一个苹果，彼此交换，那么每人还是一个苹果。如果你有一种思想，我有一种思想，彼此交换，我们每个人就有了两种思想，甚至多于两种思想。"古人云："独学而无友，则孤陋而寡闻""三人行，必有我师焉"。在信息社会中，大学生广泛交往能以更快的速度获得更多的新思想、新信息，从而可以在更多的层次上充实和提高自己。因此，人际交往活动是大学生学业进步、事业成功的重要因素。

（二）心理保健功能

心理学家研究发现，孤儿院的儿童经常过着平静而孤单的生活，得不到正常儿童应有的爱抚，缺乏良好的社交机会，因此不仅在智力（尤其是语言）的发展上低于同龄正常儿童，而且社交能力很差。他们或是对人冷淡，缺乏交往愿望和能力，或是有另一种极端反应，即表现为情感饥饿，狂热地需要得到他人的爱抚。由此我们可以发现，交往是人维持精神健康的基本需要。我国著名医学心理学家丁瓒曾说："人类的心理适应，最主要的就是对于人际关系的适应，所以人类的心理病态，主要由人际关系失调而来。"大学生情感丰富，情绪尚不稳定，特别需要他人的关心和理解。通过交往活动，同学们彼此诉说心中的喜怒哀乐，表达各自的思想感情和生活态度，可以寻求友谊、理解和帮助；还可以激发多种兴趣和爱好，培养自尊心和责任感，从而得到思想的升华和心理的满足。而一个自我封闭、不善交际的人总是更多地体验着情绪低落、孤独空虚，甚至自卑、抑郁、恐惧等不良心理。因此，人际交往是大学生保持心理平衡、促进心理健康的有效方式。

（三）自我完善功能

从中学到大学是人生里程中的一次重要转折。可以说，大学生从进校之日起就面临一种选择——如何塑造和完善自我。完善自我的前提条件是正确认识自我，认识自我包括对自己身心特点的认识，对自己在社会中的角色、定位、作用的认识，以及对自己的人生目的、理想、信念的认识等。认识自我是自我意识不断发展成熟的过程，它在人的整个个性形成中有着很重要的地位。然而，人对自我的认识并不是一个自然成熟的过程，而是通过交往，在与别人的相互作用中发生和发展起来的。首先，人以他人为镜，从与别人的比较中认识自己。只有通过交往，通过观察自己的思想和行为在他人那里的反映，才能更为恰当地、全面地认识自己、评价自己。其次，人通过他人对自己的态度和评价，以及自己与他人的关系来了解自己在他人心目中的形象和在社会中的地位，并参照别人的评价来客观地认识自己。大学生对自我的认识往往处于"理想我"和"现实我"的矛盾冲突之中，只有通过交往，把自己身上发现的东西同从别人身上看到的东西进行比较，检查自己的所作所为同周围人们对自己的期望是否相符，从而做出正确的自我评价和自我调整，才能获得与周围环境、社会角色相适应的思想和方法，逐步实现"理想我"与"现实我"的辩证统一，进而摆正个人与他人、集体、社会的关系。因此，人际交往是大学生自我完善、自我发展的重要条件。

四、人际交往的吸引力法则

在日常交往中，你有没有想过一个问题：为什么茫茫人海中你会跟他/她成为朋友，而不是他/她呢？是什么因素在影响你们之间的互动？从彼此陌生的两个个体到相识相知成为密友，是缘分还是其他什么要素呢？一些受人喜欢的人身上有哪些共性品质？这些问题的回答可能都跟人际交往的吸引力法则有关联。

微　课

人际吸引：友谊发生的影响因素

人际吸引是指人与人之间在感情上相互喜欢、亲近的状态，是人际关系中的一种肯定形式。人际交往的吸引力法则或许跟我们平常所认为的魅力有一定关联但又不完全等同。大量研究表明，影响人际吸引的主要因素既有客观情境因素，也有个人特质因素。同时，不同的交往阶段吸引力要素也呈现不一样的内容。

（一）交往初期

在交往初期尤其是交往破冰阶段，什么会影响茫茫人海中的你我多看彼此一眼呢？事实上，这个阶段的人际交往吸引力法则与我们当下所在的时空场合有一定关联，包括交往双方的物理距离、彼此的熟悉程度等。

1. 接近效应

社会心理学家利昂·费斯廷格等人在 1950 年曾经做过这样一个实验。他们去观察被随机安排在几栋楼里的人彼此成为亲密关系的情况。结果发现：65%的朋友住在同一栋楼里，而在这同一栋楼里，友谊的发生也非常有趣。41%的人和隔壁邻居成了亲密朋友，22%的人和隔壁相隔两三间的人成了朋友，而只有 10%的人是和公寓另一端，也就是远端的住户成为朋友。这个实验充分表明了一个事实，相互之间的吸引力与物理距离的接近性是有一定关联的。距离上的接近降低了交往的成本，也在一定程度上提高了交往的频率，所谓“抬头不见低头见”。

过高的交往频率也能带来彼此之间的高曝光率，见的时间越长，见的次数越多，相互越熟悉，亲近度也会越高。熟悉性也能增进彼此之间的吸引力。社会心理学家扎荣茨做过这样一个实验：他要求被试者看一些人的面部照片，有些照片看 25 次，有些照片只看一两次。然后问被试者对照片的喜欢程度。结果表明，看的次数越多越喜欢，这就是社会心理学中的“曝光效应”。从这一点来看，也就能解释为什么一些娱乐明星会选择自爆绯闻来博取眼球赚取流量了。因为从曝光效应来看，只要他/她能持续保持在大众面前曝光，不管内容是正面的还是反面的，都有可能会带来大众的喜爱。因此一些人会黑粉转红粉，越看越觉得顺眼，越看越喜欢了。

但过高的曝光度也会带来两看生厌。因此在我们大学生群体中，寝室是发生矛盾的重灾区。这就是因为“抬头不见低头见”，相互之间容易暴露各自的问题或相互不接受对方的生活习惯。那么这种熟悉非但不会带来相互吸引，反而会让彼此越来越厌烦。

2. 互惠原则

如果问你：你在交友中会选择一个你喜欢多一点的人还是喜欢你多一点的人？在我们亚洲文化中，大多数人的选择可能是喜欢我多一点的人。这就是互惠原则的体现。互惠原则是指我们在交友中会倾向于选择一个喜欢我们的人来做朋友。

互惠原则提示我们，在日常交际中，我们要善于向对方表达友善，起码不是厌恶，这也是与人交往中破冰的重要环节。

3. 外貌与才华

在交往初期，外表容貌是一个重要的吸引要素。亚里士多德说：“美丽比一封介绍信更具有推荐力。”但外貌对交往的影响只是一个破冰作用。随着交往的深入，外貌的吸引力会逐渐降低，相互之间会越来越关注有关独特的人格魅力、相互之间的相似性等方面的问题。因此，我们在交友中无须过分在意自己的长相。相反，外貌是一个相对概念，不是绝对概念。因为关于外貌的美与丑事实上是没有唯一标准的。在不同时代背景下，对美的界定标准和要求也是不同的。与其过分追求和在意外貌，不如不断充实和美化内在心灵。因为好看的皮囊千篇一律，有趣的灵魂才万里挑一。

才华在人际吸引力中的作用比较复杂。研究表明，并不是个人能力越高就越受欢迎。因为一个完美无缺的人往往让人感觉高不可攀，而相反，一个有才华同时也有一些和我们普通人一样的小缺点的人，可能更受欢迎，这可能就是所谓的接地气。“犯错误效应”提示我们，对于才能出众的人来说，也要偶尔允许自己犯点小错误，这或许可能帮你带来更多人的喜欢。但才华和能力在日常交际中可以帮我们增加个人魅力值。

（二）深入交往阶段

随着交往的深入，我们会越来越在意彼此之间的相似性和互补性，会更深入地去探究相互之间的个性品质是否符合自己的需求等。

1. 相似性

“物以类聚，人以群分”，在一些方面具有一定相似性的两个个体也更容易成为朋友。相似性包括双方的性格、态度、信仰、价值观等，同时也包括兴趣爱好、立场观点、处事态度、理想信念、价值追求、年龄经历、社会背景、宗教信仰等。研究表明，相似性与喜欢之间存在直接的正相关。他人越是与自己相似，我们越是喜欢这个人。

2. 互补性

人际交往是交往双方为满足各自需要而进行的互动过程。当交往双方各自所具有的品质和表现出的行为更符合对方的期望和需要时，往往也会产生强烈的人际吸引力。心理学家对已建立恋爱关系的大量亲密关系进行研究发现：对于长期伴侣来说，推动吸引力的动力主要是相似的价值观念，即相似有利于关系的破冰与建立，而维持婚姻关系更加持久的基础则在于夫妻之间需求的互补。比如一个主动支配型的男士与一位被动顺从型的女士可能更容易保持长久的亲密关系。

3. 个性品质

心理现象包括心理过程和个性心理。个性也称人格，是人际吸引中最本质、最关键的因素，对人际吸引产生持久、稳定和深刻的作用，包括兴趣、爱好、气质、能力、性格、理想、信念、世界观等。

如果问你：在你看来什么样的人受欢迎？一般的回答集中起来可能都可以概括为个性品质。因此，大学生想要提高个人人际关系，首先从优化个性品质这个途径着手。高度受人喜欢与高度受人厌恶的个性品质的归类如表 5－1 所示。

表 5－1　高度受人喜欢与高度受人厌恶的个性品质的归类

高度受人喜欢的品质	中性品质	高度受人厌恶的品质
真诚	固执	古怪
诚实	刻板	不友好
理解	大胆	敌意
忠诚	谨慎	饶舌
真实	追求完美	自私
可信	易激动	狭隘

续表

高度受人喜欢的品质	中性品质	高度受人厌恶的品质
聪慧	文静	粗鲁
可依赖	好冲动	自负
有头脑	好斗	贪婪
体贴	腼腆	不真诚
可靠	不明朗	不善良
热情	易动情	不可信
善良	羞怯	恶毒
友好	天真	令人讨厌
快乐	好动	不真实
无私	空想	不诚实
幽默	追求物欲	冷酷
负责	反叛	邪恶
开朗	孤独	虚伪
信任别人	依赖别人	说谎

心理学与生活　　**非暴力沟通**

《非暴力沟通》是 2009 年 1 月华夏出版社出版的图书，作者是马歇尔·卢森堡。马歇尔·卢森堡发现了一种沟通方式，依照它来谈话和聆听，能使人们情意相通、和谐相处，这就是“非暴力沟通”。非暴力沟通是 Nonviolent Communication（NVC）一词的中文翻译，又称爱的语言、长颈鹿语言。

当我们褪去隐蔽的精神暴力，爱将自然流露。NVC 相信，人的天性是友善的，暴力的方式是后天习得的。NVC 还认为，我们所有人有共同的、基本的需要，人的行为是满足一种或多种需要的策略。

NVC 的目的是通过建立联系使我们能够理解并看重彼此的需要，然后一起寻求方法满足双方的需要。换言之，NVC 提供具体的技巧帮助我们建立联系，使友爱互助成为现实。

马歇尔早年的经历引发他对探求和平解决冲突方法的兴趣。他在《非暴力沟通》一书中写道：

> 我相信，人天生热爱生命，乐于互助。可是，究竟是什么，使我们难以体会到心中的爱，以至互相伤害？又是什么，让有些人即使在充满敌意的环境中，也能心存爱意？
>
> 这样的思考始于童年。大约是 1943 年的夏季，我家搬到了密歇根州的底特律。

到达后的第二个星期，公园中一起暴力事件引发了种族冲突，接下来几天有40多人遇害。我家处于冲突的中心地带，整整三天，我们都紧闭家门，不敢出去。

冲突结束后，学校复课了。我发现，和肤色一样，名字也可能招来危险。老师点名时，有两个男孩瞪着我，嘘声说："你是Kike吗？"我从未听过这个词，不知道它是某些人对犹太人的蔑称。放学后，他们在路上拦住我，把我摔在地上，拳打脚踢。

从此，上述两个问题就一直困扰着我。是什么赋予我们力量，使我们在最恶劣的情况下，也能关爱生命？

他先是学习临床心理学，但并未从中找到自己满意的答案。他说："我更感兴趣的是学习什么是符合人性的生活以及什么能使人脱离他们的暴力倾向。"于是，毕业后，他继续寻求答案。他向那些他所钦佩的人学习："我和他们谈话，看着他们，向他们学习他们所学到的。我关注是什么帮助他们仍能保有我所认为的人性：致力于服务彼此的生命需要。"同时，他从比较宗教学和一些学术研究中得到很大的帮助。

最后，基于上述的学习，他提出了NVC理论。他指出："NVC的基础是一些沟通方式——即使在逆境中，它们也有助于人保持人性。NVC没有任何新的主张，它所吸纳的内容，都有悠久的历史。它的目的是提醒我们已有的知识——关于什么是符合人性的交往方式，以及帮助我们活出这一点。"

扪心问诊

心理自测1：人际交往水平测验

如果你想了解自己的交往水平，请详细阅读表5-2进行自测。测验方法很简单，于每项的"是""有时是""从未"三者中择其一，在相应的空格内打"√"。

表5-2　人际交往水平测验表

题目	是	有时是	从未
1. 你是否经常感到词不达意？			
2. 他人是否经常曲解你的意思？			
3. 当别人不明白你的言行时，你是否有强烈的挫折感？			
4. 当别人不明白你的言行时，你是否不再加以解释？			
5. 你是否尽量避免进入社交场合？			
6. 在社交场合，你是否愿与别人交谈？			
7. 在大部分时间里，你是否喜欢一人独处？			
8. 你是否曾因为不善言辞而失去改变生活处境的机会？			
9. 你是否特别喜欢不必与人接触的工作？			
10. 你是否觉得很难让他人了解自己？			

续表

题目	是	有时是	从未
11. 你是否极力避免与人交往？			
12. 你是否觉得在众人面前讲话是很难的事？			
13. 别人是否常常用“孤僻”“不善言辞”等词语来形容你？			
14. 你是否很难表达一些抽象的意思？			
15. 在人群中，你是否会尽量保持不出声？			

计分与解释：答“是”得 3 分，答“有时是”得 2 分，答“从未”得 1 分。将各题得分相加得到总分。如果总分为 38～45 分，表明你不善交往，必须采取措施提高自己的交往能力。如果总分为 22～37 分，表明你是一个善于交往的人。如果总分为 15～21 分，表明你在交往方面过于积极，亦可能导致消极后果。

心理自测 2：沟通能力测验

本测试主要测验你与难以相处的人之间的沟通能力。如果你对这个测试感兴趣，就请对表 5－3 中的测试题做出“是”或“否”的选择。

表 5－3　沟通能力测验表

题目	回答
1. 我觉得有很多人明明做事方法不对，还非要别人按着他的意见行事。	是　否
2. 和凡事都争强好胜的人待在一起使我的生活感到紧张。	是　否
3. 我不喜欢独断专行的领导。	是　否
4. 有的人整天牢骚满腹，而我觉得这种处境全是他们自己一手造成的。	是　否
5. 和天天抱怨的人打交道使我自己的生活也变得灰暗。	是　否
6. 有很多人总喜欢对别人的工作百般挑剔，而不顾及他人的情绪。	是　否
7. 当我辛辛苦苦做完一件事而得不到别人的承认和夸奖时，我会大发雷霆。	是　否
8. 有些粗鲁无礼的人常常事事畅通无阻，这事真令我看不惯。	是　否
9. 生活中有很多人总是存心跟我过不去。	是　否
10. 碰到朋友，当我向他打招呼而他视若无睹时，最令我难堪。	是　否
11. 我讨厌和整天沉默寡言的人一起生活、做事。	是　否
12. 有的人哗众取宠，说些浅薄的笑话，居然能博得很多人的喝彩。	是　否
13. 生活中充满庸俗趣味的人到处都是。	是　否
14. 和目中无人的人共事真是一种折磨。	是　否
15. 生活中有很多人自己不很出色还总是喜欢嘲讽他人。	是　否
16. 我不能理解为什么自以为是的人总能得到领导的器重。	是　否
17. 有的人笨头笨脑，理解缓慢，真让人生气。	是　否
18. 我不能忍受上课时老师为了迁就差生而把讲课的速度放慢。	是　否

计分与解释：选“是”计1分；选“否”计0分。得分为0～6分，说明你很善于与难以相处的人进行沟通，你的修养已达到了一定高度。得分为7～12分，说明你能容忍难以相处的人，虽然有时也会被激怒。得分为13～18分，说明你与难以相处的人很难沟通，建议你加强宽容精神和处事灵活性的培养。

学思践心

活动一　蹲萝卜

活动目的：活跃气氛，协助成员进入活动状态。

活动过程：

1.将参与者分成四组，每组成员手牵手围成一圈，给每组成员以颜色命名（红、白、黄、紫）；

2.指定一组萝卜开始统一蹲下，同时还要念词，再指定别的萝卜做同样的动作，目标一致，以此类推，但不能马上回指。例如：白萝卜先蹲，蹲的时候念“白萝卜蹲呀，白萝卜蹲，白萝卜蹲完红萝卜蹲”，念完以后所有白萝卜手指一致指向红萝卜。红萝卜们马上开始蹲，口中念词，之后他们可以再指定一个，但不可以是刚刚的白萝卜。

3.对于指令错误的同学，可以设置一定的惩罚措施。

4.小组分享。

5.领导者总结。

活动二　爱在指间

活动目的：协助成员建立积极主动的人际交往态度。

活动过程：

1.将全体成员分成人数相等的两组，一组成员围成一个内圈，再让另一组成员站在内圈同学的身后，围成一个外圈。内圈成员背向圆心，外圈同学面向圆心。即内外圈的成员两两相视而站。成员在领导者口令的指挥下做出相应的动作。

2.当领导者发出“手势”口令时，每个成员向对方伸出1～4个手指：（1）伸出1个手指表示“我现在还不想认识你”；（2）伸出2个手指表示“我愿意初步认识你，并和你做个点头之交的朋友”；（3）伸出3个手指表示“我很高兴认识你，并想对你有进一步的了解，和你做个普通朋友”；（4）伸出4个手指表示“我很喜欢你，很想和你做好朋友，与你一起分享快乐和痛苦”。

3.当领导者发出“开始”的口令后，成员就按下列规则做出相应的动作：（1）如果两人伸出的手指不一样，则站着不动，什么动作都不需要做；（2）如果两个人都是伸出1个手指，那么各自把脸转向自己的右边，并重重地跺一下脚；（3）如果两个人都是伸出2个手指，那么微笑着向对方点点头；（4）如果两个人都是伸出3个手指，那么主动热情地握住对方的双手；（5）如果两个人都是伸出4个手指，则热情地拥抱对方。

4.每做完一组“动作—手势”，外圈的成员就分别向右跨一步，和下一个成员相视而站，跟随领导者的口令做出相应的手势和动作。以此类推，直到外圈的同学和内圈的每位同学都完成了一组“动作—手势”为止。

5. 小组分享

（1）刚才自己做了几个动作？握手和拥抱的亲密动作各完成了几个？为什么能完成这么多（或为什么只完成了这么少）亲密动作？

（2）当你看到别人伸出的手指比你多时，你心中的感觉是怎样的？当你伸出的手指比别人多时，心里的感觉又是怎样的？

（3）从这个游戏中你得到什么启示？

6. 小组代表向大家汇报本小组的分享结果。

7. 领导者总结：在人际交往中，我们有一个共同的倾向——希望别人能承认自己的价值，支持自己、接纳自己、喜欢自己。但是任何人都不会无缘无故地喜欢我们、接纳我们。别人喜欢我们也是有前提的，那就是我们也要喜欢他们，承认他们的价值。也就是说在人际交往中，喜欢与讨厌、接近与疏远是相互的。一般而言，喜欢我们的人，我们才会去喜欢他，愿意接近我们的人，我们才会去接近他；而对于疏远、厌恶我们的人，我们也会疏远或厌恶他。因此在人际交往中，我们应遵循交互原则。对于交往的对象，我们应首先主动敞开心扉，接纳、肯定、支持、喜欢他们，保持在人际关系中的主动地位，这样别人才会接纳、肯定、支持、喜欢我们。

活动三　信任陀螺

活动目的：协助成员进一步澄清与认识恰当的人际交往观与人际交往态度。

活动过程：

1. 游戏开始之前要求所有成员摘下身上任何容易造成伤害的尖锐和坚硬的物品。

2. 将全体成员分成 10 人左右一组，每组指定一名志愿者做陀螺，十指反扣，收于胸前。其他人围着志愿者，双手轻轻搭在志愿者肩、背、手臂等部位，双脚呈马步，形成一个安全的承接区。

3. 志愿者绷直身体向后倒下，其他人推动志愿者顺时针旋转。

4. 每位成员轮流充当后仰者和承接者。尽量要求每位成员参与，但有心脏病、高血压和严重腰伤者不能参加。

注意：在“陀螺”倒向其他位置的时候，所有人的手尽量不要离开“陀螺”的身体，以便“陀螺”倒向自己时可以及时接住。

5. 小组分享：

（1）倒下的那一刻你害怕了吗？你相信其他成员会稳稳地托住你吗？倒下的时候你的身体是弯曲的还是挺直的？

（2）你现在的感觉是什么？

（3）你从这个游戏中学到了什么？

6. 小组代表向大家汇报本小组的分享结果。

7. 领导者总结小组讨论的内容，并再次强调人际交往中的交互原则。强调信任别人、敞开心扉、主动交往的重要性。

单元二　大学生的人际交往

事说心语

怕见男生的女生

某高职院校二年级女生，一直以来心里总有一个无法解开的结。初中二年级时的一次语文课，老师要求大家看前面的幻灯片，可不知为什么她的眼睛却总向她侧桌的方向看，当时她特别紧张，告诫自己不要往旁边看，却怎么也管不住自己的眼睛。大概她的情绪波动被一些男生发现了，男生们以咳嗽、清嗓子等方式发出怪动静。该名女生是一位学习好、自尊心较强的女孩子，受不了他们这种反应，但又无法述说和解释，于是她开始少说话、少出门。后来她顺利上了职高，可越来越怕去公共场合，总感觉别人在背后指责她，好不容易盼到了放假。在近两个月的假期生活中，她怕见亲戚、邻居、朋友，尤其对男性更为敏感，每天闭门不出、郁郁寡欢，身体也越来越差。

案例分析：

案例中的女生患上了社交恐惧症，在心理学上可诊断为社交焦虑失协症（Social Anxiety Disorder，SAD）。

社交恐惧症，又名社交焦虑症，是一种对任何社交场合或公开场合感到强烈恐惧或忧虑的精神疾病。患者对于在陌生人面前或在可能被别人仔细观察的社交或表演场合，有一种显著且持久的恐惧，害怕自己的行为或紧张的表现会引起羞辱或难堪。有些患者对参加聚会、打电话、到商店购物或询问权威人士都感到困难，由此而逃避现实，觉得只有躲在没人的地方才安全。社交恐惧症患者总是担心会在别人面前出丑，在参加任何社会聚会之前，他们都会感到极度的焦虑。他们会想象自己如何在别人面前出丑。当他们真的和别人在一起时，他们会感到更加不自然，甚至说不出一句话。当聚会结束以后，他们会一遍一遍地在脑子里重温刚才的镜头，回顾自己是如何处理每一个细节的，自己应该怎么做才正确。

1. 社交恐惧症的主要类别

（1）一般社交恐惧症。如果你患了一般社交恐惧症，在任何地方、任何情境中，你都会害怕自己成为别人注意的中心。你会发现周围每个人都在看着你，观察你的每个小动作。你害怕被介绍给陌生人，甚至害怕在公共场所进餐、喝饮料。你会尽可能回避去商场和餐馆。你从不敢和老板、同事或任何人进行争论、捍卫你的权利。

（2）特殊社交恐惧症。如果你患了特殊社交恐惧症，你会对某些特殊的情境或场合感到特别恐惧。比如，你害怕当众发言、当众表演。尽管如此，你在别的社交场合却并不感到恐惧。推销员、演员、教师、音乐演奏家等，经常都会有特殊社交恐惧症。他们在与别人的一般交往中，并没有什么异常，可是当他们需要上台表演或者当众演讲时，他们会感到极度的恐惧，常常变得结结巴巴，甚至愣在当场。这两类社交恐惧症都有类似的躯体症状：口干、出汗、心跳剧烈、想上厕所。周围的人可能会看到的症状有：红脸、口吃、轻微颤抖。有时候，患者发现自己呼吸急促、手脚冰凉。最糟糕的结果是，患者会进入惊恐状态。

2. 易患社交恐惧症者的个性特征

（1）性格内向，情绪不稳定。内向者安静、内省、不喜欢接触人；情绪不稳定者易焦虑，对各种刺激的反应过于强烈，情绪激发后，又很难平复下来。与人交往时，强烈的情绪反应会影响正常适应。

（2）完美主义。对自己要求过高，希望自己在所有人面前、在任何场合、在各个方面都表现得完美无缺，得到别人的称赞。但人无完人，不可避免造成反复的自我挫败，最终见人就紧张害怕。

（3）过度敏感。感到别人看出他（她）紧张不自然，从别人的眼光中看出别人对他（她）厌恶、憎恨或别人也不自然了，不愿与他（她）继续交谈，因此就更加紧张害怕。

（4）自我评价低。自卑、自我贬低，认为自己缺乏社交技巧和能力，内心恐惧，怕引起别人不好的反应。

3. 社交恐惧症的成因

（1）生理原因。2000 年在上海召开了有关社交恐惧症的研讨会，主讲人美国著名精神病学教授戴维西汉先生说，社交恐惧症的发病是人体内一种叫“5-羟色胺”的化学物质失调所致。这种物质负责向大脑神经细胞传递信息。这种物质过多或过少都可引起人们的恐惧情绪。

（2）心理原因。社交恐惧症患者一般自尊心较强，害怕被别人拒绝，或者对自己的外貌没有信心。

（3）家庭原因。从小性格受到压抑，或者是父母没有教会他们社交的技能，或者是家庭搬迁过于频繁。

（4）社会原因。本身所处的社会环境较为恶劣，与人交往时受到的挫折较多。

（5）思维方式。性格其实就是人自身思维方式的一种外在体现，不正确的思维方式会造成社交恐惧症，比如过分的完美主义者受到打击后带来的过分自我反省。

（6）性格原因。自卑、自信心不足，胆小怕事，谨小慎微，害怕做事情出现问题，害怕和人交往，担心和人交往时别人会看出自己的某些缺点。

指导建议：

如何克服社交恐惧症：

（1）肯定自己。天生我材必有用，首先要相信自己的能力，学会肯定自己的价值。

（2）战胜自己。世界上没有十全十美的人，每个人都有不足之处，也都有自己的长处，所以既不要无限夸大别人的优点，也不要随意夸大自己的缺点。

（3）正视恐惧。每个人心中都有这样或者那样害怕的事情，应该刻意去克服这些恐惧感，而不是一味地逃避。

（4）积极参加集体活动。集体活动是让自己融入社会的一个好机会，尤其是文体活动，通过集体活动，可以让自己枯燥的日常生活变得丰富多彩。

温故知心

一、大学生人际交往特点

微 课

95后大学生人际交往特点

大学生的主要任务是学习，生活的环境是校园，交往的对象主要是教师和同学，这就决定了其人际交往具有如下特点：

（一）交往愿望强烈

在一项调查中，94%的大学生希望自己有良好的人际关系和人际环境。大学生已意识到了良好的人际关系对于学习和生活的重要性，不愿意总把自己封闭在一个狭小的个人圈子里，而是迫切希望能够建立良好的人际关系。但是，并不是所有的大学生都能实现自己的愿望。调查中发现，55.7%的大学生有时为人际关系不好而苦恼，有41%的大学生承认自己有孤独感。这种愿望与实际的矛盾，往往使大学生陷入深深的痛苦之中，因此有许多大学生感到在大学中人际关系往往比中学更难以处理。

（二）交往对象单一

大学生的活动主要在校园里展开，而大学校园是一个相对封闭的小社会。这种封闭性决定了大学生交往对象的单一性。大学生远离家乡和亲人，朝夕相处的是老师和同学，而且主要是同宿舍、同班级、同系的同学和老师，交际范围广一点的可能还有老乡、校友或社团成员。但总的来说，大多数的交往对象不会超越校园围墙。

（三）感情色彩浓厚

大学生的人际交往极富感情色彩，讲究亲情和情投意合，人际交往出现了亲情化和家庭化趋势。几乎每个宿舍的大学生都按年龄进行排行，像一个家庭中的孩子一样，谁是大哥、谁是小弟，分得很清楚，平时同学间的称呼是老大老二、大姐小妹。

（四）交往理想化

大学生的人际交往具有浓厚的理想色彩，比较纯洁、真诚。大学生正处于求知阶段，思想比较单纯，对美好未来充满向往和自信。因此，在日常交往中总是崇尚高雅、鄙视庸俗，崇尚真诚、鄙视虚伪。大学生认为，朋友之间应该志趣相投、相互关心、相互爱护、相互帮助、共同前进；真正的朋友应该坦诚相见，无话不说，不该有任何隐瞒；如果有什么话不明说，就觉得不够朋友，甚至有上当受骗的感觉。

（五）平等意识较强

虽然大学生来自不同的地方，有不同的家庭背景，有各种各样的差异，但是在交往中有较强的平等意识，追求地位上的平等。而且大学生的相似性毕竟多于差异性，年龄、社会经历、人生观念、认识能力都很相似；相互之间也没有多少利益上的冲突、没有什么等级观念，因而也比较容易产生平等心理，以平等的心态看待对方，在学习生活中相互帮助、相互关心。在师生之间，尽管有着年龄、地位和经历上的差异，但由于当代信息渠道的多样化和西方观念的深入，教师的权威性和传统的师道已受到挑战。在师生交往中，教师不再高高在上，学生也不再盲目崇拜，学生和教师基本上也以平等心态相处。

（六）00后大学生“微”交往特点显著

随着互联网时代的发展，从电脑普及每个家庭到现在大学生人手一部智能手机，各类游戏社交软件渗入大学生的日常生活，造成了机不离手、人人低头的现象。大学生的交往特点也逐渐呈现出具有互联网时代特色的“微”交往特点。比如，在网络化下的交往体验伴随着孤独与依赖。在网络环境的影响下，价值观逐渐异化，表现为务实与功利的相伴相生。在以符号化和表情包为主的网络交流环境下，交往行为虽呈现更多的自由，但也越来越非理性。碎片化的交流模式，在挤压现实情感表达的同时也逐渐弱化了现实的交往能力。比如一些同学在网上可以畅所欲言，但是到了现实生活中却欲言又止。

二、大学生人际交往基本原则

微课

大学生寝室人际关系解密

大学生在协调人际关系时，不仅要把握影响人际关系的相关因素，而且要善于运用正确的原则和方法去实际地协调人际关系，有效地防范和解决各种人际冲突。

（一）平等原则

平等是交往的前提。平等就意味着交往双方在交往中互相尊重、一视同仁。平等在一定程度上可以说是交往的最重要原则。有一次萧伯纳写作休息时和邻居的小女孩一起玩耍，当送小女孩回家时，他对小女孩说：“知道我是谁吗？回家告诉你妈妈，就说和你一起玩的是萧伯纳。”小女孩天真地回应说：“知道我是谁吗？回家告诉你妈妈，就说和你一起玩的是克里·佩丝莱娅。”大文豪不禁惭愧。后来，萧伯纳对朋友谈起此事，感慨道：“一个七岁的小女孩给我上了人生中最好、最重要的一课。一个人不论有多大的成就，他在人格上与任何人都是平等的，这个教训我一辈子也忘不了。”这个故事告诉我们，交往是平等的，在你尊重别人时，才能获得别人的尊重。在与他人交往时，尽管由于主客观因素的影响，人与人在外貌、能力、个性、家庭条件等方面存在差异，但在人格上是平等的。因此，大学生在交往中不应冷落集体中的任何人。同时，每个人都要对自己有信心，对别人有诚心，平等交往，这样才能维持交往的持久性。

（二）诚信原则

与朋友交，言而有信。没有诚信、缺乏诚意是人际交往的大忌。如果轻易许诺却失信于人，会给人一种极强的不信任感，会严重阻碍交往的继续进行。因此，大学生要清醒地认识到，许诺是非常郑重的行为，对力不能及的事情不要轻易许诺，不要碍于面子答应，之后又无法兑现承诺。比如借了书籍不还、参与活动不守时等，虽然表面看起来都是小事，但实际上这是交往双方考察对方人品的重要途径。因此，诚信也是一个人的立身处世之本。

（三）尊重原则

由于先天遗传因素的差异和环境的影响，每个人在能力、气质和性格等方面各不相同，并因社会分工而具有不同的社会身份，但每个人都有自己的人格尊严。因此，尊重原则包括自尊和尊重他人两个方面。自尊是在各种场合都要自重自爱，不做有损人格尊严的事，不自重的人当然得不到他人的尊重。过分自卑、缺乏自信心的人，往往怯于人际交往；习惯于依赖他人的人，往往缺乏人际交往的主动性、对等性；至于低三下四、阿谀奉承、丧失自尊的人，人们必然耻于与之交往。尊重他人就是重视他人的人格和价值，承认他人在人际交往中的平等地位。大学生的自尊心比较强，因此，在交往中尤其要注意尊重他人。有的人要求别人尊重自己，自己却不懂得尊重别人，这也是造成人际冲突的一个重要原因。

（四）相容原则

相容是指人际交往中的心理相容。世界之大，每个人都既有共性又有个性。要做到心理相容，应注意与人相处时的容纳、包涵及忍让，增加交往频率，寻找共同点，表现出谦虚和宽容。为人处世要心胸开阔，求同存异，宽以待人。宽容他人就是宽容自己，苛求他人也就是苛求自己。无论做什么事，都要将心比心，即使别人犯了错误，或冒犯了自己，也不要斤斤计较。大学生交往中的许多问题都是由于不能宽容造成的。要能宽容别人，首先要理解别人，学会设身处地地为别人着想。而要真正理解别人，就要多进行深入交流，了解各自的兴趣爱好和价值观念，这样才不至于在出现问题后无端猜疑，引发不必要的纠纷，有利于形成轻松和谐的交往气氛。

（五）互利原则

建立良好的人际关系离不开互助互利，交往双方通过对物质、精神、感情的交换会使各自的需要得到满足。人际关系以能否满足交往双方的需要为基础，只有交往双方的心理或物质需求获得满足，其关系才会继续发展。但是，要注意不应将此曲解成斤斤计较的功利原则。事实证明，交往中互利性越高，双方的关系越稳定和密切；互利性越低，双方的关系越容易疏远。

（六）慎交原则

古人云：君子必慎交友。只有慎交友，才能交好友。在现实生活中，同正直诚实、见识广博的人交朋友有好处；而同心术不正、阳奉阴违、花言巧语的人交朋友有害处。例如：有的人由于“朋友”的误导和利用而走上犯罪道路，有的人在朋友步入歧途后，不分是非，盲目地为了朋友两肋插刀而共入犯罪深渊。真正的朋友是能够互相激励，识大体、明事理的“义友”，是能够风雨同舟、患难与共的“密友”，是能够互相欣赏优点、互相规劝过失的“诤友”。大学生在交往中一定要善于择友，“结有德之朋，绝无义之友”。

三、大学生人际交往常见心理问题及调适

（一）自卑心理及调适

自卑心理是人际交往中比较突出的一种，也是大学生人际交往中常见的心理问题。据

某校调查，该校大学生中具有明显自卑心理者占总人数的28%～30%。有自卑心理的学生常常缺乏自信心，处事过分小心谨慎，在交往中畏首畏尾，多思、善虑、敏感、多疑、孤僻。一般说来，有自卑心理的人性格多为内向、感情脆弱，常常自惭形秽，感到这也不如人，那也不如人，总感到别人瞧不起自己。他们在公共场合一般不是积极主动参与，而是消极被动、过于警觉，极易受挫。

自卑心理形成的原因很多，大致有以下几方面：(1) 消极的自我暗示。认为自己生理上、智力上、能力上以及气质、性格等方面不如别人、低人一等，专拿自己的短处与别人的长处相比，担心别人瞧不起自己，丧失交往的勇气和信心。(2) 归因错误。任何事情的成功和失败都具有多方面的因素，有自卑心理的学生常常把事物失败的原因归咎于自己的能力、性格或运气，从而自愧、自责，导致意志消沉，不愿与人交往。(3) 过度自尊。自尊过强也会导致自卑心理。如有的学生非常看重自己在别人心目中的形象，害怕自己的弱点和不足暴露在别人面前，害怕出现挫折有损自己的形象，因而为了维护自尊，不积极主动交往；又如有的学生处处追求完美，力求自我完善，过高估计自己，害怕失败，当事与愿违时，顿时心灰意冷，产生自卑。(4) 个体条件相对不足。大学生中常常因生理条件或生活条件相对不足引起心理上的自卑。例如：有的学生有生理上的缺陷或容貌不佳，总觉得别人看不起自己，影响与人的交往；有的学生生活条件差，出身贫寒、经济拮据，担心别人看不起自己，在人际交往中往往不敢主动积极，而是退避三舍、离群索居，表现出自卑倾向。

严重的自卑会造成心理变态，给大学生学习和生活带来精神上的负担。因此，要积极而自觉地克服自卑心理。首先，要学会正确认识自己，善于发现自己的长处，要学会正确比较，扬长避短。其次，要学会积极地自我暗示、自我鼓励。在公共场合，要有积极的心理暗示：别人能行，我也能行。切忌暗示自己：我不行，我失败了怎么办？最后，要积极与他人交往。只有积极主动投身于人际交往，才能使自己得到锻炼，发现自己的价值，增强自己的信心。尤其要有意识地加强同性格开朗、乐观、豁达、尊重人、关心人的人交往，这对克服自卑心理更有益处。

（二）自傲心理及调适

和自卑心理一样，自傲心理也是大学生人际交往中常见的心理障碍。自卑心理和自傲心理是一个问题的两个方面。自傲心理和自卑心理相反，就是过高地评价自我，在交往中总是拿自己的长处比别人的短处，在交往中盛气凌人、自命不凡、自视清高。常使交往对象产生难堪、紧张、窘迫的心理感受和心理压力，不能平等交往。自傲心理严重的人，必然使得人际关系紧张。

自傲心理是不利于人际交往的，必须克服。首先，要认识自傲心理的危害。因为每个人都有自尊的需要，如果过分苛求于人，居高临下、傲视别人，得到的是别人对你的鄙视和疏远，最终会给自己带来心理负担。其次，要全面认识自我。既要看到自己的优点，又要看到自己的缺点，不能总拿自己的长处比别人的短处。应当明确，任何人都没有必要陶醉于自己有限的才能而沾沾自喜。最后，要提高自我的期望值。因为才能和学识的高低是相对的，对才能和学识的评价也是有条件的。有不同的自我期望值要求，也就有不同的具体奋斗目标。因此，自傲者只要提高自我期望值，就会发现自己的才能和学识的不足，从而自觉地克服自傲心理。

（三）羞怯心理及调适

羞怯是一种常见于大学生人际交往中的现象。大学生羞怯心理包括两个方面：一是害羞，二是胆怯。具有羞怯心理的人在社交场合、在他人面前，特别是在同陌生人、异性交往中，常常表现腼腆、动作忸怩、不自然，严重者表现为见人脸色绯红、冒汗、语无伦次、手足无措等。有严重羞怯心理的人常常不愿与人接触、怯于交往，对交往采取回避态度。严重羞怯心理可能导致社交恐惧症。

产生羞怯心理的主要因素有：(1) 先天因素。如生来胆小、性格内向，遇人、遇事思前顾后、举棋不定。(2) 个性自卑因素。大学校园人才济济，有的同学发现与别人相比，已失去中学时代的“荣耀”，或因遭遇学习生活上的挫折而变得小心谨慎，消极地接受周围的一切。个性自卑的人心理承受力较弱，经不起刺激，事事回避、处处压抑，不敢在大庭广众中露面、讲话。(3) 社会因素。通常人们对他人的行为能力有一个评价标准，如果达不到这个标准，就会做出不利于他人的反应。例如：大学生应该在大庭广众之下镇定自如、流畅地表达自己的思想，若是语无伦次，人们就会做出否定的评价，在这种社会氛围和场合下，大学生就会感到心理紧张，形成一种心理上的自我保护，不愿多在公共场合露面。

有羞怯心理的人由于过多地约束自己的言行，无法充分表达自己的情感，因而不利于正常人际交往的开展。要克服羞怯心理，首先要放下精神负担，正确地认识成功与失败的辩证关系，不因一时的失败和挫折而背上沉重的精神包袱；其次要学会正确地自我评价，要认识“金无足赤，人无完人”的道理，每个人都有自己的长处和短处，要善于发现自己的长处，积极地肯定自己的长处，提高交往的自信心；最后要积极参与实践锻炼和心理训练，与人交往，扩展自己的交际范围，在实践中提高交往能力，增强自信心。

（四）嫉妒心理及调适

嫉妒是在人际交往中与他人比较，发现自己在才能、名誉、地位和境遇等方面不如别人而产生的一种不悦、自惭、怨恨、恼怒，甚至带有破坏性的复杂情感。通常包含嫉慕、嫉怒、嫉恨、嫉毁四种不同程度的情感反应。就大学生而言，嫉妒心理主要表现为：对他人的成绩和长处不服气，甚至报以嫉恨，看到别人冒尖不甘心，总希望别人比自己落后，看到别人处于劣势则感到莫大安慰。有嫉妒心理的人还有一个重要的特点，就是没有竞争的勇气，往往是讽刺、挖苦、挑拨，甚至采取不合法、不正当的行为，对他人和集体造成种种危害。

产生嫉妒心理通常有两方面的原因：(1) 心胸狭隘，担心别人超过自己，把别人的优势视作对自己的威胁。(2) 自私自利，虚荣心强，好出风头，凡事总想高人一等。

嫉妒心理是一种消极的心理反应。嫉妒会吞噬人的理智，影响正常思维，造成人格扭曲。这种心理在大学生交往中，特别是女生中较为多见，必须加以调节。首先，要保持良好的心态。要知道在任何一个群体里，总有人比较优秀，走在前头，总有人相对落后一点。自己可以去努力，去争取，实在赶不上，也不必强求。其次，要充实自己。嫉妒心往往是自信心和能力不足的曲折表现。一般来说，能力很强的人不用担心别人超过自己，只有那些无所事事，想好又不愿努力的人，才有时间计较、嫉妒别人。因此有嫉妒心理的人应化嫉妒为追求，以积极的心态充实自己，变自己的劣势为优势。最后，要克服“以自我为中心”的思想。嫉妒心理是自我膨胀的产物。有嫉妒心理者往往目光短浅，气度狭小，处处考虑自己。只要克服“以自我为中心”的思想，就会去接纳别人的进步和发展，就会使自己的心态不因嫉妒别人的进步和成绩而失衡，从而使自己的情绪和情感得到升华。

（五）猜疑心理及调适

猜疑，顾名思义即猜测、揣度、估摸、疑惑、疑心。猜疑是由主观臆测而产生的不信任的复杂情感体验。体现为对他人言行敏感，总以为别人看不起自己、议论自己。猜疑者还会把无中生有的事强加于人，甚至有时把别人的好心曲解为恶意。

产生猜疑的原因有很多：(1) 主观臆断。往往是无根据地猜测怀疑。(2) 性格多疑。性格孤僻、内向，常由于与人接触少，对人情世故了解少，对待他人时总有一种不信任的心态。(3) 心理反常。不适当的自尊和自卑，也会影响对他人的看法。(4) 错觉反应。将某种偶然的现象或偶然的信息纳入错误的判断轨道，以致越看越像，越看越真，从而造成错觉反应。

猜疑心理是一种消极的心理反应，是人际交往中极为常见的心理障碍，严重的猜疑心理是产生心理疾病的先兆。据有关资料显示，有心理疾病的人多有严重的猜疑心理。猜疑是大学生人际交往中常见的心理障碍，它不仅会严重影响同学之间的关系，而且长期下去还会使自己心态扭曲，产生严重的心理问题，因此必须注意克服。首先，要注意培养理智，切忌感情用事。当出现猜疑信号后，要督促自己去寻找证据，调查研究，不要轻率乱对号、乱猜疑。如果疑点很多，证据实在，应鼓足勇气坦诚地交换意见。如果证据不足，主观推断多，就应该尽快提醒自己否定猜疑。其次，要学会正确的人际认知方法。对他人和客观事物的认知方法要力求客观、全面、公正，切忌只因一两次交往、共事或一次偶然事件，就得出以点带面、以偏概全的结论。最后，要学会自我解脱。人际交往中的误会或隔阂是客观存在的社会现象，要学会解脱。如当别人议论自己的缺点时，要暗示自己：有则改之，无则加勉。当听到一些不利于自己的言语或主观感觉到别人议论自己的时候，要暗示自己：人生在世，怎能不受他人议论，走自己的路，让别人去说吧。

（六）闭锁心理及调适

闭锁心理又称自我封闭心理。这种心理的表现是把自己的真实思想、情感、欲望掩盖起来。严重的人对任何人都不信任，怀有很深的戒备心理。闭锁心理在大学生交往中较为多见。有闭锁心理的学生在交往中要么寡言少语，要么不着边际，从不与人推心置腹，给人高深莫测、不可捉摸的感觉和印象，使人无法接近。闭锁心理严重的人很少有知心朋友。

大学生产生闭锁心理的原因大致有三个：(1) 受中国传统文化的影响。我国传统文化中的“明哲保身”“老死不相往来”“文人相轻”“逢人只说三分话”等意识，是产生闭锁心理的文化因素。(2) 受清高、自负等认知偏见的影响。不少大学生不愿暴露、公开自己思想的真实性，认为大学生不能像中小学生那样口无遮拦、信口开河，以示自己城府深和水平高，从而不能敞开心扉。(3) 自我保护意识较强。不少大学生之所以自我封闭，是因为怕在人际交往中暴露真实的思想，被别人看轻。人际交往中的闭锁心理实际上人为地在自己与社会、集体、他人之间筑起一道阻碍交流的心理屏障，因而影响自己的学习和工作，妨碍自己的全面发展。

要打开闭锁心理，首先要更新观念。要充分认识到人际交往能力是衡量一个现代人能否适应开放社会的标准之一，具有开放意识是现代人的基本特征。在社会向信息化转变后的今天，大学生要适应现代社会的要求，必须更新观念，克服传统落后的小农思想意识。其次要消除思想顾虑，积极参加社交交往。克服孤僻封闭，敢于让别人了解自己。别人只有了解你，才会理解你、亲近你，同时要避免孤芳自赏、自命清高、独来独往。要养成充分表达自己的欲望和情感的习惯，让自己融于集体之中，拥有更多的信息、拥有更多的朋友。人际交往是互动过程，也是互酬过程。因此，打开闭锁心理的关键就是要解除心理顾虑，多交流、多接触，以真诚、坦率的心态去交往，多关心、多帮助别人，以心换心、以情换情，别人自然会欣赏你、接纳你。

四、大学生人际交往的技术与艺术

每个人都希望自己生活在良好的人际关系氛围中，这就要求我们既具备健全的人格，又掌握相应的人际交往方法和艺术，这样我们才能减少防卫心理，更坦然地走向他人，更自信地与他人交往。

微　课

非暴力沟通：
有效的沟通技巧

（一）交往中要善于倾听

世界上不存在全知全能的人。学会倾听、尊重别人、集合众智，是人生的必修课。在听的过程中要聚精会神，这样有助于对他人的深入了解，别人也会觉得你很在意他、尊重他。如果需要表达自己的见解，应该在对方谈话有所停顿时再礼貌地插话。当然，倾听也不是一味被动地接受，而是通过语言和表情告诉对方你能否理解对方的描述和感受。若对方一味地高谈阔论而不顾他人感受，你也完全可以拒绝倾听。无论在哪一个时代，要想有好人缘，都需要以谦虚的态度倾听别人的意见，如此则人人都会视你为知己。

（二）交往中要虚心求教

“三人行，必有我师焉。”虚心求教有助于进步，经常结交贤能的师友，汲取他人成功的经验，便可博采众长，融会贯通，丰富自己的内涵，提高自己的修养。这不仅有利于处世能力的提升，而且有利于人格的完美，从而能大大减少待人接物的不周之处，在人际交往中做到有礼有节、左右逢源。而且，只要我们愿意，他人的所有长处都可以成为我们学习的内容。

（三）交往中要冷静沉稳

很多人在生活中一不小心就失去了朋友，这常常是因为遇事沉不住气，三言两语引起争吵而导致关系破裂。怎样才能遇事不慌，沉着冷静呢？首先，要有一颗平常心。面对各种生活问题以平常心态去应对，就不会引起冲突。其次，无私才能冷静。失去理智的原因常常是因一己之利冲昏头脑，不顾其余，只有心中无私才能够泰然处之。最后，养成遇事不急于发表意见的习惯，即遇事先要观察，接着思考，等到判断成熟后再发言，这样就会冷静处理问题。对于已经发生的冲突，如果处理得当，就事论事，往往也不会给人际关系带来太大危害。心理学家发现，认清人际冲突或分歧的本质，并学会建设性地处理分歧或冲突，可以有效地减少人际关系恶化和破裂的发生。

（四）交往中要学会赞赏

每个人都有其不足，但也都有其长处。人性中最深切的禀赋，就是对被人赏识的渴望。赞扬别人的优点，往往是在强化其身上的那些闪光点，使其感到幸福舒畅和自我价值的实现，因而通常赞扬者也会得到感激和友善的回应。然而在我们生活中，最为人渴望而又不用花钱费力就能给予的赞赏却常常难得一见。在同学中，会有一些大学生由于家境、容貌、见识等原因而深藏自卑感，他们非常需要得到认同和鼓励，一句由衷的赞赏很可能会使他们的生活充满阳光，甚至改变他们的命运。赞美别人并不是一件难事，因为每个人总有一些值得赞美之处，只要我们能多观察别人，不嫉妒别人，就常常会发现他们有许多可赞美之处。最有效的赞赏是赞扬他人身上那些并不是显而易见的长处和优点。

（五）交往中要展现魅力

交往中的人际魅力既体现在外表上，也隐含在人格内部。“美丽比一封介绍信更具有推荐力”，在与人交往中不可不修边幅，外貌形体的美基本是先天的，但这并不意味着不具备这一因素的人就不能在交往中获得成功。比仪表美更重要的是自身素养。一般来说，在对大学生人际交往魅力的影响中，性格的作用是最为强烈的。良好的性格，如开朗、诚实、善良，会有利于增强人际交往的吸引力；反之，不良的性格，如自私、猜疑、虚伪等会阻碍和谐美好的人际关系的建立。此外，一个富有才华和能力的人，也容易使人愿与之接近，从而产生一种人际吸引力。这就要求在校的大学生从仪表到谈吐，从形象到学识，多方位提高自己。从点滴开始，从善如流，“勿以善小而不为，勿以恶小而为之”，不断优化个人的社交形象。

（六）交往中要把握尺度

交往中应把握好尺度。一是广度，既不能过广（影响质量、浪费精力），也不能太窄（有可能失交，陷于狭小的人际圈）。二是深度，其主要决定因素是志同道合。三是频度，即使是好朋友，也不能交往过密，否则既影响彼此的正常生活，也会减弱新鲜感，从而妨碍友谊的进一步发展，当然也不能长时间既不联系也不见面而中断交往。

（七）交往中要尊重他人

交往中不到万不得已时，绝不要自作聪明地批评别人。维护自我尊严、实现自我价值，这是许多人最强烈的心理欲求。我们只有在交往中注意到这一点才能应对自如。学会批评的艺术是维护人际关系的重要策略。卡耐基总结的批评的艺术是很值得借鉴的：批评从称赞和诚挚感谢入手；批评前先提到自己的错误；用暗示的方式提醒他人注意自己的错误；应以启发而不是命令来提醒别人的错误；给别人保留面子。总之，不要直接批评、责怪和抱怨别人，否则会使他人的自尊心和自我价值感受损。有时候，我们只要稍稍改变一些方法，变直接批评、责怪和抱怨为间接的暗示和提醒，效果将会好得多。

（八）交往中要知错就改

一个人有勇气承认自己的错误，将有助于解决这项错误所带来的问题。人们有时不知自己犯错而固执己见；但有时明知犯错，为保全面子还是极力为自己辩解，极易造成紧张、怨恨和敌视的局面。遇到这种情况，最好的办法就是迅速而坦诚地承认自己的错误。当然，在自我批评的时候，无形中增强了对方的自尊心，使他不得不以宽容、谅解的态度对待你。因此，当你正确的时候，就要试着温和地使对方同意你的看法，而当你错了的时候，就要坦率地承认。这种技巧不但能产生惊人的效果，而且在任何情形下，都要比为自己辩解有效得多。

（九）交往中要感同身受

人们的烦恼大多数都是由于人际关系出了问题。而人际关系的问题都可以追溯到当事人与某人或者某一些人不同感。因此，只有同感才是解决大多数烦恼的根本途径。当一个人懂得同感的重要性，或者知道应该与某人同感后，还不一定能够做到同感。有的是因为未掌握同感的方法，有的是因为自身有心理问题或者心理情结阻碍了同感的实施。在很多情况下，我们已经决定要改善某些人际关系，但由于我们自己的问题没有解决，就无法使关系发生变化。例如：某人明明知道应该与他的父亲同感，可是一想起他就生气，因此经常在愤怒与内疚之间矛盾。有时候也压抑住自己的怨气去沟通了，可是没说几句话情绪就上来了。在有的情况下，某人做了充分的准备，鼓足了劲儿去沟通，可是到了沟通的时候，由于对方没有预期的反馈，自己也就很快回到了原来的状态。

扪心问诊

心理自测 1：第一印象测验

每个人都很在意自己留给别人的印象，尤其是第一印象，你一定也不例外，那就请进行下面的测试。

1. 你谈话的声音是这样的：（　　）。

A. 很低，难以听清　　B. 温和而低沉　　C. 大嗓门，高亢热情

2. 你与对方谈话时是否使用姿态语言：（　　）。

A. 偶尔用　　B. 不用　　C. 不时常用

3. 你与对方谈话的发音速度是：（　　）。

A. 连珠炮一般　　B. 慢慢吞吞，上句不接下句　　C. 节奏适度，吐字清楚

4. 当对方谈及你不感兴趣的话题时，你会（　　）。

A. 打断对方谈话

B. 表现沉默或不耐烦

C. 认真听下去，从中发现兴趣

5. 经过初次见面交谈，你能对对方的言行、知识、能力等方面做出适当的、肯定性评价吗？（　　）

A. 不能　　B. 不确定　　C. 能

6. 你和对方告别分手时，下次见面时间、地点（　　）。

A. 由对方提出　　B. 双方谁也没提出　　C. 由自己提出

7. 你和对方第一次约会时的表情是：（　　）。

A. 自然大方，热情诚恳　　B. 大大咧咧，漫不经心　　C. 心情紧张，羞怯拘泥

8. 在会面的最初几分钟里，你能迅速发现你和对方的共同点或感兴趣的话题吗？（　　）

A. 既快又准　　B. 一直未发现　　C. 很久才发现

9. 你和对方谈话时的坐姿是：（　　）。

A. 双膝并拢　　B. 两腿叉开　　C. 跷二郎腿

10. 你与对方谈话时，（　　）。

A. 眼睛总是盯着对方的眼睛

B. 眼睛总是盯着另外的人或物

C. 低头摸着自己的纽扣

11. 你与对方谈话的话题选择的是：（　　）。

A. 双方都感兴趣的　　B. 对方感兴趣的　　C. 自己感兴趣的

12. 你和对方谈话时间的分配是：（　　）。

A. 对等　　B. 对方多于自己　　C. 自己多于对方

计分方法：以上测试请按照表 5－4 内的计分方法计分，最后计算你的总得分。

表 5－4　第一印象测验计分表

题号	答案得分		
	A	B	C
1	3	5	1
2	3	5	1
3	1	3	5
4	1	3	5
5	1	3	5
6	1	3	5
7	5	1	3
8	5	1	3
9	5	1	3
10	5	1	3
11	3	5	1
12	3	5	1

解释：总得分为 12～22 分，表明你给人的第一印象不是很好，虽然这不是你故意的，但你的行为却容易使人误解，建议你学习一下与人交往的艺术。总得分为 23～46 分，表

明你给人的第一印象一般，你要努力展现自己的形象，从而使第一印象有所改观。总得分为47～60分，表明你给人的第一印象很好，你幽雅的举止、不凡的谈吐能给人留下美好的印象。

心理自测2：社交恐惧情况测验

你有社交恐惧症吗？表5-5主要测量你的社交恐惧程度。请你根据自己的实际情况快速作答。每个问题有4个答案可以选择，1代表从不或很少如此，2代表有时如此，3代表经常如此，4代表总是如此。

表5-5　社交恐惧情况测验表

题目	评分
1.我怕在重要人物面前讲话。	1　2　3　4
2.在别人面前我会脸红，感到不自在。	1　2　3　4
3.聚会及一些社交活动让我害怕。	1　2　3　4
4.我常回避与陌生人进行交谈。	1　2　3　4
5.我不愿意别人议论我。	1　2　3　4
6.我回避任何以我为中心的事情。	1　2　3　4
7.我害怕当众讲话。	1　2　3　4
8.我不能在别人注目下做事。	1　2　3　4
9.看见陌生人我就不由自主地发抖、心慌。	1　2　3　4
10.我经常梦见和别人交谈时出丑的窘样。	1　2　3　4

解释：相应答案的数字就是你该题所得的分数。将分数累加，便是你的最后得分了。得分在10分以下，表明你没患社交恐惧症。得分为11～24分，表明你已经有了轻度社交恐惧症，照此发展下去可能会不妙。得分为25～35分，表明你已经处在社交恐惧症中度患者的边缘，如有时间一定要到医院求助精神科医生。得分为36～40分，表明你已经是一名严重的社交恐惧症患者了，快去求助精神科医生，他会帮你摆脱困境的。

学思践心

活动一　我说你画

活动目的：通过活动，让团体成员认识到倾听在人际交往中的重要性。同时，通过活动对自身的倾听技能加以训练，掌握倾听的言语技巧和非言语技巧，学会用心倾听。

活动过程：

1.准备一些画有简单线条的图片，每人1张A4纸、1张小签纸、1支笔、1个小纸箱、1张抄写好沟通练习的大白纸。

2.团体成员在小组内结成对子，形成若干个两人小组，领导者给每组中的一名成员出示图1，并确保另一名成员无法看到。然后请前者向后者描述图片的内容，后者根据前者的描述画出该图片。要求在描述的过程中，只能通过言语表达，不能用手比划。比比看哪一组画得又快又准确。

3. 领导者向所有人展示图 1，然后每组中的两个成员交换角色，领导者出示图 2，重复上述游戏。

4. 领导者点评。人际沟通是一个双向的过程。有时候你所表达的并不一定就是别人所理解的，你所听到的未必就是别人想表达的。沟通并不是一件简单的事情，需要双方不断反馈、调节沟通方式，才能达到沟通的最佳效果。

活动二　秘密红账

活动目的： 通过观察小组其他成员的倾听行为，鼓励小组成员学习并模仿好的倾听技巧，从而强化自己在沟通过程中的倾听行为。

活动过程：

1. 请每位成员观察其他成员的倾听行为，并把它们写在纸条上，放入小纸箱内。要求：

（1）写清楚被赞扬的成员的姓名。

（2）只允许记好的行为，不准记不好的表现。

（3）允许记录多个成员的良好倾听行为，只要你认为某个成员在倾听的某个方面做得好就可以把它写下来。

2. 领导者当众宣读纸条的内容，以激励每位成员在今后的团体中自觉练习倾听技巧。

3. 注意强调：所记录的“红账”是倾听的行为，不是评价他人的优良品质。

活动三　沟通练习

活动目的： 通过活动帮助学生学习沟通的方法与技巧，能在与他人沟通中做出合理应对。

活动过程：

1. 请每位成员谈谈当你的朋友向你倾诉他的烦恼时，一般你会做何反应，并简要说明你做出这样选择的理由。

2. 领导者讲述。

场景 1：

朋友向你倾诉：“期中考试的试卷发下来了，我又没考好。我不敢告诉父母，为了供我上学他们拼命地赚钱，已经很辛苦了。我不想让他们知道。每天早晨起来，我都鼓励自己要努力学习，但是感觉压力很大，要考上重点好难呀！”

你会如何回答？

领导者助理出示预先准备好的选项：

A. 你要想开一点，面包会有的，只要努力一定能考上。

B. 你不用太悲观，这次好多人都没考好。

C. 你应该告诉你的父母，他们也许能帮你，和你一起想办法。

D. 你不敢把这件事情告诉父母，怕他们担心你。可是你的压力也非常大，不知道自己一个人是否扛得过去。

领导者请大家举手表示自己的选择。

场景 2：

朋友向你倾诉："我最近倒霉透了，谈了两年多的女朋友居然把我给甩了。哎，我真想一死了之!"

你会如何回答?

领导者助理出示预先准备好的选项：

A. 你怎么这么想，一次失恋就成这个样子，也太没出息了。

B. 哎，是挺倒霉的。你再想想有没有什么跟她和好的办法?

C. 我比你更倒霉呢，我都被人家甩过两次啦!

D. 不用这么难过，俗话说得好，天涯何处无芳草，改天我帮你介绍一个更好的。

E. 谈了两年的女朋友居然和你分手了，你一下子接受不了这个事实，所以觉得活着没意思了。

领导者请大家举手表示自己的选择。

3. 领导者点评

人际沟通的关键在于让你的朋友感觉到你是在认真地听他说话，而且理解了他的意思、理解了他的心情。以上两个案例的几个答案中，只有最后一个反应最为恰当，但很少人会选它。因为它只是用自己的话把别人所说的内容简要地复述了一遍（这种沟通方法被称为"意译法"），似乎是在说废话。很多人都有好为人师的倾向，误以为朋友向自己倾诉就是需要自己帮他出主意，因此在沟通中急于用自己的感受代替别人的感受，急于表达自己的意见或提出劝告。事实上只有倾诉者才最清楚自己需要的是什么，才能为自己的行为做选择。他通过倾诉，希望寻求的只不过是一种关心、理解和心理支持。而意译法恰好可以满足对方的这种心理需求。因此，把对方所说的意思简要地反馈给对方，就是最简单但是又十分有效的人际沟通小窍门。

专题六

谈情说爱——大学生恋爱与性心理

内容提要

大学生在大学里恋爱是正常现象，不用回避，更不用否定，实际上也是一个不可避免的问题。更重要的是大学生能有正确的恋爱观和健康的性心理，面对恋爱中的一些问题，如遇到矛盾如何解决，如何提高爱的能力，失恋了该如何调适自己，当恋爱对象提出希望发生性行为时如何决定等，能够学会用合适的方法去处理。

学习目标

知识目标：

1. 了解爱情与恋爱的内涵；
2. 掌握大学生恋爱的发展阶段及常见的恋爱观类型；
3. 知悉大学生恋爱心理特点及常见的恋爱心理困扰。

能力目标：

1. 通过学习逐步培养和增强爱的能力；
2. 学会处理恋爱中遇到的问题；
3. 能理性处理大学生恋爱与性的关系。

素养目标：

1. 能较全面理解“性”，树立正确的性态度和性观念；
2. 会平衡恋爱与学习的关系。

单元一 大学生恋爱心理

事说心语

他被她拒绝之后

某高职院校工科三年级男生自述：他在校外学习外语时，认识了外校一个女生，对她印象不错，遂主动接近。该女生比他高一年级，当时已面临毕业。4月中旬的一天，他突闻姥姥去世，悲痛欲绝，找到该女生向她倾诉从小与姥姥共同生活的情景，以及得到姥姥如同母亲般慈爱的深情。该女生听后非常感动，马上表示要与他交朋友。他像抓住了救命稻草，立刻把全部感情投入他们的恋爱中。在以后的交往中，他的感情越陷越深，要日日见、时时想。可该女生自答应与他交朋友后，十分后悔，觉得自己欠考虑，特别是她父亲非常反对他们之间的交往，因此多次表示想结束恋爱关系。可男生不同意，还写过血书，表示如果分手就要断指、自杀。他的情绪一直处在极度的波动中，并把主要精力放在处理他们的关系上，致使期末考试三门课不及格。该女生毕业后，留在本地工作，表示只能与他做一般的朋友，希望他不要再打扰她，并退回了他给她的所有信件。他一时冲动，到该女生的单位动手打了她。该女生和单位的领导找到学校，他当众流着眼泪表示不再与她来往，可内心仍觉得自己是真心爱她，不想失去她，控制不住自己的感情。特别是到了节假日，他经常打电话、写信，甚至到该女生家门口或上班的路上等她。他知道这只能使她离他更远，而且也违背了自己做人的原则，但就是不能自控。眼看已接近元旦，他的情绪更是难以自制，他既怕做出失控行为，又怕考试再亮红灯。因他已累计八门课不及格，学位证已经拿不到了，若在最后一学期毕业设计再出问题将无法毕业。他感到内心痛苦至极，不知怎么办才好。

案例分析：

案例中的男生因失恋而不能自拔，导致学业荒废，内心极度痛苦。失恋引起的主要情绪反应是痛苦与烦恼，大多数人能正确对待和处理这种恋爱受挫现象，愉快地走向新生活，然而也有一些人不能及时排除这种强烈情绪，导致心理失衡，性格反常。

当代大学生失恋后往往会表现出一些不良的症状，失恋后的症状也称为失恋后的挫折感受，它因失恋者的性格、人生观、恋爱时间的长短及恋爱关系深浅程度的不同而不同，因而症状的表现是多种多样的，但一般说来，主要表现为以下几种：（1）极度的悲伤和绝望。当失恋者对恋爱对象的喜欢程度越强时，该症状的表现就越强，反之则不强。（2）感到无比的难堪和羞辱，羞见于人，无地自容。对于自尊心很强的失恋者来说，恋爱的公开程度越大，这种症状的表现就越明显。（3）充满了虚无感和失落感。热恋时对爱情的存在越肯定，失恋后的虚无感就越强烈；热恋时产生的依赖心理倾向越大，且得到恋人的温暖和安慰越多，失恋后的失落感也就越强烈。(4) 对事物冷淡和对恋爱对象产生憎恶。失恋后，失恋者对平时感兴趣的事物会感到索然无味，冷淡视之；对恋爱对象则会产生一种憎恶感，怀恨在心，甚至会产生报复行为。(5) 有自杀的意念。失恋者感到十分痛苦而无法自拔的时候，便会采取非常的做法，甚至走上绝路，以死来求得痛苦的解脱。

大学生失恋引起的心理挫折是一种复杂的现象，其原因是多种多样的，但归结起来主要有社会心理因素和个体心理因素两种。

1. 社会心理因素

第一，家庭的压力。在子女选择恋爱对象的过程中，父母的影响是较大的，由于恋爱双方缺乏勇气和信心，又惧怕父母的威严，觉得双方门不当户不对，或相貌差异太大，感到自卑，再加上父母的干涉，只好痛苦地选择分手。第二，社会舆论与风俗的压力。由于不良的社会舆论与风俗偏见，如认为不同地方、不同方言的双方不宜在一起，会影响一方与另一方父母的沟通，因此恋爱双方感到压力巨大。第三，环境条件的限制。虽然现在大学生毕业工作不像计划经济时的统分统配，但恋爱双方毕业后不能在一起工作的现象还是存在的。由于大学生恋爱双方毕业后工作不在同一个地方，或者由于需要承担家庭重担及其他责任而不得不选择忍痛割爱。

2. 个体心理因素

第一，一方变心，见异思迁。恋爱中的一方见到一个比现在自己恋人还要好的对象就移情别恋，喜新厌旧，抛弃对方。第二，个性不合，观点分歧。由于恋爱双方个性尤其是性格不合，在交往中彼此思想和情感容易出现分歧，容易发脾气和吵架，结果很难相处下去，只好分手。这也是大学生失恋现象普遍存在的原因。第三，一方缺点过多。由于恋爱中的一方缺点过多，又不加以克服，尤其是过多地猜疑、嫉妒、责备、埋怨和误解对方，导致对方无法容忍，最终失去恋人的喜爱。第四，恋爱动机不纯。有的大学生恋爱动机不纯，不懂爱情，把恋爱当作儿戏，或贪图对方钱财，玩弄感情，见一个爱一个，最后落得个没有人爱的结果。这种恋爱动机不良，不尊重对方的人必然会被抛弃。

指导建议：

心理学家提出调适失恋心理的对策有以下几个方面：

1. 正确认知，冷静分析失恋原因

要摆脱失恋的痛苦，防止心理和行为失常，必须认识到爱情虽然重要，但不是生活的全部，人生更重要的是理想和事业的追求，爱情在生活中的位置应得到重新认识。冷静地分析失恋原因是有效消除失恋痛苦的途径之一，像案例中的男生因双方个性不和、观点分歧而失恋，则其应当认为早日分手比终日争吵不休要好得多，既然感情不和，说明感情的发展已失去了动力，再相处彼此也是不会快乐的，这样的恋爱关系又有什么好留恋的呢？分手对双方都是种解脱。倘若不再留恋过去的美好时光，而多想一些相处时的不愉快，则失恋的痛苦会大大减弱。

2. 学会采取转移的方法

转移包括两种，一是环境的转移，二是感情的转移。失恋是痛苦的，它在人们心境中的印记常常具有触发性，因此失恋后立即换个环境，暂时与会触动自己恋爱痛苦回忆的景、物、人隔离，并主动置身于新的、欢乐的、开阔的人际交往与自然环境中，或将自己的注意力集中在自己感兴趣的事物中，如专心学习，将失恋的痛苦转化为动力，失恋者会在努力学习中体会到人生的意义不仅仅是爱情，还有比爱情更重要的事业。另外，可以转移感情，寻找替代者，抱着“天涯何处无芳草”的信念，以诚心去寻觅真正属于自己的爱。

3. 学会自我安慰

失恋者为了缓解内心痛苦，应当学会自我安慰。首先，采用“酸葡萄效应”，多想想以前恋人的一些缺点，不想或者少想一些对方的优点，这有助于打破理想化倾向，使自己更容易忘记对方。其次，采用“甜柠檬效应”，把自己的各项优点罗列出来，找出自己的美好之处，相信自己有这么多的优点不怕找不到好对象，这样有利于恢复自信，从而减轻自己的痛苦。

4. 合理宣泄，减轻痛苦

失恋后如果把自己的苦衷、烦恼、怨恨过分压抑，就容易使自己更加苦闷、孤独和惆怅。应当把自己心中的这些压抑向亲朋好友诉说，这样会得到他们的同情、安慰和鼓励，也会得到他们客观的分析和中肯的建议，这有利于失恋者冷静地对待失恋，达到心理的平衡。如果无合适的对象倾诉，可以把自己的苦处写出来，还可以关起门来大哭一场，或者到无人的地方如海边大叫，尽情地发泄自己的情绪，以达到心理的平衡、理智状态的恢复。当然，宣泄要适度，不能过度，倘若无休止地宣泄，反而会使自己沉溺于消极的情绪之中，不但不能减轻痛苦，反而易使自己神智失常。

5. 寻求社会支持

失恋者应积极寻求朋友、家庭、学校和社会的支持和帮助，如在失恋初期，可以多向亲朋好友诉说，多与他们谈心，寻求情感上的疏导和心理上的抚慰。同时可以到学校和社会设立的心理咨询机构进行心理咨询，以减轻自己心理上的痛苦。

温故知心

一、解读爱的真谛

（一）恋爱对成长的意义

在大学里恋爱是正常现象，不用回避，更不用否定。恋爱对大学生人格发展有着重要的作用，是一个不可或缺的环节。恋爱是一所学校，能让人发现自我问题，能帮助人们不断走向成熟，具体而言，可以从以下方面帮助人们成长：

1. 学习建立亲密关系

学习如何去爱一个人，如何长期相处；学会包容、体贴、关心、尊重，接纳失望、痛苦、不满；学习保持恰当的距离，不会因为怕失去而过度依赖，也不会因为自我需要而疏远，体会在关系中满足自身及相互的心理需要。这些是大学生自我成长的重要标志。

2. 培养发展爱情关系

恋爱会使人有许多情感体验。恋爱初期激情的成分居多，随后逐渐平淡，这个时候并不是“爱变了”，而是爱情的成分在爱中发生了变化——少了激情，多了亲密和承诺，这也是爱情不断发展、更新、充实的过程。因此，恋爱建立在对彼此不断了解、接纳、发现、欣赏的基础上，使人乐于承担责任，不断学习，为爱情提供养分，增添新的活力，让对方感受到爱，体验到充实爱情的生活。

3. 恋爱是自我认识与成长的过程

恋人对每个人来讲都是最重要的人物之一。重要人物对自己的评价无疑是有效认识自我的途径，并有着巨大的影响力。恋人就像一面镜子，能照出自己的优点和不足，使人从中发现真实的自己，更好地认识自己。大学生在恋爱关系中会不断发现自己的情感世界、个性特点、为人处世的方式，以及以往经历对自己的影响。爱可以改变人的趣味，升华人格，开发潜能，促进人的成熟与发展。

（二）爱情和恋爱大揭秘

1. 爱情

微课

爱情概述

爱情的本质是人的社会属性和自然属性相结合的异性间的崇高感情。社会属性占决定地位，具有决定意义。恋爱是追求爱情的过程，而爱情是恋爱最为积极的目的和结果。在目前的高职学校中，相当一部分学生误解了恋爱和爱情的辩证关系，把恋爱与爱情等同起来，使得有些恋人在爱情还未真正建立时就过早地品尝了青涩的爱情之果，从而给自己的身心健康发展带来了消极的影响。

爱是怎么来的？你在追寻爱的真谛中是否有过这样的思考？爱的产生是基于需要的满足。爱情既有基于生理需要满足下产生的性爱，也有基于心理需要满足下产生的情爱，两者是构成爱情缺一不可也是不可分割的属性。因此，在开始一段以爱情为基础的两性关系时，性是不可回避的因素。但人类作为一种高等动物，具有意识性，情感才是人类爱情的灵魂与核心所在。爱情具有互爱性、排他性、利他性以及持久性等特点。

2. 恋爱

恋爱是指人与人之间在生理、心理和社会因素共同作用下互相倾慕和培植爱情的过程，是人生理发育与心理发展的必然结果，即随着生理器官与功能的成熟，逐渐产生了性意识。

从社会心理学角度来说，恋爱是以爱情为基础的特殊人际交往过程。这种特殊性，从狭义上来看，仅限于男女两性之间。既然是人际交往过程，那么其与其他的人际交往过程具有一定的共通性，尤其是与友谊具有一定的相似性。因此，在探究男女之间是否具有单纯的友谊关系时，我们可能会混淆。这就是因为基于爱情的恋爱与深厚的友谊关系有一定的共通性，不管是友谊还是爱情都可能具有情感上的亲密联结，一种高度的彼此信任与相互依赖感，也愿意彼此共享时间，你中有我、我中有你的相互情感卷入。但两者之间最特殊的地方在于以爱情为基础的恋爱具有性爱的生理属性，这是两者之间的天然鸿沟。尤其对于初涉爱河的大学生尤其需要注意这两者之间的区别与界限。

心理学与生活　　爱情三角理论

为什么在现实生活中会有很多不同的爱情表现呢？关于这个问题，美国耶鲁大学的斯腾伯格教授提出了爱情三角理论（Triangular Theory of Love）。他认为，人类的爱情虽然复杂多变，但其基本构成不外乎动机成分、情绪成分和认知成分三种：

• 动机成分是产生爱情行为的驱动力，人类爱情行为动机是极其复杂的，其中性动机包括异性身体容貌特征的彼此吸引，这是爱情行为的重要原因之一。

• 情绪成分是爱情满足人的身心需要所产生的态度体验，如酸甜苦辣的爱情滋味、喜怒哀乐的爱情情绪。

• 认知成分是爱情的理性认识，对情绪和动机有着控制作用。

有人形象地把爱情动机视为电流，情绪视为火花，而把认知看作开关，它可以调节爱情之火的热烈程度。

以爱情的三种成分为元素，斯腾伯格进一步把动机、情绪和认知各自在两性间发生的爱情关系分为激情、亲密、承诺，以动机为主的两性关系是充满激情的，以情绪为主的两性关系是亲密的，以认知为主的两性关系是承诺的：

• 激情是指爱情关系趋于浪漫、身体吸引和性爱完美的驱动力或一种状态，是爱情中的性欲成分，是情绪上的着迷，激情可以看作大部分而非全部来自关系中的动机性卷入，个人外表和内在魅力是影响激情的重要因素。

• 亲密是指在恋爱关系中亲近、融合，结成亲密私人关系的感觉，在爱情关系中能够引起的温暖体验，是两个人心理上互相喜欢的感觉，包括对爱人的赞赏、照顾爱人的愿望、自我的展露和内心的沟通，亲密可以看作大部分而非全部来自关系中的情感性投入。

• 承诺主要指个人内心或口头对爱的预期，是当事人对关系维持的一种认知，决定去爱一个人和对恋爱关系担负责任，是维持关系的决定期许或担保，承诺可以看作大部分而非全部来自关系中的认识性（认知性）的决定与忠守，是爱情中最理性的成分。

可以说激情是“热烈”的，亲密是“温暖”的，而承诺是“冷静”的。这三种爱情成分的不同组合构成了不同的爱情类型。斯腾伯格用三角形来表示三种成分的相互关系，如图 6－1 所示：

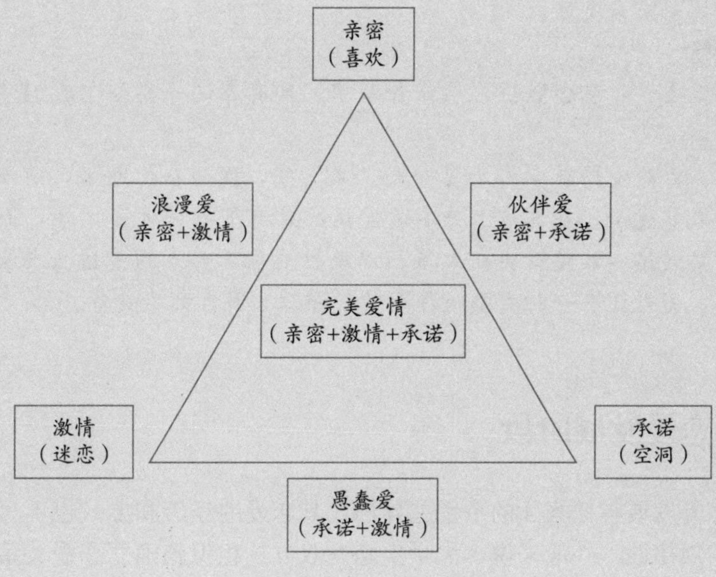

图 6－1　爱情三角理论

亲密、激情、承诺单独作用的结果分别是喜欢、迷恋、空洞；亲密和激情结合而无承诺时，产生的是浪漫爱情；亲密和承诺相结合而无激情时，产生的伙伴式/伴侣式爱情；承诺和激情结合而无亲密时，产生的是愚蠢的爱情。当三种成分相结合时，形成完美爱情。三大要素一共可以组成七种不同类型的爱情，下面我们详细来看看每一种类型的爱情：

1.喜欢式爱情

只有亲密，在一起感觉很舒服，但是觉得缺少激情，也不一定愿意厮守终生。没有激情和承诺，如友谊。显然，友谊并不是爱情，喜欢并不等于爱情。不过友谊还是有可能发展成爱情的，尽管有人因为恋爱不成连友谊都丢了。

2.迷恋式爱情

只有激情体验，认为对方有强烈的吸引力，除此之外，对对方了解不多，也没有想过将来。只有激情，没有亲密和承诺，如初恋。第一次的恋爱总是充满了激情，却少了成熟与稳重，是一种受到本能牵引和导向的青涩爱情。

3.空洞式爱情

只有承诺，缺乏亲密和激情，如纯粹为了结婚的爱情。此类“爱情”看上去丰满，却缺少必要的内容，金玉其外，败絮其中。

4.浪漫式爱情

有亲密关系和激情体验，没有承诺。这种“爱情”崇尚过程，不在乎结果。

5.伴侣式爱情

有亲密关系和承诺，缺乏激情。跟空洞式“爱情”差不多，四平八稳的婚姻，只有权利、义务却没有感觉。

6.愚蠢式爱情

只有激情和承诺，没有亲密关系。没有亲密的激情顶多是生理上的冲动，而没有亲密的承诺不过是空头支票。

7.完美爱情

同时具备三要素，包含激情、承诺和亲密。只有在这一类型中我们才能看到爱情的庐山真面目。

斯腾伯格在六种爱情前面都加了一个“式”字，因为在他看来，前面列举的六种都只是类爱情或非爱情，在本质上并不是爱情，只有第七种才是爱情，而我们在现实生活中碰到的类爱情和非爱情实在太多，以致把具备三要素的爱情基本当作一种超现实的理想状态。另外还有一种类型叫作无爱，即三个因素都不具备。

二、大学生恋爱发展阶段

大学生的恋爱发展有相当大的个别差异性，其恋爱的经历和方式也不尽相同，但总的来看具有一定的规律性。一般来说，大学生恋爱双方从相识到确立恋爱关系，大致会经历择偶、初恋、热恋、苦恋四个发展阶段。

（一）择偶期

受心理发展以及社会因素的影响，大学生对异性的兴趣和吸引力明显增强，与异性的交往增多，再加上考上大学后，绝大多数大学生都有了一种轻松感，中学时代那种朦胧的幻想逐渐清晰。同时因为摆脱了家庭的监护，一时被压抑的爱情心理开始滋长，根据自己的价值观、人生观、生活经验、兴趣爱好、性格、气质、个人生理条件等各方面的因素，大学生逐渐勾画出理想异性的轮廓，形成了自己的择偶标准，并在学习、生活、交往中通过相互了解建立友谊，从中寻找自己心目中的偶像。在这个阶段，大学生心目中对理想对象的幻想色彩最为浓厚。

（二）初恋期

初恋具有两方面的含义，一方面指人生第一次涉足爱河，另一方面指恋爱过程的开始。作为恋爱过程开始的初恋是在偶像确立的基础上，在交往过程中感到某一异性与自己心中的偶像相符合，便产生了明显的爱慕之情。于是便通过各种方式向对方传递爱的信息，一旦成功，恋爱便真正拉开了序幕。

（三）热恋期

从初恋到热恋是爱情迅速深化的过程。男女学生在初恋的基础上，经过进一步的深入交往、了解，彼此感到十分满意，积极的情绪体验迅速升温，关系愈加密切，双方变得难舍难分。热恋中的大学生往往是“情人眼里出西施”，看对方总是完美无缺，一颦一笑皆成善美。恋人在一起海阔天空、情话绵绵、亲热无比，“一日不见，如隔三秋”。由于热恋双方交往的频繁以及都想进一步窥探对方的内心世界，从而使恋爱向着深度和广度迅速发展。从深度上来看，双方谈论的话题往往都要触及自己的心灵深处，由于双方都想在对方心目中树立起更好的形象，因此这时对问题的看法往往很一致，似有一种“高山流水遇知音”的感觉。从广度上来看，双方谈论的话题涉及人生、社会、个人、学习、工作、生活、未来等各个领域，极富浪漫色彩。

（四）苦恋期

男女学生经过一段时间的热恋，彼此都有了进一步的了解，谈论的话题也回到了现实。特别是到了高年级阶段，家庭对待自己恋爱的态度、社会的舆论、未来求职取向等一系列现实问题迎面而来。在这一时期，双方都对自己的要求有所放松，一些缺点开始表现出来，都开始用更加现实的标准审慎地看待对方，对对方在能力上的欠缺、性格上的不合、兴趣爱好上的差异、生活习惯上的不一致，以及在交往中的行为或过失等，有时会表现出失望，双方难免出现怄气、吵嘴、揭短等冲突。然而，这种冲突本身也是双方的再认识过程。这时，双方对自己的恋爱对象都已经有了一个完整的、深入的了解，既爱慕对方的优点和长处，又能容忍对方的缺点和不足，彼此在心灵上真正达到融为一体的境界。当然，绝大多数情侣因无法磨合而分道扬镳。

三、大学生恋爱观类型

当前，大学生由于受到社会价值多元化的影响，加上其各自的特点以及对恋爱所持的不同态度和大学所处的政治、经济、文化、地理环境的不同，其价值观也发生了深刻的变化，因此呈现多种多样的恋爱观。

（一）动力型

一些同学认为，恋爱是男女双方心与心的沟通、情与情的相融。为了获得对方的信任、好感和爱，恋人们会努力扬长避短，自觉注重自己的修养，按照对方的期望塑造自己，使自己变得更美好、更优秀。同时，在面临生活和学习上的困难和挫折时，他们能得到恋人的帮助，并能从中获得勇气和力量。所以谈恋爱的目的是互相帮助、互相鼓励、共同进步和发展。

（二）享乐型

受到一些不良观念的影响，有些同学认为人生短暂，何必苦苦学习，应及时行乐，于是眼中只有心中的“白马王子”和“白雪公主”，把大学作为自己人生的一个驿站，通过寻找异性朋友，在对象身上实现自己享乐人生的目标。认为人生就是享受，要抓住每一刻来尽情享受，认为恋爱是大学生活中的一道美味佳肴，要珍惜这样的机会，尽情品尝它的滋味。加上当今小说、电影、网络等传播渲染，使得浪漫的爱情故事深入人心。出于好奇，大学生对浪漫的爱情有强烈的向往和追求，一有机会就会体验一番。

（三）功利型

随着社会主义市场经济体制的进一步完善和发展，人们的功利意识被唤醒。处在思想阵地最前沿、生活在象牙塔里的天之骄子也深深受到了影响。一些人只为自身利益打算，谁能为自己将来的吃、喝、玩、乐、穿提供更好的条件就主动找谁谈恋爱；为了将来参加工作时找个好单位，谁的家庭势力大就找谁；甚至拿自己的肉体和灵魂去换取物质享受，出现“明码标价”的爱情。

（四）伴侣型

这是大学生中比较传统的观点，有一部分大学生认为，大学期间谈恋爱是最好的时机，因为处在校园中的同学感情真挚纯洁，思想相对单纯，在谈恋爱时，很少夹杂家庭、职业、职务、住房等世俗方面的因素。因此，这种类型的大学生希望在大学里能找到理想的伴侣。

（五）从众型

部分大学生看到自己周围的人都谈了恋爱，自己不谈好像吃了亏，由于受到虚荣心的影响，怕被别人看不起，看到别人整天出双入对受不了，因此也奋起直追。调查显示，只要一个宿舍里有一个人先谈恋爱，在一定期限内，这个宿舍里的大部分同学也会谈起恋爱，进而出现“你有我有全都有”的局面。

（六）感情寄托型

许多大学生在远离了父母、亲戚、朋友和中学同学之后，又不能很快地适应大学环境，面对“漫长”的双休日、节假日，有强烈的孤独感、寂寞感。同时由于大学实行学分制，学习压力增大，感觉更加孤独无助，于是想通过谈恋爱来寻找感情寄托，消除寂寞。大学生往往期望从恋爱中得到温暖、保护、关心和体贴，使自己的感情有所依托、有所归属，进而排解心中的不快、郁闷和烦恼。

四、大学生恋爱心理特点

恋爱已是大学校园中的普遍现象，大学生恋爱除具有一般青年恋爱的特性外，还具有以下特点：

（一）注重恋爱过程，轻视恋爱结果

恋爱向来被看作为了寻觅生活伴侣，走向婚姻的前奏。但当代大学生注重的是恋爱过程本身，至于恋爱的结果已经不太在意了。注重恋爱过程，有利于双方相互了解、加深认识，也有利于培养感情、增加心理相容度，同时也反映出大学生不愿落入世俗，着意追求爱情的真谛。但是，只注重恋爱过程，强调爱的“现在进行时”，把恋爱与婚姻相分离，不考虑爱的“将来时”，“不求天长地久，只求曾经拥有”，未免失之偏颇。一些大学生把恋爱当作一种情感体验，及时行乐，借以寻求刺激，满足精神享受；一些大学生为了充实课余生活，解除寂寞，填补空虚，把恋爱当作一种消遣文化；一些大学生把大学恋爱看作为以后恋爱积累经验，谈恋爱之初就明确说明只在大学时期谈，大学毕业即恋爱结束。这样做的实质是强调爱的权利，而忽视爱的责任。

（二）主观学业第一，客观爱情至上

绝大多数大学生能够正确看待学业与爱情的关系。他们认为学习是学生的天职，大学阶段应以学习为主，爱情应当服从学业；或者希望学业和爱情双丰收，既渴求学业有成，又向往爱情幸福。总之，大学生大多没有忘记学业，总想把学业放在首要的位置。但是，这些仅仅是大学生主观上、思想上的愿望而已，真正在客观上、行为上能够正确处理好学业与爱情关系的大学生为数不多。更多的是一旦坠入情网就不能自拔，强烈的感情冲击着一切，学习也受到严重影响。有的人整天如痴如醉、想入非非，沉浸在卿卿我我的甜言蜜语中；有的人中午、晚上不休息，加班加点谈恋爱，致使上课时倦意甚浓，无精打采；有的人干脆逃课，一心一意谈恋爱，成为恋爱“专业户”。很多大学生在不知不觉中变得“儿女情长，英雄气短”，成就事业的热情一天天冷却，爱情逐渐成为生活的唯一追求。可见，摆正学业与爱情的关系，是大学生难以控制而又必须正确处理的问题。

（三）恋爱观念开放，传统道德淡化

随着时代的发展，当代大学生的恋爱观念日益开放，传统道德逐渐淡化。他们已经完

全抛弃了遮遮掩掩、羞羞答答的面纱，激情洋溢，热情奔放，大胆追求爱情，恋爱不再担心受到嘲讽和批评，甚至还有自豪和炫耀的心理。恋爱观念的开放还有一种表现是多元性的恋爱，即恋爱双方在交往的过程中仍与恋爱对象以外的异性交往，潜在地把他们作为自己的恋爱对象加以考虑，只是暂时未公开化。大学生常常处于理智与感情这一对矛盾的旋涡中，在理性认识上觉得应该保持贞操，应该遵守传统的伦理道德观，但在爱的激情下，又不愿再受传统观念的束缚，恋爱方式公开化，洒脱热烈，不再搞“地下工作”，甚至在公共场所、大庭广众之下做出过分亲密的举动。

（四）无法面对失恋，心理承受力弱

大学生在恋爱的过程中往往缺乏理性的驾驭能力，不善于控制自己的情感，耐挫折性较低。大学生中“有情人”虽多，但“终成眷属”者少，这样就产生了一支“失恋大军”。感情受挫之后出现一个心理灰暗期是正常的，尽管多数大学生经过一段时间后心理能逐步趋于正常，但也有一些人长期陷于失恋的焦虑、悲伤、痛苦、绝望的情绪中难以自拔，摆脱不了“情感危机”，有的失去信心，放弃对爱情的追求；有的一蹶不振、沉沦自弃，认为一切都失去了意义，以至于悲观厌世；有的视对方如仇人，肆意诽谤，甚至做出极端行为伤害对方。因失恋而失志、失德者虽属少数，但影响很大。

五、大学生恋爱常见心理困扰

（一）寂寞期的恋爱

微课

大学生常见的恋爱误区

在大学生活中，由于种种原因，如离开父母和朋友来到新的环境、对学习没有兴趣或不适应等，大学生常会陷入孤独寂寞之中，一些学生会在不自觉中希望寻求异性知己，试图用爱情来抚慰自己、消愁解闷、寻求寄托，这就是所谓的“寂寞期的恋爱”。

（二）好感的爱

好感与爱情是大学生异性交往中经常遇到又难以区分的两种感情。青年人在性发育成熟时，便开始被异性吸引，对异性产生好感，开始有寻找恋人的需要。但在生活中，一些大学生容易将这种男女之间相互对异性的吸引、好感等同于爱情。其实并非异性之间凡有好感便可产生爱情；异性之间的好感一般来讲是广泛的、无排他性的，而爱情则是专一的、排他性的、具有性爱的因素。好感常常表现为人们一时出现的情绪感受；而爱情则是在长时间的相互了解中形成的。

（三）虚荣的爱

曾有杂志报道一个 5 人间女大学生宿舍，其中 4 个女生有了男朋友，另外一个女生就发誓一定要尽快找一个男朋友，理由是难道自己“嫁”不出去吗？此女生的想法与虚荣心紧密相关。从心理学角度说，虚荣心理是人的一种情感的反映，也反映着人的某种需要。美国心理学家马斯洛认为，需要是人的心理活动的基本动因，人的需要有各种不同的层次和广泛的内容，其中就包括受他人尊重的需要。虚荣心理是一些人试图以追求名誉、荣耀

等表面的光彩来满足自尊需要的心理。谈恋爱，有一个令人羡慕的男朋友或女朋友，似乎便满足了这种需要。

（四）错把友谊当爱情

现实中确实有不少大学生把一般的友谊误解为爱情，常有同学讲，那个男同学为什么总是帮我们送报纸、送信；为什么在一些活动中那个女生总是对我特别关心。在与异性相处过程中，一个眼神、一个动作常被赋予很特别的意义。

六、大学生常见恋爱心理问题及调适

大学生生理发展已完全成熟，心理发展已走过性疏远期和性接近期，这时，恋爱是自然、正常的心理、生理发展的表现。但是，由于一些大学生的思想、心理和行为存在某种偏误，其恋爱往往涉入某种误区。

（一）恋爱动机不端正及调适

相当一部分大学生的恋爱并不是出于爱情本身，而是受孤独、寂寞、好奇、盲从等原因驱使，缺乏责任感。少数学生恋爱动机不端正。这方面的主要问题有：

1. 恋情至上

恋情至上是指把恋情放在人生最重要的位置，认为恋情就是人生命的全部，一切都以恋情为中心。有些大学生视恋爱为大学生活的第一需要，认为“没有恋情，活着就没有意义”，整天沉溺于恋爱之中；一旦失去这种爱，就消极伤感，悲观厌世；有些大学生恋爱时不能很好地控制情感，恋人不在身边就坐立不安、茶饭不思、夜不成眠甚至精神恍惚，影响了正常的学习和身心健康，把恋爱这杯美酒酿成了苦酒。其实，恋爱犹如令人激动和陶醉的美酒，它无论多么醇香，饮起来必须有个限度，不可过量。极端地或过分地追求恋情，就会颠倒学业与恋爱的主次关系，偏离正确的人生目标和前进方向。

2. 轻率恋和多角恋

恋爱是严肃的，来不得半点随便；恋爱是专一的，来不得一丝游戏。可是，一些大学生自以为相貌靓丽标致，气质魅力俱佳，能耐本事并存，能赢得异性同学的吸引和爱慕，以“自由选择对象”为名，情不专一、朝三暮四、见异思迁，频繁地更换恋爱对象；有的大学生为追求自己的人多而感到自豪，以恋爱为游戏，玩弄他人的情感；有的大学生出于争强好胜、爱慕虚荣等心态，同时与几个人相恋，上演“多角恋”，其结果不但在同学之间造成了情感纷争，也极易由于争风吃醋而发生冲突，从而酿成悲剧。

3. 功利恋

功利恋是以恋爱为交易筹码，换取个人的名利。恋爱是人类最神圣、纯洁的感情之一。恋爱的纯洁性要求在建立和发展恋爱关系时，不以任何的经济、权利以及其他各种不良的动机为目的。一些大学生为了金钱、享受、地位或名誉等，用恋爱进行交易。例如：为了毕业后能谋求一个理想的职位、为了出国、为了留在大城市等，把自己的感情当作追求这类东西的敲门砖，通过恋爱牵线搭桥。建立在功利基础上的恋爱之花是不会开得持久的，很快就会枯萎凋谢。

4. 性恋

性恋是指以性的满足为主要目的的恋爱。有的大学生精神极度空虚，道德法治观念差，推崇享乐主义，信奉“性自由”，追求“性解放”，主张自然冲动的尽情舒展，采取不负责任的性放纵行为，陷入“性恋”或“一夜情”。其结果常常导致越轨行为的出现，给双方都带来不应有的负面影响，甚至受到学校最严厉的处罚，令人扼腕叹息。

（二）恋爱行为方式问题及调适

微 课

培养爱的能力：爱的五种语言

一些热恋中的大学生一扫传统的以含蓄、内在、深沉为美的形式，在大庭广众、众目睽睽之下，旁若无人地接吻拥抱、勾肩搭背，做出一些不堪入目的边缘性行为，致使旁人不得不退避三舍。有的大学生对婚前性行为持认可或宽容态度。然而，大学校园毕竟是学生学习的地方，一些大学生在大庭广众之下表现出来的过分亲昵的边缘性行为，会对他人造成视觉污染。恋爱毕竟是双方的私事，具有隐秘性，因此应该懂得廉耻，在公共场合注重行为控制和适度，绝不能为所欲为。另外，大学生在经济上处于半独立的状态，大部分学生需要父母的资助，虽然有的大学生已经达到《中华人民共和国民法典》（婚姻家庭编）规定的结婚年龄，但由于缺乏基本的经济条件，谈婚论嫁者毕竟少之又少。需要强调的是，大学生在婚前应洁身自好，自尊、自重、自爱；懂得婚前与婚后的本质区别，学会自我控制、自我保护，学会等待，守住自身的底线。这样不仅可以避免身心受到不应有的伤害，也会为自己今后长久的婚姻生活打下基础。

（三）错误恋爱心理及调适

1. 单相思或爱情错觉

大学生恋爱中的爱情错觉又称单相思。单相思是指异性关系中的一方倾心于另一方，却得不到对方回报的单方面的“恋爱”。单相思有两种情况：第一种情况是“自作多情”式的单相思，即对方毫无表示，甚至还不认识自己就爱上对方、追求对方。第二种情况是“曲解人意”式的单相思，即在异性间的接触往来关系中，一方误认为对方对自己“有情有意”，或者把双方正常的交往和友谊误认为爱情的来临。单相思是恋爱心理的一种认知和情感的失误，它会使某些学生陷入痛苦、空虚、烦恼甚至绝望之中，处理不好会对以后的恋爱、婚姻生活带来消极的影响。克服单相思可以从以下几个方面进行努力：第一，正确理解恋爱的深刻含义，明白爱情是男女双方两相情愿的事，从而对自己单方面的思恋加以否定。第二，向所爱的人表达，如果所爱的人毫无可能爱自己，则要尊重对方的选择，学会放弃，绝不可感情用事。第三，在知道对方毫无希望爱自己后仍摆脱不了单相思时，不妨运用转移的方法，让自己从爱的沉湎中挣脱出来，比如看书、交友、上网或者做短期旅游。这样，逐渐把注意力转移到其他生活内容上，眼不见、少思念，记忆淡漠了，也就从单相思中解脱了。第四，当单相思者出现较严重的失眠、寡言少语、心烦意乱等情况时，可以到医院请求医生帮助，进行个别的心理治疗或用药物治疗。

2.嫉妒心理

爱情生活中的嫉妒是由于拒绝他人分享自己的爱情、害怕自己所爱的人感情转移以致自己的爱落空而产生的。从这个角度来说，嫉妒是在爱的基础上产生的，有爱情就有嫉妒产生的可能性，没有嫉妒就没有爱情，嫉妒是爱的特殊表现形式。爱情生活中的嫉妒虽然并不完全是坏事，但如不注意或处理不当，就会发生矛盾，伤害感情，影响关系，因此必须认真对待。但是，那种捕风捉影、无中生有、整天猜疑、处处嫉妒，或经常妒火中烧、醋意大发、闹得天翻地覆，则是病态心理的反映，是有害于恋情旅程和爱情生活的。作为嫉妒者，首先应当努力从自己的主观想象中走出来，不要无根据地加强自己心理上的消极暗示，整天疑神疑鬼，而要多和对方交流、沟通。在恋爱中，只有胸怀坦荡，开诚布公，才能相互信任，这样，主观色彩很浓的猜疑心自然会烟消云散。其次要加强积极的自我暗示。当自己的疑心越来越重，嫉妒心越来越强时，一定要及时提醒自己"刹车"，给自己加一些"干扰因素"，比如"也许是我多心了""她不是爱情不专一的人"等，打破自己的怀疑。要相信对方、相信事实。作为另一方，也可以从以下几个方面做出努力，消除恋人的疑心，减轻其嫉妒心。首先，应该理解恋人的心理，珍视恋人的一片真情，不要轻易指责对方气量小，监视、限制你的活动。如果你因此而冷落对方，就会引起对方对你更深的误解，使矛盾进一步扩大。如果你对其嫉妒视若无睹，不加理睬，可能会伤到对方的自尊心。因此，最好是选择时机加以解释，以爱来消除对方的猜疑与嫉妒，如利用合适的机会将恋人介绍给自己的交往对象，公开和肯定彼此的关系，使恋人和其他异性交往者都明白各自与你的关系及位置。其次，与其他异性交往时要注意自己的行为，要检点，不要轻佻，言行举止要大方适度。有恋人在的场合，与人交谈时也不要冷落恋人，否则就会伤害其感情和自尊心，引起其嫉妒心理。再次，在双方关系较敏感时，不能经常在恋人面前对其他异性评头论足（即使不是赞扬），因为这表明你注意别人，很容易引起恋人嫉妒。最后，多与恋人一起公开活动，由此增强彼此的感情，增进彼此的了解，建立必要的信任感，使产生嫉妒的可能性降到最低。

3.失恋及调适

大学生由于心理还不成熟，恋爱过程中会出现盲从性、波动性、反复性的现象，进而不可避免地出现失恋问题。如何正确对待失恋问题，是大学生需要学习的重要课程。失恋总会使被打击者感到悲伤、空虚、愤怒、自轻自贱；严重的心理扭曲者甚至会因"求之不得"而走向犯罪的极端，"我得不到的，别人也休想得到"，或者将"罪过"归于情敌而对其实施报复行动；性格内向者也许会精神崩溃，甚至不堪忍受痛苦而自我毁灭。心灵的痛苦只能用理智来消除，用行动来疗伤，让时间去抹平。常见的摆脱失恋的办法有：

（1）合理地认知与评价爱情。不要把爱情当作等价交易的商品，这样会产生"吃亏"的念头，心理会不平衡。当你只求给别人以爱时，你就无所谓失去什么；但是，当你给出爱的同时，希望必须有等量的回报，这时你的欢乐与痛苦就掌握在别人的手中。当处在失恋状态下而不能理智地分析问题的时候，应当求助于心理咨询老师、朋友和书籍。

（2）合理化作用。合理化作用即用自己能接受、能自我超脱、宽容的理由解释各种心理压力。经过仔细分析，你就会发现在与异性交往中有许多由对方缺点引起的矛盾和纠葛，也会分析出对方的许多缺点和不足，你就可以向自己强化这样的理由，"他（她）有这些讨厌的缺点，即使这次不分手，早晚我也会忍受不了而同他（她）分道扬镳的”，“与一个不爱自己的人在一起，是一种折磨，尽早地分手倒是不幸中的大幸”。无数事实证明，这对于摆脱失恋所造成的心理困境有很大的效用。

（3）宣泄法。许多人在失恋后情绪沮丧，长期缄默不语，这样会使愁苦沉积、性格改变，严重的还会导致精神抑郁症。可见，仅用压抑的方法是不能减轻心理压力的，合理的发泄能起到疏导和减轻压力的作用。不合理的宣泄是指攻击性发泄，包括自我攻击——自杀，外部攻击——报复、迁怒他人等。当然，这种不合理的宣泄给自己、社会都会带来很大的危害，应该绝对避免。合理的宣泄是指选择适当的场合与对象，尽情地诉说自己的委屈与不平。

（4）行为转移。失恋给人带来的一个直接影响就是无所事事，因此，可以有意识地安排自己平时喜欢却没时间做的事情，比如挚友闲聊、体育运动、旅游散心等。一方面，繁忙的日程使你没有时间感受失恋的痛苦；另一方面，你可能因这些活动受到启发，变得超脱、顿悟。时间是最好的治疗师，随着时间的推移，只要你设法度过失恋最初的那段时间，再痛的伤口也能够渐渐愈合。

（5）宽容与重生。经过认知的调整和行为的转移后，多数人的伤口都可以治愈，但是要彻底从失恋中走出来，还必须有一颗宽容的心，以及重新面对爱的勇气。有的大学生在失恋之后，立即寻找一个“替代品”，一则表明自己有人爱，二则为了报复对方；极端的以别人的生命或自己的生命来抵偿失去的爱，或者决定终身不娶或不嫁。这些都只能说明不肯原谅对方。怨恨不是解决问题的办法，只有学会宽容、谅解、遗忘，并积极地重找真爱，才会使自己从失恋的阴影中走出来。

心理学与生活　爱情可检测：发生在大脑中的浪漫

我们都说爱情能够改变一个人，现在神经学方面前沿的研究显示，这可能不只是出自文学家的浪漫情怀。

中国科技大学、西南大学和美国西奈山伊坎医学院的研究者联合研究发现，在人的大脑中有 12 个不同区域会因爱情而受到不同的影响。重要的是，当人们并没有想起爱情时，大脑里就已经充满了爱情。这也意味着爱情真的会从生理上改变一个人。

你爱我吗？

“你爱不爱我”，这个在恋爱中最频繁出现的问题，如今可以通过科技手段来得到验证。

研究人员招募了 100 名健康的大学生志愿者，根据他们的恋爱状态分成三组，分别是恋爱组、分手组和单身组，让这些志愿者闭眼躺在扫描仪中，然后采集他们的静息态功能磁共振数据，并不给他们任何任务与刺激，从而观察恋爱状态和非恋爱状态下大脑的不同。

在我们的大脑中，左背侧扣带前回主要与个体的幸福状态、评估自己和他人的情绪与心理状态以及监控社交中的冲突等相关。结果发现，与分手组和单身组相比，恋爱组志愿者左背侧扣带前回更兴奋、活跃度更高，并且随着恋爱时间的增加而增加，而分手组在该区域的活跃度则随失恋时间的增加而显著减少。

除此之外，恋爱中这些脑区之间的功能连接会显著增强，如涉及奖赏、动机和情绪调控系统以及社会认知系统内的功能连接。这也意味着爱情可以增强特定大脑网络之间的联系。

俗话说："爱你在心口难开。"那么有了这个研究结论，是否可以探知对方的真实心意？

领导该研究的中国科学技术大学合肥微尺度物质科学国家实验室（筹）教授张效初解释说，目前的研究结果只显示了恋爱状态和非恋爱状态下大脑局部区域的显著性差异，但是反过来，想从这些差异中预测一个人是否真的爱着对方，还有很长的路要走。这是因为大脑本身存在个体化差异，男性和女性的大脑对爱情也有着不同的反应。

"不过，我们的目标之一是希望最终能够识别有些当事人自己也无法意识到的东西，告诉他们是否真的爱上了一个人。"张效初说道。

真爱可以长久吗？

在现实生活中，有一个问题也时常困扰着人们：我们所拥有的爱情是持久稳定的，还是一时的冲动？

张效初说，从神经学上还无法对爱情进行具体的分类。不过，一般研究发现，爱情和性、母爱之间有相似的地方，但更有显著差别。

人类学家海伦·费舍尔说过，爱情是人类最基本的寻求配对的冲动。这不是性冲动——性冲动让你寻找能够成为性伴侣的人，而爱情让你同时只对一个人产生配对的冲动，并节制地使用它，开始同他恋爱。

神经科学已经证明了这一点。张效初说，已有综述研究表明，在认知活动中，如果爱情成分更多，大脑岛叶的激活更靠前一些；如果是性冲动更多，则激活会更靠后。

那么如果是真的爱情，它究竟可以维持多久？爱情会变质吗？

尽管在这次实验中并没有涉及该问题的探讨，但张效初表示，大脑会对恋爱时间做出回应。2013 年发表在《神经科学快报》上的一项研究显示，那些持续了 3 年以上恋爱的人在想到自己的恋人时，大脑尾状核尾会显示较活跃的脑电活动，该区域会对视觉美产生情绪反应。不过，与上瘾和寻求回报有关的大脑快乐中枢活跃程度较低。科学家认为这可能与满足感有关。

爱情是"毒药"吗？

人们总是向往爱情，却又害怕不可自拔。因此有人说爱情是一剂毒药。

张效初多年来一直从事成瘾的大脑机制的研究。在他看来，爱情机制和成瘾机制确实有相近之处，如奖赏系统过度地激活，而控制系统相对下降。但他同时指出，恋爱中的大脑还是拥有自我保护机制的，再浓烈的爱情，时间长了也会趋于稳定。因此，爱情并不真如"毒药"那般可怕。

如果可以找到爱情中人们的自我保护机制，也许有一天可以用于帮助成瘾中的人们重建自我控制能力。

扪心问诊

心理自测：恋爱观测试

到底什么是爱情，你是怎么看待恋爱的呢？请仔细阅读表 6-1 中的每道题，选择符合你的答案。

表 6-1　恋爱观测试表

题目	回答	
1. 我爱他（她），他（她）就应该爱我。	符合	不符合
2. 只要能和对方在一起，我可以抛弃一切。	符合	不符合
3. 我特别想找个异性安抚我。	符合	不符合
4. 只求曾经拥有，不求天长地久。	符合	不符合
5. 爱情是生活的全部。	符合	不符合
6. 不谈恋爱说明自己没有魅力。	符合	不符合
7. 人生就是追求快乐，谁给我快乐，我就和谁谈恋爱。	符合	不符合
8. 恋爱对象多多益善。	符合	不符合
9. 恋爱是你情我愿的，不需要负什么责任。	符合	不符合
10. 爱一个人，就要想办法改掉他（她）身上的缺点。	符合	不符合
11. 对有些人来说，同性恋是正常的。	符合	不符合
12. 摆脱失恋痛苦的最好办法，是尽快找到另一个恋爱对象。	符合	不符合
13. 有了男（女）朋友，也可以和别人私密幽会。	符合	不符合

计分与解释：

选“符合”得 1 分，选“不符合”得 0 分，将得分相加，得分越高，对爱和恋爱的认识越偏激。如果得分高于 10 分，则反映了你对爱情、恋爱的看法可能会影响你的恋爱关系，需要好好反思。

学思践心

爱之初体验

材料：白板、白板笔、每人一张便条纸（男女生使用不同颜色进行区分）

Part 1：爱情是什么？

1. 热身

班级学生感情状况小调查，有没有恋爱经历等（可以结合大风吹等小游戏调查）。

2. 什么是爱情？

观看微课视频“爱情概述”，结合爱情三角理论讲解单元一相关知识。

Part 2：我和你的爱情观

1. 过渡

一起阅读舒婷的《致橡树》过渡到活动第二部分——讨论爱情观。

致橡树

舒婷

我如果爱你——
绝不像攀援的凌霄花，
借你的高枝炫耀自己；
我如果爱你——
绝不学痴情的鸟儿，
为绿荫重复单调的歌曲；
也不止像泉源，
常年送来清凉的慰藉；
也不止像险峰，
增加你的高度，
衬托你的威仪。
甚至日光，
甚至春雨。
不，这些都还不够！
我必须是你近旁的一株木棉，
作为树的形象和你站在一起。
根，
紧握在地下；
叶，
相触在云里。
每一阵风过，
我们都互相致意，
但没有人，
听懂我们的言语。
你有你的铜枝铁干，
像刀，像剑，
也像戟；
我有我红硕的花朵，
像沉重的叹息，
又像英勇的火炬。
我们分担寒潮、风雷、霹雳；
我们共享雾霭、流岚、虹霓。
仿佛永远分离，
却又终身相依。

这才是伟大的爱情，
坚贞就在这里：
爱——
不仅爱你伟岸的身躯，
也爱你坚持的位置，足下的土地。

2. 五色拼盘：谁更适合我

（1）将参与者分成若干小组。

主持人：步入青年期，恋爱会成为生命中的一件大事。恋爱，首先是选择伴侣，你心中的他/她是什么样的呢？你选择伴侣的标准是什么？

这些是描述人的特点的词汇（主持人在活动前写在白板上），请你从中选择 5 个你“最看重”的特点写在纸上，再选择 1 个你“最不能容忍”的特点写在纸上。

真诚、依赖、独立、无情、责任感、不卫生、理智、纯洁、善良
漂亮、英俊、幽默、温柔、乐观、自信、善良、性感、悲观、孝顺
善解人意、自以为是、贪婪、懒惰、很富有、花心、有能力
勇敢、活泼、自私、上进、粗鲁、无责任感、共同的价值观

（2）每个人在小组内说说自己选择的结果并阐述理由。

（3）各组推选一两位有代表性的学员在全体同学面前汇报自己的选择结果和理由。

（4）主持人带领大家继续讨论：

Q1：如果现在请大家在你选择的“最看重”的 5 个特点里去掉 2 个，你会去掉什么？为什么？留下这 3 个的理由是什么？

Q2：请问男生/女生，你留下的 3 个是什么？男女在伴侣的选择上有差异吗？

Q3：请再去掉 2 个，你去掉什么？为什么？留下的这 1 个是你最看重的吗？

Q4：请问你们“最不能容忍”的缺点是什么？这项选择上有性别差异吗？

（5）主持人：现在我们请大家把你“最看重的”选择（只留下 1 个特点）贴到白板对应的词后面（主持人把白板转过去，让大家私密性粘贴），请女生先来贴，再请男生来贴。

（6）主持人把粘贴结果公布给大家（把白板转过来），然后问大家：

Q1：这个结果说明什么？

Q2：这个结果与你自己原来的选择标准一样吗？为什么？今天的讨论对你有影响吗？

Q3：请大家用简练的语言说说参加这个活动的感受。

3. 主持人小结

选择伴侣是恋爱的第一步，也是重要的一步。伴侣的选择决定了今后的感情生活状态、家庭生活状态、朋友关系状态以及工作状态。每个人都会因自己的选择承担或承受相应的结果。

共同的价值观、积极进取的人生态度、良好的性格、受教育程度、相互忠诚、相互尊重、共同的精神生活、对彼此权利的尊重、与对方家庭和谐相处等，都有助于长期关系的形成。

Part 3：恋爱秘籍大公开

1. 案例讨论：原来恋爱也要学习

（1）案例展示：小赵和小王在一次活动中一见钟情，都认为对方是自己一直在寻找的那个人，刚开始两个人十分甜蜜，也有很多聊不完的话。可经过一段时间的相处后，小王

发现小赵不会关心人，甚至有点自私。比如之前一起出去吃饭，小赵只点自己喜欢吃的，也不考虑小王喜欢吃什么。昨天，小王急性阑尾炎住院了。今天小赵打电话给小王才知道。小赵说："明天我就去医院看你。"小王问："今天你还不过来？"小赵说："今天没有车了，还得倒公交车……"小王生气吼道："你永远不用来了！"

（2）主持人引导学生讨论问题：

Q1：这对情侣之间存在怎样的问题？

Q2：他们的关系发展到这个程度的原因是什么呢？

Q3：如果你是当事人你会怎么解决这个问题？

（3）学生分组汇报。

（4）主持人小结并过渡到下一个情景模拟。

恋爱一般要经过互相了解、逐步融洽、自我显露、相互依赖、亲密需求五个阶段。恋爱成功与否与真诚交流、自信独立、相互尊重、信任、忠诚、关爱、包容等因素有关，恋爱中有矛盾也是非常正常的事情。理智分析、冷静情绪、耐心倾听、积极沟通、勇敢表达自己的观点、一个拥抱等都可以成为化解矛盾的方法，最重要的是：爱是一种能力，恋爱需要学习。

2.情景模拟：今天我失恋

主持人介绍：好，那么最后还是因为种种原因，小王决定和小赵分手。失恋就像恋爱一样是我们绕不开的话题，但每个人处理的方式大有不同，有人伤心欲绝，自暴自弃、一蹶不振，甚至再也不相信爱情；有人死缠烂打企图挽回一切；有人怀恨在心，时刻准备报复……

现在大家分成三组/六组，以"今天我失恋"为题，分别以伤心欲绝、死缠烂打、怀恨报复为失恋的处理方法创作短剧，并用 5 分钟的时间演绎剧情。可先想象出主人公可能做出的行为和遇到的人物，再设计出对话、肢体语言进行表演。每组确定一个人扮演失恋者，其他人负责编剧、排演或者扮演其他角色（如以前的伴侣、同学、朋友、家庭成员、心理医生等）。

（1）各小组准备。

（2）三个/六个小组依次进行表演。

（3）每组表演过后，主持人可以带学生进行简短的讨论（也可以三组/六组都演完一起讨论）。

Q1：询问前任伴侣扮演者：在剧中，你的前男友/女友这么做你有什么感受？

Q2：询问其他扮演者（非失恋者或其前任伴侣）：在剧中，你的××（如朋友）这么做你有什么感受？

Q3：询问失恋者扮演者：如此处理失恋，作为主人公感觉如何？

Q4：这组同学处理失恋的方法如何，会造成什么影响？

Q5：面对失恋我们该怎么做？

（4）主持人小结：

有恋爱，就有可能面对失恋。失恋可能带来痛苦，甚至伴随着悲伤、失落、羞辱感，这都是正常的心理活动。然而长期沉浸在这种不良的情绪中，伤害最多的还是自己。

正确分析失恋原因，不要自卑、不要纠缠、不要拖拉。失恋是一次重生的机会，失恋也是一种成长。接受分手的现实，忘记该忘记的，记住该记住的，接受该接受的，改变能改变的。两个人时，善待对方；一个人时，善待自己。

衡量一份感情是否圆满的方法并不一定是走向婚姻，而是自己是否从中学会了如何去爱别人和爱自己。如果这份感情让你更了解自己，学会了如何去爱，获得了如何幸福的能力，这是一笔最大的收获。

Part 4：总结

爱是一种需要学习的能力，在恋爱中双方要尊重对方、理解对方、共同进步，遇到问题和分歧的时候，要积极与对方沟通，共同解决问题。如果不可避免还是要分开，那也要正确面对失恋，从这段关系中学着成长。

单元二 拥有健康的性心理

事说心语

婚前性行为：我该何去何从

Z，某校大二学生，从小生活在一个“男主外，女主内”的传统家庭里。家庭经济属小康水平，家庭关系和睦幸福。Z从小备受父母疼爱，性格开朗。由于受父母和睦婚姻关系的影响，Z一直对爱情充满浪漫的幻想，渴望早日找到自己的另一半，一起过幸福快乐的生活。大一的时候，Z在一个大三学长的“强势”追求下，与该男生建立了恋爱关系。一次去杭州找正在实习的男友，在对方的出租屋里，Z并不情愿地与男友发生了性关系。Z一直觉得男友欺骗了她，之后，又一直觉得男友剥夺了她自己最宝贵的东西，便一直怨恨男友，情绪低落、忧郁、焦虑、不安，认为对方不尊重她，不顾后果和前途。她觉得男生都很在意女生的“第一次”，害怕自己从此以后就很难找到真正属于自己的幸福了。即便找到了真正爱自己的人，要不要告诉他真相呢？告诉了真相，他还能再接纳她吗？现在她很苦恼，越想越觉得现在的男友不靠谱，工作没有着落，家庭条件一般，也不知道以后爸妈是否会接受这样一个穷小子。而且她也越来越觉得自己没那么喜欢他了。她想分手，但又觉得第一次都给了对方，再分手觉得自己吃亏，越想越觉得烦躁，因此，她来咨询室寻求帮助。

案例分析：

根据“病与非病”三原则，Z的问题不属于精神疾病范畴，属于一般心理问题。从她的问题描述可以看出，她当前在恋爱与性心理问题上存在很大的烦恼，尤其在性的问题上存在较大的内心冲突，需要通过心理咨询进行调整。

北京医科大学公共卫生学院对北京市5所高校1 310名在校本科生进行的性观念调查显示：“半数以上学生认为在双方相爱、双方朋友关系稳定，双方正准备结婚的情况下，婚前性行为是可以接受的。在这些人中，有过婚前性行为的男生占15%，女生占13%，首次发生性关系的平均年龄为18.7岁，女生为19岁。”婚前性行为俨然已经成为大学生恋爱中一个很值得重视的问题。那么大学生是否可以发生婚前性行为？对于这个问题的回答，答案应该因人而异。你能接受婚前性行为带来的后果与随之产生的风险，比如怀孕、分手等问题，那么在法律允许范围内，请谨慎对待婚前性行为；假如你内心的观念依然还停留在传统思想范畴内，那么请慎重或不要操之过急。但遗憾的是，能理性处理恋爱与性的关系的大学生并不多。往往是观念跟不上行为，甚至导致一系列其他相关问题的产生。这也成为现今影响大学生心理健康的主要因素之一。

从Z的描述来看，Z的困扰主要来自以下几个方面：

1. 性观念与性行为的冲突

一方面，由于基本没有接受过正规的、必要的性教育，因此Z对性心理、性生理、性伦理、性道德、性法制等相关的性知识知之甚少，甚至基本的性心理知识都还缺乏，再加上Z生活在一个传统的家庭里，父母在这方面没有给予她科学合理的教育，她在生活和学习中受传统思想的影响没有学习到相关性的科学知识，所以在发生性关系之后，她一味反思自己为什么这么不小心，这么轻易跟他发生关系，非常自责。在她的认识里，身体的干净比感情的纯洁还要重要。另一方面，由于外来文化的强力冲击，西方开放的性观念与中国传统的、保守的性观念并存，不少青年人盲目学习西方人的性态度及行为方式，但由于其生活环境中传统因素大于西方的影响，婚前性行为易使当事人心理产生巨大的阴影，再加上为校规、校纪所不容许和周围人的评论，很多发生婚前性行为的青年人产生了严重的心理冲突。

2. 对浪漫爱情的曲解

Z一直对爱情充满美好的幻想，认为爱情是高尚的、纯洁的，没有意识到在大多数时候爱与性总是联系在一起的，单纯的精神恋爱是很少的。在她眼里爱与性是截然分开的，结婚才应该与性联系在一起。在与男友发生关系后，她一直认为责任全在男友身上，而自己则只是一个受害者。可见Z对爱情没有彻底的理解，没有意识到性行为是人类最基本的生理需要。而且，在她的观念里，家庭生活是很重要的，特别是作为女生，如果没有找到美满的爱人和婚姻，那么她的一生将是悲惨的、不幸的。她将自己的幸福完全寄托在另一半身上，将自己人生的价值缩小化了、绝对化了。

辅导过程中，Z合理宣泄了在危机中产生的负性情绪后，心理老师重点帮助她调整心态，让她放下包袱，以平和心态应对当前的烦恼。Z反复强调自己已经从其他途径了解到“男人都很在乎第一次”，自己现在已经失去了女人的资本，已经不完整了，以后就不会有幸福了。

指导建议：

Z的主要问题为认知问题。为了帮助她改变认知结构，心理老师在与其共同分析了幸福到底是什么，作为一个女生的幸福又是从何而来之后，引导她认识到只要能走出这片阴影，她还是她，是一个完整的自己，而且还会更成熟，因为一个完整的女人并不是指是否还是处女，而是指心灵方面的。心理老师帮助Z减轻内心的矛盾冲突和自我责备，学会现实和理智地看待婚前性行为。Z表示自己还需要考虑一下，表示认同女人的幸福与处女之间没有必然联系。同时，心理老师还向Z解释了有关性的知识，建议她增强自我保护意识，了解掌握一定的科学的性知识，树立健康的符合时代进步的性观念。同时，对于是否要跟男友再继续发展恋爱关系，心理老师建议Z综合评估对方吸引自己和让自己感到讨厌的地方，分析自己当前关于家庭情况的担忧是否有必要，也可以和男友开诚布公地谈一次，把自己对对方不满的方面告诉对方。如果当面说不出口，可以采用“×××，我想对你说”这样书写的方式，不一定要给对方看，但可以起到宣泄和梳理内心烦恼的作用。

温故知心

一、什么是性心理

（一）性意识的概念

性意识是指个人对男女之异的两性需求及可能形成的种种相互交往关系的感知和认

识，具体指性差别、性身份、性别角色和性冲动在心理觉察层次上的反映。

（二）性心理的概念

性心理是指在性生理的基础上，与性征、性欲、性行为有关的心理状况与心理过程，也包括与异性有关（如男女交往、婚恋等）的心理问题。性心理的发展，一方面受性生理发育的制约，另一方面受性文化的影响。性心理具有本能性、朦胧性、强烈性、文饰性、压抑性、动荡性与差异性等特点。

（三）性心理发展的影响因素

1. 从性生理发育的角度来看，性激素的分泌影响着人类的行为和人格

男性的“第二性征”是指青春期男性所特有的在性激素的刺激下所出现的身体内外的一系列变化，如喉结突出、肌肉发达、长出胡须、声调变低、体格变高大等。此时，青年男子开始强烈地自我意识到男女的性别差异和两性关系，同时也产生了一系列特殊的心理体验（青年女子亦然）。青年男子的第一次“遗精”是性成熟的标志。遗精现象是正常的，许多男大学生对遗精无知，产生了无谓的焦虑。经常过多地抚摸生殖器无疑是不好的，其刺激会促使性唤醒，导致手淫。

女性的“第二性征”是指青春期女性所特有的在性激素的刺激下所出现的身体内外的一系列变化，如乳房发育，声音变细而柔韧，音调较高，皮肤细腻有光泽，体形匀称，富有曲线美，肩窄臀宽等诱人的体态表现。月经的来潮是女性生理成熟的标志。

2. 从性的社会文化意义来看，性的驱动力有明显的生理基础，但它不是由单纯的内分泌激素支配的

从出生到性成熟，乃至一生的时间里，人类始终受到社会文化的影响。文化传统、教育状况、社会观念、家庭影响、文艺作品等都深刻地制约着性心理的发展。人类对于性的态度、性行为的满足方式，社会对于性行为的限制以及性行为在整个社会中的意义，随着所处社会文化的模式而逐步确立。不同时代、不同年龄、不同文化下的不同个体在性心理表现上会有些差异。因此，性既是生理的，又是社会的。一个人性心理的健康状况，是生物和社会文化因素的完整、统一的体现。

（四）性心理发展阶段

人的性心理发展具有一定的规律性，是阶段性与连续性的统一，每个阶段都会表现出某些典型的发展特征。如果一个人的性心理行为与该阶段的发展特征相一致，则是性心理适应正常的表现；反之，超前或滞后都易导致一系列心理问题，并会影响下一阶段性心理发展的任务。因此，性心理健康的关键就在于循序渐进地圆满完成性心理发展任务。由于性心理是整个心理的有机组成部分，因此性心理发展健全与否也直接影响心理的发展。

美国心理学家赫洛克认为，从性意识的萌芽到爱情的产生和发展，大致可分为四个阶段：一是疏远异性的性否定期（青春初期）；二是向往年长异性的牛犊恋期（14～16 岁）；三是积极接近异性的狂热期（17～19 岁）；四是浪漫的恋爱期（20 岁以后）。

我国心理学者一般将青春期性心理的发展分为以下三个阶段：

第一阶段，异性疏远期。在青春期开始时，男女少年对性的差别特别敏感。第二性征的出现，在他们内心深处产生了春情初动的朦胧感觉，把异性的秘密和男女之间的关系也看得很神秘。这就使得他们在与异性的接触或交往中，往往会产生一种羞涩、忸怩或不自然的感觉，并在传统思想的影响下，深虑与异性的接触会引起别人的耻笑或议论，因而出现了“心有相互吸引之力，而行又相互疏远”的现象。例如：走路不同行，学习不同桌，开会各一边，活动各结伴等。

第二阶段，异性接近期。在完全进入青年期之后，随着生理机能的进一步发展，生活阅历日趋增加，青少年对异性之间的关系有了进一步的理解和认识，对性意识的情感体验也开始有了新的变化。异性间的羞涩心理较前期大大减少，开始不满足于对异性朦胧的、隐蔽的、泛泛的好感和爱慕了，而是通过与异性交往，有选择地寻找自己倾心的“白马王子”或“白雪公主”。在这种心态作用下，青少年结束了异性疏远期，随之而来的是异性间的相互吸引力显著增强，乐意与异性为伍参加活动，喜欢与异性相处，力求成为在异性眼中最有魅力的人。

第三阶段，异性爱恋期。这一时期的青年男女由于知识的积累和思想的日趋成熟，已初步形成了自己的性道德观和恋爱观，开始各自扮演社会赋予每个性别的特定角色。男青年往往喜欢显露自己的才华来博得所追求女性的欢心；在异性面前尽情表现自己的长处。女青年则在外表上学会打扮自己，吸引异性注意；在性格上变得腼腆、矜持，学会深藏自己的感情。一旦一对青年男女建立了爱情关系，爱情的力量会对他们各自的性格、兴趣、爱好等个性心理特征产生巨大影响，并成为激励他们前进的巨大力量。较多的大学生正处于我国学者所提出的第三阶段。

二、大学生性心理发展特点

大学生处于青年发展的中期，其身心发展最明显的特征是性机能的成熟和性心理走向成熟。而性生理的成熟、欲望的增强与性心理发展的不平衡之间的矛盾，必然会给大学生带来一系列的心理困扰和烦恼。对此，有的大学生能正确地认识和较好地应付，有的大学生却因为种种原因而不能很好地适应和调节，导致产生不良的情绪和行为反应，甚至出现明显的心理障碍。大学生性心理发展的特点主要体现在以下几个方面：

（一）性心理的本能性和朦胧性

相当一部分大学生，尤其是低年级大学生的性心理尚缺乏深刻的社会内容，主要还是受生理发育成熟带来的本能作用的影响，好像情不自禁地就会对异性产生兴趣、好感和爱慕，加上不了解性的基本知识，给这种萌动又罩上了一种朦胧的色彩。大学生由于性生理和性心理日趋成熟，希望与异性交往，他们喜欢探索异性的心理秘密。在此基础上，在朦胧纷乱的心理变化中，大学生的性意识逐渐强烈和成熟。

（二）性意识的强烈性与表现上的文饰性

大学生对性的关心程度明显强于中学生。他们十分重视自己在异性心目中的形象，十分看重来自异性的评价，并常按照异性的要求和希望来进行自我评价和塑造自己的形象。

尽管大学生在心理上对性问题和异性都很关注、很敏感，但在行为上却表现得拘谨、羞涩和冷漠，具有明显的文饰性。

（三）性心理的压抑性和动荡性

青春期是人一生中性欲最旺盛的时期。但不少大学生心理不够成熟，尚未形成稳固的道德观和恋爱观，自控和自制的能力有限，他们的性心理极易受外界各种因素的影响而显得动荡不安，表现出明显的动荡性。而且大学生并不具有通常意义上的满足性冲动的伴侣，容易导致过分焦虑和压抑，少数人还可能以扭曲的、不良的，甚至变态的方式表现出来。

（四）性心理的性别差异性

大学生的性心理存在明显的性别差异性。在对于异性感情的流露上，男生显得较为外显和热烈，女生往往表现得含蓄而温存；在内心体验上，男生更多的是新奇、神秘和喜悦，女生则常是羞涩、敏感和不知所措；在表达方式上，男生比较主动和直接，女生更喜欢采取暗示的方式；男生的性冲动易被性视觉刺激唤起，而女生则易在听觉、触觉刺激下引起性兴奋。不过，这种差异近年来有缩小的趋势，如在表达方式上，女生较为主动的情况也越来越常见。

三、大学生常见性心理困扰与矛盾

（一）大学生性心理困扰

1.性生理成熟带来的心理困扰

男女大学生性生理发育已基本成熟。遗精和月经是人成长过程中必然出现的正常生理现象，但仍有相当部分大学生受其困扰。有调查显示，男学生对遗精的情绪反应中感到“羞愧”“厌恶”“不安”“困惑”的共占了16.7%；女学生对月经的情绪反应中感到“紧张”“厌恶”“不安”“情绪低落”的共占了60.5%。一些男学生受“一滴精十滴血”“遗精会大伤元气”错误认识的影响，对遗精感到恐慌担忧、焦虑不安；部分大学生认为是自己思想肮脏、卑鄙所致。由于对遗精缺乏正确认识，一些大学生出现了焦虑、紧张等不良情绪，导致神经衰弱，出现失眠、头晕、头痛、耳鸣等。这些症状又在一定程度上加剧了心理负担，个别大学生因此产生了较为严重的心理障碍。月经是女性走向性成熟的标志，也是一种自然而且正常的生理现象。相当多的女学生随着月经的周期性变化，其食欲、性欲、情绪、记忆力等方面的心理活动也发生了不同程度的变化，有的还会有诸如头痛、疲乏、腹痛等身体不适感。部分女学生还可能会出现痛经和烦闷、焦虑、易怒、沉默寡言、消极抑郁，甚至恶心、呕吐等身心体验的经前期紧张综合征，使自己的学习和生活受到较严重的影响。

2.性体像带来的心理困扰

有调查发现，大多数大学生对体像有或多或少的焦虑心理。对男学生而言，最苦恼的是对自己的生殖器官不满意。困扰男学生的第二大问题是觉得自己个子矮，这种心理的产生与女性的审美要求有极大的关联。女学生中，顾虑自己乳房小的较多。乳房作为性吸引的重要器官，受到现代女性的重点关注。有的女学生还担忧肥胖问题，既希望苗条，又希望丰满，两者不能兼得时，就会产生矛盾心理。此外，不论男女，一些大学生还为脸上的青春痘所困扰，错误地认为青春痘与自己的性需求有关，所以面对异性时内心感到很难堪。面对这些困扰，大学生如果不能正确认识自己的身体和第二性征，甚至将其看作自己的缺陷，就会产生自卑心理，以致影响人际交往、学习和生活。

3.性意识带来的心理困扰

大学生的年龄多在18～23岁，已经进入了性生理成熟和性心理趋于成熟的阶段。因此，大学生会仰慕异性，渴望与异性相处，有时会有意无意地想到性的问题，甚至产生性幻想、做性梦等各种性心理活动。性幻想又叫性的白日梦和精神“自淫”。有调查显示，经常有性幻想的大学生占5.8%，偶尔有性幻想的大学生占68.9%。可见，性幻想是大学生中比较普遍和正常的心理活动。性梦是指个体进入青春期后，在睡梦中出现的带有各种性内容色彩的景象。调查显示，67.7%的大学生做过性梦，男生高达88.5%，女生也有40.8%。有的人因为性梦或性幻想而认为自己是不道德的、罪恶的，进而感到羞耻、自卑、注意力不集中，甚至焦虑不安。有的人由于频繁有性幻想或性梦，影响休息、睡眠和体力的恢复，严重的还会导致神经衰弱，给身心健康带来不利影响。

4.性行为带来的心理困扰

大学生性行为主要是自慰性行为、边缘性行为和婚前性行为。在大学生中，自慰性行为（手淫）是构成心理困扰的重要原因之一。手淫是青春期成熟的一种生理表现，是解除因性紧张而引起的躁动、不安的一种方式，适当的手淫对身体是无害的。一些夸大手淫害处的宣传，使部分学生感到紧张不安、自责、担忧、羞愧和焦虑。在大学中，与恋爱情感发展深度相适应的边缘性行为虽已基本上为大学生所接纳，但一旦发生，仍会使他们感到不安。婚前性行为是不少大学校规中禁止的。但不少调查显示大学生对婚前性行为的容忍度越来越高。由于缺乏避孕措施，大学生性行为极易导致怀孕，因此双方事后总是担心、焦虑、不安，甚至恐惧。

5.性压抑带来的心理困扰

大学生性机能的成熟使性的生物性需求更加强烈，而性心理却未完全成熟，对各种性现象、性行为的认知评价还不完善，一些大学生对性冲动持否定、抵制的态度，采取压抑的方式。调查表明，55.19%的男生和48.77%的女生有性压抑感。性压抑的结果不仅有碍于性心理的健康发展，严重的还会导致性变态或性过错。性变态又称性心理障碍，是指在寻求性满足的对象或满足性欲的方法上与常人不同，并且违反社会习俗的心理与行为。大学生中的性变态行为主要包括同性恋、露阴癖、异装癖、恋物癖等。有性变态行为的大学生内心充满矛盾，时常自责、焦虑、不安、恐惧，担心自己的变态行为被人发现和耻笑，往往在人格上表现得怯懦、卑微、缺乏自信。

（二）大学生性心理矛盾

1.成熟的性生理与不成熟的性心理之间存在矛盾

目前，我国在校大学生的年龄一般在18～23岁。在这一阶段，性的成熟与整个身体的发育已基本完成，但是性心理的发展还未达到成熟。这时期的大学生好像马力十足、方向盘和制动器却不灵敏的汽车。这一时期是人真正发现自我的时期。由于受传统伦理观念的影响，在我国，性的问题一直被蒙着神秘的面纱，再加上我国很少在大学生中开展系统的性教育，学生一直难以获得系统、完整、科学的性生理、性心理、性道德等方面的知识。

2.性意识的强烈性与表现上的隐蔽性之间存在矛盾

随着性机能的成熟，大学生在青春期就已出现的性欲望和性冲动此时会表现得更加强烈，这是身体发育过程中的正常生理和心理现象。虽然性的生物性需求时时渴望得到最直接的满足，但人是社会人，性既具有自然属性，又具有社会属性。社会道德和法律的要求、学校纪律的约束，使得大学生无法以社会认可的合法婚姻形式获得性的满足。性的生物性需求与性的社会性要求的矛盾，使得与性成熟相关联的性行为，往往只能表现得隐蔽而曲折。这一矛盾也是造成大学生心理冲突的主要原因。

3.性的社会性、道德性要求与性的压抑性、放荡性之间存在矛盾

大学生性机能的成熟使性的生物性需求更加强烈、迫切，时常伴有性梦、性幻想、自慰等行为。而大学生健全的性心理结构尚未确立，对各种性现象、性行为的认知评价体系还不完善，再加上性的社会性、道德性要求的约束，这些都使大学生性心理的发展处于多种矛盾的相互作用之中，因而出现分化。不少大学生无法处理好这些矛盾，从而使性心理的健康发展出现了偏差。有的大学生对性冲动持否定、抵制的态度，采取压抑或放荡的方式。性压抑的结果不仅会有碍性心理的健康发展，严重的还会导致性变态或性过错。与此相反，还有的大学生对性持无所谓或放纵的态度，沉湎于谈情说爱之中，甚至发生性过失、性犯罪。

四、大学生常见性心理问题及调适

（一）性认知不足困惑及调适

由于传统思想中的性禁锢和性封闭观点的存在，相当一部分人在思想和灵魂的深处形成了极大的性无知、性浅薄和性偏见，把本应是正常的、美好的现象看作可怕的、罪恶的东西，甚至出现性罪错、性淫秽的观念，从而人为地造成了极大的精神恐慌和心理焦虑。

那么，如何解决大学生性认知不足带来的困惑呢？

（1）大学生对性要有正确而又全面的认识，其途径主要通过看一些内容健康的介绍性知识的书籍、杂志和网页。但在人格尚未成熟、理智控制力比较差的情况下，切忌大量阅读色情方面的内容，因为这些内容往往会使人在接受性知识的同时，激发人的性欲，严重的会麻痹人的精神、意志，减弱人们的守法意识，使人走上违法犯罪的道路。

（2）家长、学校、社会也应该关心大学生性心理的健康发展，了解和把握大学生中出现的或可能出现的各种性困惑，并区分不同对象进行个别的或集体的性知识辅导、教育，消除大学生中出现的性罪错、性淫秽的观念，使他们在轻松、愉快、和谐的气氛中了解性心理知识。

（二）性冲动困扰及调适

性冲动是指在性激素作用下和外界刺激下产生的能够引起性的需要与满足的一种生

理、心理反应。受传统观念的影响，不少人一有性冲动就会有羞愧感、自责感甚至厌恶感；有些人尽管没有这些感觉，却不知道如何消除、排解性冲动；也有些人私下已经通过一些行为来消除、排解性冲动，却不知道是否正常。

那么，如何解决性冲动带来的困扰呢？

（1）正确理性认识。性冲动是青春期健康男女的重要表现，其发生很大程度上是体内的性激素加速分泌的结果，它往往是通过两种途径诱发的：一是由视觉、听觉、嗅觉、触觉、味觉刺激大脑的思维所引起的；二是由性器官直接受到刺激而引起的。性器官受到刺激后，交感神经会将信号传到大脑的性中枢，引起性器官充血从而产生反射性性冲动。由此可以看出，处于青春期的男女大学生，只要精神健康状况正常，就时常会有性冲动。所以，性冲动本身是正常的，大学生没有必要为自己有时出现的性冲动而自责、不安甚至烦恼。

（2）学会自我控制。大学生应减少因性冲动造成的不利后果给双方带来的心理困扰。

（3）积极代偿转移。例如，大学生应多参加一些体育活动、文娱活动、知识竞赛，多观看一些健康的影视节目，以转移注意力。

心理学与生活　　起底“PUA”

许多影视作品以及新闻中，经常出现“PUA”一词，今天大家一起来了解下什么是PUA。

PUA全称是“Pick-up Artist”，即“搭讪艺术家”，其原本是指男性接受过系统化学习、实践并不断更新提升、自我完善情商的行为，后来泛指很会吸引异性、让异性着迷的人和其相关行为。一些不法分子以网络课程、线下培训等方式来教唆他人进行诈骗，每个普通人都可能成为PUA的受害者。

目前我国比较广为人知的PUA案例受害者大多为女性，但目前尚未有权威研究从人口学角度证实PUA的女性受害者多于其他性别受害者。

PUA造成对公民个人多项权利的侵犯，在国际社会是被禁止和严厉打击的行为，我国立法中也提到了与PUA相关的违法行为。

PUA对受害者本人、PUA相关思想学习者都会产生负面影响。规制PUA需要各部门合作，人们共同提高重视程度，构建良好健康的亲密关系。

PUA现象的滋生反映了人们对于个人权利和尊严、亲密关系、暴力、性吸引、性别规范的错误认知。杜绝PUA现象需要通过全面性教育树立关于尊重与权利、性、社会性别、关系的正确认知。各位同学不仅需要了解PUA的具体表现，还需要了解如何正确看待亲密关系，以及在遭遇PUA后如何寻求帮助。

扪心问诊

心理自测：性欲望和性行为

表6-2用于了解受测者的性心理健康水平，与学习成绩无关，答案也没有好坏之分，请按照平时的情况进行选择。

注意：请按照每个条目与你的实际情况的符合程度，在5个选项中选择一个，并在相应的表格里打勾。每个问题都要回答，但只能选择一个答案。每个条目都要仔细阅读后再作答，但不必过多思索。

表6-2 性心理健康水平自测表

序号	条目	完全不符合	基本不符合	不确定	基本符合	完全符合
1	我了解人体的生理结构。					
2	我的行为方式符合自己的性别角色。					
3	我了解人体的各种生理功能。					
4	我对有关性方面的事情很感兴趣。					
5	我能和谐自然地与异性相处。					
6	谈到或想到性，我没有羞耻感和负罪感。					
7	我了解生殖器官的构造和功能。					
8	我会情不自禁地去看一些色情刊物、节目等。					
9	我认为性是万恶之源。					
10	我很认同自己的性别角色。					
11	我很欣赏自己身体的特征。					
12	我了解什么是月经和遗精。					
13	当出现性冲动的时候，我感到自己没办法控制。					
14	一想到性就感到不安、恐惧和羞耻。					
15	我认为性是肮脏的、羞耻的，是见不得人的事。					
16	我很满意自己的性别。					
17	我了解性心理的内容和结构。					
18	我认为自己周围的人都谈恋爱了，而自己没有谈恋爱就很没有面子。					
19	我总是抑制不住地陷入有关性的幻想中去。					
20	我了解避孕的知识。					
21	我渴望深入了解异性。					
22	我认为手淫是病态的、下流的。					
23	我了解自己的身体会出现哪些变化。					
24	我对性知识有疑惑时会主动寻求帮助。					
25	我了解自己的身体会出现哪些变化。					
26	当出现性冲动、性欲望的时候，我能将精力转移到学习、工作、娱乐、交友中去。					
27	我了解性病的各种知识。					
28	我对于自己身体的变化感到很适应。					

续表

序号	条目	完全不符合	基本不符合	不确定	基本符合	完全符合
29	我能按社会道德规范约束自己的与性有关的言行举止。					
30	我羞于求助或查阅资料来解开自己对性知识的疑惑。					
31	我能通过恰当的方式排解性欲望、性冲动。					
32	我认为性可以作为换取自身利益的一种手段。					
33	我认为应该崇尚现代西方文化中的性解放、性自由。					
34	有关性方面的事很容易分散我的注意力。					
35	我所了解的性知识主要来源于学校的教育、父母或长辈的教导和社区的宣传。					
36	我认为性幻想、性梦是一种不道德的现象，是令人羞愧的。					
37	我所表现出的与性有关的行为举止都符合当时所处环境的要求。					
38	我能主动并有效地利用社会、家庭、学校提供的各种资源获取性知识。					
39	我认为谈恋爱是寻求刺激或摆脱孤独的一种方式。					
40	我所表现出的与性有关的行为举止都符合自己所处的社会文化背景。					
41	我所了解的性知识主要来自色情读物、色情媒体节目或网站。					
42	我表达情感的方式与其他同龄人不同。					
43	我认为应该坚守我国传统的性禁锢、性压抑的观念。					
44	引起我性欲的原因是符合社会道德规范的。					
45	我得到性满足的途径是符合社会道德规范的。					
46	因为性成熟带来身体和心理上的变化使我的学习和生活不能正常运行。					

评分标注：

完全符合记 5 分，基本符合记 4 分，不确定记 3 分，基本不符合记 2 分，完全不符合记 1 分。

请注意：本问卷中共有 17 个反向计分题，分别为 8、9、13、14、15、18、19、22、30、32、33、34、36、39、41、43、46。

评分步骤：

将所有条目的得分相加，得到总分。量表共有46个条目，包括4对测谎题。分量表得分：分别计算性认知、性价值观和性适应三个分量表的得分。每个分量表的得分是该分量表内所有条目得分的总和。各分量表所含条目如下：

性认知：第1、3、7、12、17、20、23、25、27题；

性价值观：第9、15、18、22、32、33、36、39、43题；

性适应：第26、29、31、37、38、40、42、44、45题。

测谎题：包括6和14、24和30、28和46、35和41共4对。若成对题得分不一致说明被测者测试时可能不认真，随意作答，测试结果无效。

结果解释：

（1）总分解释：总分反映了被测者性心理健康的总体状况。得分越高，表示性心理健康状况越好。

（2）分量表解释：

性认知：得分高表示被测者对生理结构和性知识的了解程度较高。

性价值观：得分高表示被测者的性观念和性态度较为成熟和健康。

性适应：得分高表示被测者在社会适应、性控制力和自身心理适应方面的能力较强

学思践心

大学生的性与爱

Part 1：性行为与决定

1.问题讨论：婚前性行为

（1）主持人提出问题：进入青春期以后我们就开始有了性意识，想交异性朋友，也有了性欲望。有些青年朋友开始谈恋爱，有些人准备（或已经）尝试性行为。对于婚前性行为，有人坚决反对，有人觉得可以尝试。你们怎样看待婚前性行为呢？

（2）将学生分成两组，同意婚前性行为的为一组，反对婚前性行为的为另一组，讨论：为什么赞成或反对婚前性行为？

（3）小组分别汇报讨论结果。主持人对任何理由都不加以评判。当讨论各方争执不下的时候，主持人引导大家深入思考：对于婚前性行为，无论是反对方还是赞成方，其理由都非常充分。问题是我们个人面对这个问题时会做怎样的选择呢？

（4）主持人根据讨论总结：

- 是否发生性行为是你自己的选择，不是他人强迫的。
- 你的决定是经过深思熟虑的，不是屈从于他人的影响或压力。
- 做出决定前，你需要明白性行为可能带来的后果和应负的责任。
- 最终要做出一个对自己和对方都健康、安全、负责任的决定。
- 拒绝是困难的，但真诚的交流总能成功。
- 如果要发生性行为，就要采取安全措施。

2.案例分析：夏佳该如何决定

（1）案例展示：李青辰对班上的夏佳很有好感。他喜欢夏佳的聪敏、善良和美丽，一

直在寻找各种机会接近夏佳。夏佳是一个非常活泼、热情的女孩。每当李青辰需要夏佳帮助的时候，夏佳就像对待其他同学一样热心地帮助他。李青辰觉得和夏佳在一起很开心，甚至有一种莫名的冲动。一天，李青辰写了一封非常动人的情书悄悄塞给夏佳，并告诉夏佳晚上他一个人在家，希望夏佳能去他家玩。

（2）将男女分成两组进行讨论，列出夏佳可能的做法、原因及结果（见表6-3）。

表6-3　夏佳可能的做法、原因及结果

可能的做法	原因	结果

（3）各小组报告讨论结果，并请大家提问。

（4）主持人介绍理智思考和智慧决定的过程：

每件事情都会有几种选择，每种选择都会有一定的理由，这时你要学会分析每种选择的利和弊，做出审慎、负责任的决定。这个过程包括：

- 清楚自己面临什么问题。
- 尽可能全面了解与之有关的情况。
- 可能的选择有哪些。
- 权衡各项选择的利弊。
- 最终做出决定。
- 坚定自己的选择并采取行动。

Part 2：练习如何做决定

1.角色扮演：做决定

主持人：在日常生活中，我们会觉得拒绝别人的要求并不容易。设想一下，如果你的恋人向你提出性要求，可你却不想这么做，你会怎样拒绝他/她呢？

（1）将学生分组，发给组员不同的情景卡片，给出5分钟准备时间。

[情景1]

人物：一对热恋情侣（别无他人）。

场景：海滨，夏日的夜晚，月色撩人，微风轻拂，海浪轻轻拍击海岸。

请双方表演：男方提出性要求，女方拒绝。

[情景2]

人物：一对热恋情侣（别无他人）。

场景：周末，旅馆内。

请双方表演：女方提出性要求，男方拒绝。

（2）结合以上表演，主持人组织学生讨论：

Q1：上面每个情景的拒绝方式是否合适？为什么？

Q2：被拒绝一方是否有可能接受拒绝者的拒绝？为什么？

Q3：询问扮演拒绝者的学生：“作为拒绝者，你有什么感受？”

Q4：询问扮演被拒绝者的学生：“作为被拒绝者，你有什么感受？”

Q5：大家认为比较好的拒绝方式有哪些？

（3）主持人逐项念出下面练习中左侧的话，请学生进行有效拒绝的练习，然后主持人念出表中右侧的参考答案，请学生体会怎样的拒绝是更有效的（见表6-4）。

表6-4　拒绝练习

主持人念出	学生回答	拒绝性行为要求的技巧
1.别的恋人之间都是这样做的，我们那么相爱，就试试吧。		1.别人是别人，但是我还没有想好。我相信好多人都不会这样做，包括我在内。
2.如果你真的爱我，就应该理解我的感情，我真的非常想和你做爱。		2.我不跟你做爱，不等于我不爱你，如果你爱我的话，就不要逼我做我不想做的事。
3.我们大家彼此都那么爱对方，还有什么不可以做的。		3.但是，我们还没有足够的准备，我还要好好想一下。
4.来啦，我们都是大人了，都已经成熟了，还等什么。		4.成熟的人做什么事都会想得清清楚楚，并会考虑后果。不如我们先讨论一下做过之后会有什么样的后果和责任，你说好不好？
5.我们上次不是都已经试过啦，感觉也不错，这次你怎么又不愿意了？		5.上次归上次，现在我要再想想清楚，我想你是不会逼我的，是不是？
6.有性要求是正常的，而且性行为会使我们更亲近，我们来试试吧！		6.我知道有性要求是正常的，我可以理解你。但是你有没有想过“试试”会带来什么后果？我们之间的交流和尊重也会使我们更亲近。
7.总之我太爱你了，有些控制不住，现在就想要！		7.你太冲动啦！如果你爱我，你应该顾及我的感受。
8.我知道你其实同我一样很想试试的，为什么不试试呢？		8.其实你都不知道我想要什么，证明你都不了解我！我要的，是真正关心我并尊重我的人。
9.拥抱使我很兴奋，如果你真的爱我，就证明给我看！		9.Sorry！我不想！爱不是这样证明的！不如我们冷静一下！
10.如果你不肯，就说明你不爱我，那我就找别人了！		10.我觉得你好不尊重我！你真的爱我？如果你真是这样想的，我倒要好好想想，你是否真的值得我爱。

（4）主持人继续带领学员深入讨论：

主持人：随着身体的发育，成长中的青少年每天都会面对许多与性有关的事情，需要做出处理和决定。有些仅与个人有关，如性幻想、性自慰；有些是与他人有关的，如恋爱、约会、性行为等。怎样做出明智和负责任的决定，对自己负责、对他人负责是每个人都会面临的问题。那么，什么样的性行为是负责任的性行为？（可能的答案：双方平等、双方自愿、真心相爱、身体成熟、心理成熟、有保护的性行为、使用避孕方法、使用安全套、对可能发生的后果有所准备并能够负责……）

通过今天的讨论，你有什么收获？

（5）主持人总结：做出是否发生性行为决定之前在心中问问自己：

- 我准备好了吗？
- 我真的了解他/她吗？
- 我的要求对方能接受吗？
- 我能保证这个决定为他/她所认可和尊重吗？
- 我能保证这个决定不给自己和他/她带来伤害吗？
- 我能保证这个决定是一个健康、安全、负责任的决定吗？

2.总结

通过今天的学习，我们学习了在伴侣提出性要求时如何做出正确的决定，也练习了怎么去做决定，这种做决定的技能在今后大家遇到各种问题时都可以用上，也希望大家在今后的学习、生活中能多使用正确做决定的步骤与方法，坚定地做出自己的决定。最后我们在本节课的主题中需要明确和重申以下几个观点：

（1）如果你的决定是负责任的，就要坚持自己的决定。

（2）拒绝是权利。每个人都有说“不”的权利，而且也要尊重他人说“不”的权利。

（3）拒绝是技能。拒绝要有力，语气坚定、态度明确，甚至肢体语言与言语态度要一致。最有力的拒绝是反击，爱可以是拒绝性要求的最好理由：如果你爱我，就不会让我做我不愿意做的事。

专题七

构筑绿色“心”网——大学生网络心理与调适

内容提要

本专题将带你走进网络心理健康的殿堂，分析互联网对大学生认知、情绪、意志、人格以及交往心理、道德心理和性心理的积极与消极影响，教你了解高职学生网络心理特点，把握网络心理健康的标准、认识沉迷于网络的巨大危害性，学会辨别、利用与控制网络资源的技巧，实现人生发展。

学习目标

知识目标：

1. 了解网络心理的基本概念及大学生上网的积极与消极心理需求；
2. 掌握网络对心理健康的影响及保持网络心理健康的方法。

能力目标：

1. 具备识别网络心理障碍的能力，学会调适自身的网络心理；
2. 掌握在网络环境中自我保护和自我调节的方法；
3. 能合理安排网络使用时间。

素养目标：

1. 树立正确的网络使用观念，形成健康的网络心理；
2. 增强网络道德意识和责任感，养成自律健康的网络习惯。

单元一　网络心理概述

事说心语

网痴该何去何从

小殷是某高职院校的一名男生，来自偏远的山村，高中时学习比较刻苦，由于高考发挥得不是很好，好不容易上了高职。大一结束时，他获得了学院二等奖学金。他沾沾自喜，放松了学习，逐渐迷上了网络。高中时代还对手机游戏一窍不通的小殷没多久就成了“王者荣耀”中的“吃鸡”大户。接下来的一年中，他将全部的热情与精力投入网络游戏中，并将大部分生活费用来上网。为满足上网的支出，他只好从肚子上省，由于生活饮食不规律，人瘦了很多。学校周边的网吧，白天每小时1.5元～2元，“包宿”只需6元，为了长时间泡在网吧里，小殷只好晚上“活动”，成绩自然出现挂科，要不就是因旷课次数超过规定，被取消考试资格。辅导员多次找他谈心，与家长沟通，共同做他的思想工作，但收效甚微。大二时，小殷的母亲为了能使小殷完成学业，只好在学院附近花高价钱租房陪读。

案例分析：

上述案例中小殷的行为属于网络成瘾的表现。过度依赖网络给大学生的心理健康造成了极大的影响。沉湎于网络使大学生的性格变得更加孤僻，对社会形成隔离感，造成悲观、沮丧等心理障碍。小殷对正常的学习和娱乐活动没有兴趣，消极地逃避现实，造成角色错位，把对现实的感觉和喜怒哀乐寄托在虚拟的网络世界中，感情淡漠，情绪低落，注意力分散，无精打采，只有在网上才会精神焕发。有的大学生也明知沉湎于网络会影响学业，多次告诫自己不能再泡网吧，可还是身不由己。网络成瘾的大学生大多会陷入虚幻的网恋中，人格出现异化，道德感弱化。因长时间上网，大学生减少了在现实生活中的人际交往和正常的文娱活动，日常的生活规律被打破，饮食不正常，体能下降，睡眠不足，生物钟失调，身体虚弱，思维出现混乱，严重者甚至导致猝死和自杀。大学生网络成瘾导致的一个最直接的后果是成绩下降、学业荒废。

指导建议：

(1) 增强自律能力和自我保护意识。一个严于律己的人，能够经常自觉地检查自己的思想言行，全面客观地认识自己，自律能使人战胜自我、完善自我。上网时要自我克制、自我保护，自觉抵制网上不良信息的影响。要健康上网，对一些宣传色情、暴力的网站，我们要做到不传、不看、不受诱惑。

(2) 上网有度，以学业为重，减少上网次数和上网时间，不能无节制地上网。要知道网上的虚拟代替不了现实，网上聊不出梦想的实现。

(3) 当自我控制能力欠缺时要及时寻求帮助。当自己无法克服网瘾时，可以请老师、家长或好友来限制你的上网时间，限制你的上网范围，限制你的浏览范围，必要时请求他们采取强制措施制止你的上网行为。

(4) 转移注意力。当有上网念头时，不妨转移一下你的注意力，用其他方式代替上网，如找同学聊天、打篮球、看小说等，借此逐步克服网瘾。

(5) 培养坚强的意志。上网的吸引力很大，要克服网瘾必须有坚强的意志，坚强的意志是克服网瘾、获得学业成功的必要条件。能不能尽快从网瘾中解脱出来，也是检验你是否具有坚强意志的标准之一。

温故知心

一、网络的概念

国际信息互联网络，是指集通信网络、计算机、数据库以及日用电子产品于一体的电子信息交流系统，是计算机之间进行国际信息交流和实现资源共享的最佳手段，它能使每个人随时随地将文本、声音、图像、电视信息传递给设有终端的任何地方、任何人。随着互联网的发展，尤其是智能手机的普及，上网成了大学生主要的休闲方式。网络依靠强大的数据运算功能，具有实时查询浏览全球信息、获得新闻、网上学习、收发电子邮件、在网上与人交往、发布信息、网络游戏及其他远程服务等功能，具有交互性、开放性、平等性、实时性、丰富性、专门性、同时性、个性化等优势特点。可以说，网络已经成为我们生活中一个不可缺少的必需品，也的确方便了我们的生活。因此有人戏言：对于网络世界，只有你想不到，没有它做不到。

网络改变了我们的生活，也改变了我们大学生日常活动和行为的方式，但网络是一把双刃剑，它给我们带来便利的同时，也让我们付出了相应的身心代价。网络缺乏严谨性、深刻性、权威性，甚至包含一定数量的信息垃圾，会给使用者带来弱化情感交流、以文本作为沟通媒介、身份平等自由化、意识形态梦境化、时空超越、可记录性等网络心理特征。

二、网络心理的概念

微 课

网络心理概述

网络心理是指在虚拟的计算机网络时空（网络环境）里人的心理过程及由此而形成的个性特征。网络心理是在网络环境这一物质技术背景和特定文化背景下产生的。网络环境的出现导致网络主体身份的虚拟性、自我创造的想象性、多样性、随意性（也称不确定性），从而引起网络主体的心理变化。主体身份及个性的变化使得网络心理除了具有一般心理特征，还具有其他显著特点：虚拟移情、自我迷失、网络道德责任感不强、网络人格障碍等。

三、网络成瘾的含义、症状和类型

（一）网络成瘾的含义

网络成瘾即互联网成瘾综合征，是指在无成瘾物质作用下的上网行为冲动、失控，表现为过度使用互联网而导致个体明显的社会、心理功能损害。这个概念最初由美国心理学家格登博格提出，随后金伯利·扬博士进行了发展、完善。

微课

大学生网络成瘾的表现

（二）网络成瘾的症状

患有网络成瘾心理障碍的学生的基本症状为经常上网时间失控，对网络欲罢不能，由此产生心理、生理依赖性，强令终止便会出现暴力倾向。即使其意识到严重性，也仍难以自控。网络成瘾者因为缺乏社会沟通和人际交流，将网络世界当成现实世界，导致在日常生活中情绪低落、无愉快感或兴趣丧失、睡眠障碍、生物钟紊乱、食欲下降、体重减轻、容易激动、自我评价降低，严重者易形成心理疾病，甚至产生自杀意念。

（三）网络成瘾的类型

1. 交际成瘾

在传统的人际交往中，人们很难想象与一个性别不清、职业不明、年龄不详的人交往。而网络把交往带入一个完全虚幻的空间。网上的个体可以是一个与现实生活中截然不同的形象，没有人知道他的真实情况。那些在现实中有着重重顾虑的人可以在这里寻找认同、安慰、发泄，可以无所顾忌地表达内心的感受，轻而易举地在网络上找到自己的倾听者。很多在现实中不敢做的事，可以在这里做到，你可以大胆地谈论自己不熟悉的话题，还可以吹嘘拿手好戏而不遭人嫉妒，因为在网上你对他人不构成压力。网络是虚幻的，它给你带来放松而不是紧张和恐惧。这就是青年学生沉溺于网络交际而难以自拔的原因。

2. 色情迷恋

人们对网络色情内容产生兴趣是很自然的事情，虽然并不是所有人上网的目的都是浏览和欣赏色情内容。越是被禁止的，人们越是好奇，司空见惯之后，人们对那些东西的热情与兴趣就会荡然无存。但青年学生若被网络上的色情、淫秽的内容吸引，沉迷其中而不能自拔，那后果是很可怕的。网络具有传播速度快、受众面广、影响范围大等特点，不法分子常通过色情网站、聊天室等渠道大量传播黄色信息。据统计，网上非学术性信息大约有47%与色情有关。随着网络的普及和网上黄毒的蔓延，意志力薄弱的人在接触这些信息时，往往难以自制，一旦染上色情迷恋，容易形成变态人格。

3. 游戏成瘾

网络游戏大多暴力性很强，长期沉浸在暴力中，会使人逐步丧失人际交往能力，易冲动，从而引发各种争执。游戏中的挫败和现实中的受挫会加剧身心伤害，导致心理障碍的形成。

4. 浏览成瘾

浏览成瘾是指沉湎于网络上各种信息的无目的浏览、收集、堆积和传播。在网络中，搜索引擎在几秒内就会汇总大量数据，令人目不暇接。浏览成瘾会使人在吸收大量垃圾信息的同时感到无所适从、心绪不宁，形成焦虑或浮躁，乃至出现思想混乱等精神状态。

心理学与生活

游戏成瘾

“游戏成瘾”是2017年底世界卫生组织（WHO）宣布设立的一种疾病，被归类为精神疾病。2018年更新的《国际疾病分类》专门为“游戏成瘾”设立条目，并明确9项诊断标准，以帮助精神科医生确定患者是否对游戏产生依赖。

2018年6月18日，世界卫生组织发布新版《国际疾病分类》，“游戏障碍”即通常所说的游戏成瘾，被列为疾病。2019年5月25日，世界卫生组织正式将“游戏成瘾”(Gaming Disorder）列为一种疾病，并纳入医疗体系。

世界卫生组织表示，确诊“游戏障碍”疾病往往需要相关症状持续至少12个月，如果症状严重，观察期也可缩短。现行标准中一共列出了9种症状，一般要满足其中5项，才可考虑后续判断：

1. 完全专注游戏；
2. 停止游戏时，出现难受、焦虑、易怒等症状；
3. 玩游戏时间逐渐增多；
4. 无法减少游戏时间，无法戒掉游戏；
5. 放弃其他活动，对之前的其他爱好失去兴趣；
6. 即使了解游戏对自己造成的影响，仍然专注游戏；
7. 向家人或他人隐瞒自己玩游戏的时间；
8. 通过玩游戏缓解负面情绪，如罪恶感、绝望感等；
9. 因为游戏而丧失或可能丧失工作和社交。

扪心问诊

心理自测：手机成瘾指数量表

手机成瘾指数（Mobile Phone Addiction Index，MPAI）量表是由香港大学梁永炽教授基于临床通用的《美国精神障碍诊断与统计手册（第4版）》中有关成瘾的诊断标准编制的。该量表由17个项目组成，包括4个因子：失控性（指使用者在手机上花费大量时间而不能自控）、戒断性（指无法正常使用手机时出现挫败的情绪反应）、逃避性（指利用手机逃避孤独、焦虑等现实问题）和低效性（指过度使用手机影响日常生活学习的效率）。

请认真阅读表7-1中的题目，并凭借第一感觉答题。

表7-1　手机成瘾指数量表

题号	题目	几乎没有	偶尔	有时	经常	总是
1	我的朋友和家人曾因为我在用手机而抱怨。	1	2	3	4	5
2	有人说过我花了太多时间在手机上面。	1	2	3	4	5

续表

题号	题目	几乎没有	偶尔	有时	经常	总是
3	我曾经试图向其他人隐瞒我在手机上花了多长时间。	1	2	3	4	5
4	我的话费超支。	1	2	3	4	5
5	我发现自己使用手机的时间比本来打算的要长。	1	2	3	4	5
6	我尝试在手机上少花些时间但是做不到。	1	2	3	4	5
7	我从未觉得在手机上花够了时间。	1	2	3	4	5
8	当在手机信号区以外待上一阵时，我总担心会错过电话。	1	2	3	4	5
9	我很难做到将手机关机。	1	2	3	4	5
10	如果我有一阵子没有查看短信或者手机没有开机，我会变得焦虑。	1	2	3	4	5
11	没有手机我会心神不定。	1	2	3	4	5
12	如果我没有手机，我的朋友会很难联系到我。	1	2	3	4	5
13	当感到被孤立时，我会用手机与别人聊天。	1	2	3	4	5
14	当我感到孤独的时候，我会用手机与别人聊天。	1	2	3	4	5
15	当心情低落时，我会用玩手机来改善情绪。	1	2	3	4	5
16	我发现我在必须要做其他事情时却沉迷于手机，为此给我带来些麻烦。	1	2	3	4	5
17	在手机上耗费的时间直接导致我的办事效率降低。	1	2	3	4	5

计分与解释：量表采用几乎没有=1、偶尔=2、有时=3、经常=4、总是=5五点计分，得分越高，表明对手机的成瘾倾向越高。该量表参考杨格的网络成瘾筛选标准，受试者在17个条目中，如果对8个条目做出肯定回答，即被界定为手机成瘾者。

学思践心

“网络与我的生活”主题辩论赛

活动目的：通过辩论赛，引导团体成员认识网络与我们生活的关系，澄清网络对当下生活的利弊，能理性选择上网内容，安排上网时间。

活动过程：

1. 辩题选择与参赛人员选拔

辩论主题：

a. 网络对生活的影响利大于弊还是弊大于利；

b. 网络是生活中的一部分还是我们就生活在网络中；

c. 网络是为我所用还是我为其所用。

2. 辩论流程

第一阶段（陈词阶段）：

（1）立论陈词：正方一辩陈词 3 分钟，反方一辩陈词 3 分钟。

（2）立证陈词（进一步阐述本方观点）：正方二辩陈词 3 分钟，反方二辩陈词 3 分钟。

第二阶段（盘问阶段）：

（1）正方三辩提问，反方任何选手（只限一名）回答。

（2）反方三辩提问，正方任何选手（只限一名）回答。

（3）提问用时累计 1 分钟，回答用时累计 3 分钟。

第三阶段（自由辩论阶段）：

由正方首先发言，然后反方发言，正反方轮流发言。共用时 10 分钟，每方用时 5 分钟。

第四阶段（总结陈词阶段）：

反方四辩总结陈词，用时 4 分钟。正方四辩总结陈词，用时 4 分钟。

3. 教师点评与总结

单元二 网络与大学生

事说心语

未曾谋面的那个他

小D是某高职院校大二的一名女生，在上网聊QQ时无意中加了一个网名叫“蓝色精灵”的人，每次上网时总能遇到他，每次也都聊得十分投缘。不久后，“蓝色精灵”就提出了想与小D成为男女朋友的要求，并想要与她见面。小D既心动又好奇，很想与他见面，可又担心上当，不知道该怎么办。你觉得小D可以与这位“蓝色精灵”见面吗？

案例分析：

上述案例中的女生出现的现象属于网恋。网恋即网络恋爱，是指男女双方通过现代社会先进的网络媒介进行交往并恋爱。

随着网络的迅速发展和普及，网恋这种特殊的恋爱方式正成为年轻人新的生活方式。而大学生之所以钟爱网恋，是因为以下几个原因。第一，距离产生美——大学校园本来就充满着浪漫的气息，大学生又对新事物有强烈的猎奇心理，容易被网上陌生人的神秘、浪漫和新鲜吸引，陷入爱河不能自拔。第二，寻找自我——有一些大学生性格内向、敏感、抑郁、自卑，缺乏社会交往，自我价值感低，不敢向身边的女性表达情感，而网络正好给他们提供了掩护自尊、获得异性认可的虚拟环境。第三，学习压力——一些学生进入大学后成绩落后，自信心下降，丧失学习动力；一些学生没有学习目标，生活空虚寂寞，于是在网上寻找刺激。第四，好奇心理——大学生普遍有“凡事都想体验”的心理特点，对网恋也不例外，经常忽视现实的爱情生活，回避真实的情感，而在网上又容易轻易地付出情感。第五，从众心理——看到周围同学的男女朋友是在网络上交往并发展到相恋的，自己也想体验和尝试。

指导建议：

网恋给人的心灵最大的冲击是它对爱情过程的浓缩。一场历时几年的传统爱情，在网络上几天之内就可以完成它的产生、升华、消失过程。没有良好的心理素质和心理准备，极容易受到心理伤害。

网恋的美丽之处便在于它的神秘，正是虚幻使网恋有挡不住的诱惑和吸引力。在网上，人和人之间进行精神上的交流和慰藉，反映了人在潜意识当中的幻想，情感反而比现实生活中表现得更为直接和纯粹。网恋就因为与现实无关，恋爱本身也就更能打动心灵。

然而，在校大学生还没有真正踏入社会，还缺乏对社会的了解，缺乏人生经验，在追求网络爱情时，往往忽略了某些现实因素的重要性。媒体上经常报道的关于网恋的负面消息，当事人多是一些身心还略显稚嫩的年轻人，他们选择跟网友见面更多的不是因为心灵的深深吸引，而是由于好奇心的驱使，见面之后，落差太大，丝毫没有感觉，对自己是一个不小的打击；此外还可能被一些犯罪分子利用，抓住他们的心理弱点，乘虚而入。真实的爱需要建立在现实生活的基础上，它通常与男女双方的理想、志趣、爱好、性格、成长环境和经历等有密切的联系，只有通过现实生活中的相互接触、相互了解、相互信任、相互认同才能培养出来。

温故知心

一、网络对大学生的影响

（一）网络对学习方式的影响

微 课

网络对大学生心理健康的影响

通过网络传授和获取知识，更快速便捷。但网络不能代替学校、家庭、社会，不能代替学生的实践行为，不能引导学生分析错误产生的原因，帮助其改正错误。教育不仅仅是知识技能的传授，更重要的是人与人之间情感的交流。

（二）网络对生活方式的影响

人们可以通过网络浏览信息、观看影视剧、欣赏音乐、进行游戏等，网络使人的交流方式发生巨大变化，拓展了个人生活。网络生活有助于提高自信心，激发想象力、求知欲和创造性，不断提升人的心理健康水平。但网络游戏具有强烈的诱惑力和消极的诱导性，是不易控制的不良文化的传播渠道。

（三）网络对思维方式的影响

网络能够强化人的逻辑思维能力，培养某些非智力因素中的优良品质，如耐心、细心、专业品质和恒心等；能培养利用现代工具去分析和解决问题的意识。但是，网络单向度的工作方式不利于培养青年多层次的逆向思维能力和随机思维能力；网络工作模式有时会扼制青年丰富的想象力和灵活的创造力。从大脑左右两半球功能的开发来看，网络主要开发了人脑左半球的逻辑思维能力，而对右半球的形象思维能力的开发较小。

（四）网络对青年社会化的影响

青年由“对人的崇拜”转向“对知识的崇拜”，自主性增强，对人的信赖减弱。青年不再盲目崇拜权威。网络对社会权威产生了巨大的冲击力，这本不是坏事，却容易使部分较幼稚的年轻人形成玩世不恭和狂妄自大的个性。

（五）网络对心理健康的影响

通过网络，学生扩大了人际交往圈子，这有助于建立良好的人际关系。网络交往使人们的交往空间扩大，人际沟通的时效性、便利性和准确性得到提高，有利于良好人际关系的建立和发展，给心理健康带来积极的影响，为不良情绪的宣泄提供了良好的途径。网络提供了新渠道，有益于青年学生的心理健康。网络的心理健康站点、心理网站所提供的内容给心理健康状况自测、网络方式的心理咨询与辅导、心理医院与心理医生的介绍及求医预约和了解心理健康研究动态等带来了极大的便利。但网络也会引发人际关系障碍，如网络孤独症、网络成瘾症等，网络还会诱发人格障碍，如攻击型人格障碍、退缩型人格障碍、双重人格或多重人格等。网络对自制力弱、性格孤僻、心胸狭隘的人所产生的消极影响较大。网络陷阱较多，如不良游戏、色情网站、不良聊天室等。网络成瘾一方面影响学生正常的学习和课业，另一方面使学生沉溺其中，远离周围伙伴，变得更加孤僻。

二、大学生健康网络心理标准

（1）有正确的网络心理健康观念，认识到心理健康对人生发展的重要意义与现实价值。

（2）在网络和现实社会环境中保持旺盛的求知欲和浓厚的学习兴趣。

（3）离线与在线时都能保持人格的完整统一，在线时能根据一定目标积极主动接收与处理有价值的信息，离线后能快速地从虚拟空间里走出来，投入现实生活中。

（4）不因使用网络而影响正常的学习与生活。

（5）良好的交往与环境适应能力，离线后能进行正常的人际交往，保持和谐的人际关系。

（6）离线后能保持身体平衡，上网不影响身体健康，不会出现不适应现象，如感觉器官、神经系统以及身体功能下降或失调。

（7）网络活动中具备良好的心境和情绪的协调、控制能力。

（8）具有符合大学生年龄特征的网络心理行为。

三、大学生上网心理需求分析

网络是一个让人心驰神往的世界，聊天、游戏、电子商务等五花八门、瞬息万变，吸引着广大学生。

（一）信息渴求

大学生既有着自发的积极探索外部世界的心理倾向，也具有接受新事物快、信息敏感度强的特点。网络提供了一个快捷、丰富、方便的平台，满足了他们的需求，也激发了他们对知识信息的渴求。

（二）平等自由观念

大学生有着强烈的自由平等意识，网络的平等性、开放性、互动性激发了他们积极参与的热情。在网络中，大学生可以摆脱现实身份、地位的束缚，体悟自由、平等的快乐；可以畅所欲言，真实地表达自己。

（三）自我价值实现

大学生有强烈的交往愿望，寻求交往沟通对象，期待理解与关爱。他们会通过与他人交往反观自己，不断完善自我，充分实现自我价值。但现实社会的复杂容易使人受挫，大学生的情感交流和自我价值感得不到满足。而在网络交往中，他们可以充分展现自我、袒露真情。

（四）压力宣泄

社会变革、人才竞争等外部不确定性使大学生承受着较大的心理压力，因此，他们内心需要一个发泄的对象和空间，而网络提供了这种便利，满足了这种心理需求。

（五）个性追求

大学生有着强烈的求新、求异的愿望。在网络中，可以随意点击，主动接收各种信息，可以通过文字画面与声音融合，产生全方位的感受，获得精神上的满足和愉悦。因此，网络是大学生满足个性追求需求的重要形式。

四、大学生常见网络心理问题

（一）网络孤独症

微课

网瘾危害与调适

心理学家发现，人沉溺于网络，心理上会产生孤独感，导致抑郁情绪的增加。网络隔绝了人与人之间的直接交流，使人过分关注人机对话，远离与他人的现实联系。网络孤独症患者整日沉溺于网络，心甘情愿地退出现实生活，成为孤独的电脑人。心理学家还发现，网络依恋会导致社会参与减少与心理幸福感的降低。过度上网交友将会导致社会孤立和社会焦虑，尤其是性格内向的学生更容易陷入孤独、自卑当中。他们借助网络来吐露心声是有益的，但网络在为性格内向的学生提供自我展示平台的同时，也使他们在现实中变得更加内向甚至自闭。这就是为什么有些学生平时很内向，但在网上却异常积极活跃，回到现实后往往又变得更加孤独内向，在网络中的形象与日常生活中判若两人。

（二）网恋迷情

网恋通常有两种形式：一是在网上认识，在网上恋爱，甚至在网上“结婚”“组成家庭”，但却没有现实接触；二是相识于网络，互生好感后有了现实的接触与交往。网恋的主要特点是以网络为主要沟通工具，充分利用网络通信的各种方法，如 E-mail、网上聊天室、网络虚拟社区等来表达感情、发展双方的恋情。一旦时机成熟，即从网络走进现实，开始现实中的交往。网上情人变成了现实情人，关键是因为双方在网上交流的时候能够畅所欲言，展露真实的自我，因而见面以后双方会觉得差距不大。但并不是每个网恋都会以美好结局而告终，更多的会出现俗称的“见光死”。因为也有一些人在网络交往中戴着面具，将自己伪装起来。然而，正是虚幻增加了网恋的吸引力，正是虚幻使网恋有挡不住的诱惑。其实无论是网聊、网恋还是网婚都只是我们在网络上的一种存在方式。网络毕竟是网络，它永远不可能代替我们生活的全部，不要让虚拟的网络扰乱了我们正常的现实生活。

（三）网络人格迷失

在网络世界里，人们无法确定自己的角色，更难以确定自己的位置，可以表现得和现实生活中截然不同。但如果沉溺于网络，人们会逐渐迷失自我，严重的会导致人格的变异。

（四）网络道德缺失

网络道德缺失是指利用网络做出对他人不利或危害他人和社会的行为，如网上谩骂、撒谎、人身攻击、传播无聊信息、发布虚假电子邮件、网络赌博等，更严重的还有信息欺诈、网络犯罪等触犯法律的行为。信息网络的海量数据流和高度流动性及非物质形态的特性，使信息活动超出了传统概念的范畴。大学生的不成熟导致网络越轨行为的产生，从总体上来说，大学生的网络越轨行为大致可以分为两类：网络犯罪和网络色情。正如国外一位犯罪学家所言，比起现实世界，人们似乎更倾向于在网上犯罪。在大学生网络犯罪中，不经允许而侵入他人网络是较为常见的现象。而且，在黑客中，大学生的比重比较大，他们制造和散布电脑病毒，恶意破坏网络用户资料。更有甚者，利用网络进行盗窃、诈骗。大学生对性有强烈的神秘感，一些大学生沉迷于色情网站，很轻易地就成为色情网站的俘虏，沉溺于内容淫秽的图像，陷入色情幻想之中而无法自拔。

五、大学生网络成瘾原因分析

（一）闭锁性与交友意向矛盾影响下的交往心理的作用

青春期是个体交往需要最强烈的时期，交往也是青年社会化和心理健康发展的必要条件。但由于心理不成熟、交往经验和交往技巧缺乏等原因，青年学生在交往过程中往往会出现一系列心理问题，主要表现为自闭与防御心理、自卑心理、交往恐惧等，导致现实交往的失败，交往需要得不到满足。而网络交往具备人际交往的所有条件与特征，通过电子邮件、网上聊天等手段进行联系与交流，使交往双方逃避了在现实交流中必须要面对的压力，而且可以向对方隐瞒真实的身份、年龄甚至性别，以一个虚拟的个体来与对方交往。这种交往方式既随意、轻松，避免了现实中交往的紧张、不适应，又满足了人际交往的需要。

（二）性冲动与自控力矛盾影响下的性好奇心理的作用

青春期性意识的成熟、性冲动的困扰、心理幼稚、意志力不坚强、自觉抵制不良信息的能力较差，以及获得正确知识的渠道不畅，这些因素容易促使青年学生产生强烈的性好奇心理。网络上充斥着各种与黄色、暴力有关的内容，给青年学生的身心造成了伤害。

（三）求知欲与认知水平矛盾影响下的信息占有与探索心理的作用

青年人求知欲旺盛，获得和占有信息的需要较强烈。网络上的信息丰富、直观，形式丰富多样，易于理解和接受。但如果不加选择地接受和占有，就容易走入误区。如每天从网上收集大量并不重要的信息，下载尽可能多的、实际并不急需的软件，登记注册大量的免费信箱，尝试从网上购买商品和服务，参加与互联网有关的活动等，严重者甚至表现出类似强迫症的症状。有的人对网络技术与网络安全具有强烈的探求欲，并以攻击和破坏网站、非法进入机密网站来显示自己的能力，获得成就感。

（四）理想与现实矛盾影响下的幻想、玩乐心理的作用

处于青春期的青年人好幻想，容易脱离现实，看不到现实与幻想之间的距离，从而沉溺于幻想不能自拔。网络游戏给他们的这种心理提供了一个展示的平台。网络游戏中多媒体和三维技术的运用更符合青年人的接受心理，使他们乐此不疲，达到痴迷的程度。而网络上的游戏资源更丰富、获得更便捷，并且可以通过联机实现扮演不同角色的人机互动，且不受空间距离的限制。在玩网络游戏的过程中，个体始终把自己想象成游戏中具有超强本领的英雄人物，最终能通过努力完成伟大的使命，以此获得成就感。

六、大学生网络成瘾心理调适方法

随着网络在青年学生中的普及，网络所带来的心理障碍也越来越受到关注，保持网络心理健康是当代大学生心理健康的重要方面。情绪不稳定的人不但容易沉溺于网络，而且还极容易成为严重的网络成瘾患者。心理学家研究发现，大多数人的人格特质在 30 岁以后极少变化，而在 30 岁以前还处于不稳定的变化过程中，年龄越小，其变化的可能性就越大。大学生的年龄一般为 18～23 岁，其人格特质还有一定的可变性，可以通过改变生活环境和人际交往手段抑制情绪不稳定性，弱化网络成瘾倾向。网络成瘾者可以通过认知调适法、行为调适法、辅助调适法及其他较为实用的方法进行心理调适。

（一）认知调适法

1. 认知重建

改变坚定而又顽固的信念，如“游戏真棒”“上网真好玩”“再没有比上网更刺激的事了”。端正上网动机和上网态度，不厌恶和排斥它，采取“导”而非“堵”的中肯态度，让网络成瘾者充分认识到成瘾后的严重后果。

2. 自我提醒

将上网的好处和坏处分别列在一张纸的两侧，按程度轻重排好顺序，每天做思想斗争 10～20 次，每次 3～5 分钟，尤其是在瘾发时；也可以将好处和坏处分别贴在显眼的地方，如电脑上、柜子上、门上，每天多次默念或大声念上网的坏处，战胜自己不合理的网络观念。

3. 自我辩论

想象自己上网成瘾后的种种不良后果，如成绩下降、被大家看不起、被别人羞辱、对不起自己的父母及亲人等，在瘾发时让“理想自我”与“现实自我”进行辩论，让内心的道德感、责任感与罪恶感、失败感斗争，在理智上战胜自己，痛下戒除网瘾的决心，增强自己的戒网动机。

4. 自我暗示

如果又有了想上网的念头，可以反复自我暗示，如“不行，现在应该学习，等周末再说”“一定能行”“我一定能戒除”；每当抵制住了诱惑，认真学习，度过了充实的一天后，就进行自我鼓励，如“今天我又赢得了一次胜利，继续坚持，加油”。这样不断强化，形成良性刺激，加强自己的意志，使上网的欲望得到抑制。语言暗示既可通过自言自语，也可将提示语写在日记本上，或贴在墙壁上、床头上，以便经常提醒自己、鞭策自己。

（二）行为调适法

1. 强化法

自我奖励、自我惩罚，成瘾者可以按当天的进展情况给自己设置一些小小的奖励或惩罚。奖励和惩罚既可以由成瘾者自己执行，也可以请老师、同学、家长协助执行。例如：当目标执行无误，就奖励自己吃一样喜欢的零食或买一件喜欢的东西，否则就罚自己长跑1 000米或做清洁等。

2. 行为契约法

成瘾者与家长共同商定戒除网瘾的行为契约，成瘾者签订契约并成为契约的遵守者，家长则担任契约的执行者，从而规范成瘾者的上网行为，培养自我约束能力。

3. 厌恶疗法

成瘾者默想迷恋网络后造成的种种被辱场面，想象自己长时间上网后萎靡不振的颓废样子，甚至可以将上网后精神不振时的形象拍下来，再与以前精神状态好时对比，让自己厌恶过度上网行为，从而激励自我，增强自我效能感，但注意不要泛化到厌恶整个自我。

4. 放松训练

为应对戒网瘾时出现的紧张、焦虑、不安、气愤等不良情绪，成瘾者可采用肌肉放松法、想象放松法、深呼吸放松法以稳定情绪、振作精神。

（三）辅助调适法

1. 转移注意力法

在其他活动中寻找快乐，如欣赏优美抒情的音乐，去运动场跑步、打球，读一些轻松愉快、有趣味的书刊，或与朋友逛街、散步、看电影、郊游等。因过度上网而产生孤独、忧郁等情绪的同学，应多参加体育锻炼。

2. 社会支持法

寻找社会成员，尤其是父母的支持，取得他们的理解和帮助，请他们帮助自己戒除网瘾，营造舒适、安全的人际环境。多交往阳光积极的朋友，加入良性的兴趣团队，如足球队、书友会、钢琴班等，丰富和充实自己的课余生活。

（四）其他较为实用的方法

（1）明确上网目的。要明确上网的目的是方便工作、学习知识与调节生活。在上网前就做好防止触网上瘾的心理准备。不要把上网作为逃避现实生活问题或者发泄消极情绪的工具。

（2）制定目标。上网之前先制定目标。每次花几分钟时间想一想，自己要上网干什么，把具体要完成的任务列在纸上。有选择地浏览自己所需要的内容，不要漫无目的。

（3）限定时间。上网之前先限定时间，根据上网目标确定时间，自觉有效地加以控制。尽量利用业余时间上网，不要打破正常的饮食与生活习惯。

（4）远离网毒。在上网过程中，要远离网上的不良信息甚至不法信息。应保持平稳的心态，消除猎奇心理，不要迷信网络爱情。

（5）合理安排时间。合理有序地安排上网时间和参加社交活动的时间。二者兼顾，拥有丰富多彩的现实生活，才不至于在网上寻求情感满足。不要为了打发时间而泡在网上。其实生活中打发时间的方式很多，比如和朋友聊天、打球、看电视、读报纸、运动等，这些都是很不错的方式。

（6）心理咨询。如果觉察到网络给身体和心理带来不适，而且长时间得不到缓解，就应该去找心理医生，进行心理咨询。

七、大学生健康网络心理培养

（一）拥有明确的目标

大学生在校的学习时间只有短短几年。要充分利用这段宝贵的时间，找到自己明确的目标，就要有奋斗和行动的指南。要懂得在校期间应积极进行知识储备，为未来就业奠定基础。

（二）正确认识网络

大学生要正确认识网络，合理地使用网络资源，准确把握自我，认清自己的实际需要，处理好现实与虚拟世界的关系，避免网络心理问题的产生。

（1）网络是把双刃剑。网络是一个充满诱惑的陷阱，也是一个自由、开放、平等的世界。它只是个工具，不是我们生活的全部。网络资源是人类社会不可缺少的财富。网络社会并不是真实的社会，网上的成功并不是真实的成功，虚拟的情感宣泄与满足并不能得到真正的快乐。因此要正确认识网络，学会用哲学的观点来剖析，积极应对。

（2）努力提高自己的网络辨识能力。大学生要善于利用网络进行学习，努力提高自己的网络辨识能力。网络辨识能力主要包括信息内容、信息形成和信息价值的识别、判断能力。如果缺乏这种能力，面对网络就会陷入盲从、迷失的状态。要学会分辨网络的真善美和假恶丑，尤其要提高对各种思潮和伦理价值观的判别能力，保持头脑清醒，做出正确选择。要选择一些内容积极向上、富有教育意义、具备良好信誉的网站，提高上网的有效性。

（3）正确把握现实与虚拟。人是活在现实世界中的，现实对于人来说才是有意义的。人可以选择通过网络来排解心中的苦闷，但是使自己活在一个虚拟的世界中却是不现实的。只有处理好现实与虚拟的关系，在现实生活中学习处理人际关系，步入社会的时候才不至于产生各种不适。

（三）调整心态，努力提高网络交往能力

（1）拥有健康的网络心态。大学生树立了良好的网络心态，增强辨别能力，就不至于

受到各种不良思想的影响。网上信息纷繁复杂，怎样把握自己是个很重要的问题。既然无法脱离，那么我们就应该以开放的心态来对待网络，克服不良心理，积极、主动地做自主性的网民，提高网络的驾驭能力。

(2) 培养网络交往能力。大学生要坦诚友好地交流，努力提高自己的网络交往能力。网络交往不同于现实交往之处，就是它的虚拟性和数字化交往手段。网络交往不仅是信息和知识猎取、交流的平台，也是个体身心健康和社会化的重要途径。网络是一个自由的空间，在这里可以自由表达快乐与痛苦、成功与失败，它为人们提供了一个释放自己情绪的广阔空间。提高网络交往能力，应从网络交往态度、网络交往认知、网络交往中的情绪和人格等方面加以完善。网络交往最宝贵也最为重要的品质是诚信和宽容。诚信和宽容能够使网络交往的桥梁畅通无阻。在网上交流，尤其要克服愤怒、恐惧、嫉妒、自卑、自负、怯懦、孤僻、冷漠、偏执等不良情绪和人格障碍。培养良好的网络交往能力，做到用正常的心态和文明的语言去交往，善交、乐交知心朋友，只有这样才有益于身心成长和人生发展。

(四) 正确、合理而有效地利用网络

大学生要从科学角度认识网络、走进网络，吸取全世界优秀的文化成果，全面学习网络知识和技术；树立终生学习的观念，学会冷静地分析、处理和创造各种有用的信息；积极关注网络的发展变化，把握机遇，为未来而学习。大学生应积极利用网络的优势，参与有益的网络活动，使优秀的网络文化在潜移默化中熏陶自己，从而起到良好的自我教育效果。

(五) 努力提高自我保护意识

在缤纷的虚拟世界里，形形色色的骗子在网络上策划着高明的骗局。网络的虚拟往往使人逐渐丧失警惕，不知不觉陷入陷阱。因此不要乱交网友、不要轻信网友，要增强自我保护意识，提倡文明、健康、安全上网。

(六) 努力维护网络安全，遵循网络规则，形成平等、自由的伦理价值观

当前，网络立法和管理相对比较滞后，网络欺诈、网络黑客、网络垃圾、网络失信现象缺乏应有的管理监督和约束，严重干扰了网络文化环境的秩序，甚至影响了人们正常的生活秩序。随着我国网络立法步伐的不断加快，一部部网络法律法规的相继出台，已在一定程度上维护了网络运营秩序，并使得网络法治观念逐步深入人心。大学生在网络守法中要做出表率，讲信誉、守规则，自觉维护网络安全和网络秩序。

(七) 努力提高身心健康水平

古语说：“没有规矩不成方圆。”大学生上网也应该有个“度”，也就是有节制。有的学生缺乏自控能力，沉溺于网络，耽误了学业。更有甚者，铤而走险，走上犯罪的道路，断送了自己的前程。上网要有度、有节，应充分利用网络的优势进行学习与交流，积极在现实生活中寻找朋友，而不沉溺于网上交友和网恋。

(八) 积极参加集体活动

积极参加各类集体活动可以分散自己对网络的痴迷，也可以获得身心的愉悦。通过集

体活动，大学生不仅可以锻炼身体，还可以增长知识、开阔视野、提高能力，能够促进良好个性的形成。

（九）积极寻求救助

网络空间到处都是新鲜的事物，对易于接受新鲜事物的青年学生有着极强的吸引力，但也会导致青年学生对网络的极度迷恋。网络世界容易使人放任自流，人们不再关心现实世界，一旦回到现实就会产生孤独感。当我们出现网络孤独症等网络心理障碍时，就应该积极求助于他人，包括老师、家长、朋友、同学、医生等。通过求助，我们必须最终完成从他助向自助的转变。通过对心理健康的了解和心理咨询，形成良好的心理素质，培育健康的心态。这个过程艰难而漫长，但这是我们心理健康发展的必由之路。

扪心问诊

心理自测 1：网络依赖简易测验

国外心理学家金伯利·扬提出了八项标准（见表 7－2），可供自我诊断是否对互联网产生了依赖。

表 7－2　网络依赖简易测验表

题目	回答
1. 你是否着迷于互联网？	是　　否
2. 你是否感觉需要延长上网时间，让自己尽兴？	是　　否
3. 你是否经常不能控制自己的上网行为？	是　　否
4. 停止使用互联网的时候，你是否感觉烦躁不安？	是　　否
5. 每次在网上的时间是否比自己计划的时间要长？	是　　否
6. 你的人际关系、工作、学习、教育或职业机会是否因互联网而受到影响？	是　　否
7. 你是否对父母、老师或其他人隐瞒了你对互联网着迷的程度？	是　　否
8. 你是否把互联网当成一种逃避问题或释放焦虑不安情绪的方式？	是　　否

在上面 8 个问题中，如果 5 个及以上问题的回答是肯定的，就可以判断为网络依赖。

心理自测 2：网络成瘾测验

表 7－3 为网络成瘾测验表。

表 7－3　网络成瘾测验表

请根据自己的日常情况做出选择。A 代表总是，B 代表经常，C 代表介于经常和偶尔之间，D 代表偶尔，E 代表几乎没有。	
1. 你觉得自己上网的时间比你预期的要长吗？	A　B　C　D　E
2. 你会因为上网忽略自己要做的事情吗？	A　B　C　D　E

续表

3. 你更愿意上网而不是和亲密的朋友待在一起吗？	A　B　C　D　E
4. 你经常在网上结交新朋友吗？	A　B　C　D　E
5. 生活中，朋友、家人会抱怨你上网时间太长吗？	A　B　C　D　E
6. 你因为上网影响学习了吗？	A　B　C　D　E
7. 你会不顾身边需要解决的问题而上网查 E-mail 或看留言吗？	A　B　C　D　E
8. 上网影响你的日常生活了吗？	A　B　C　D　E
9. 你担心网上的隐私被人知道吗？	A　B　C　D　E
10. 你会因为心情不好去上网吗？	A　B　C　D　E
11. 你在一次上网后会渴望下一次上网吗？	A　B　C　D　E
12. 如果无法上网你会觉得生活空虚无聊吗？	A　B　C　D　E
13. 你会因为别人打扰你上网而发脾气吗？	A　B　C　D　E
14. 你会上网到深夜不去睡觉吗？	A　B　C　D　E
15. 你在离开网络后会想着网上的事吗？	A　B　C　D　E
16. 你在上网时会对自己说“再玩一会儿”吗？	A　B　C　D　E
17. 你想过办法减少上网时间吗？	A　B　C　D　E
18. 你会对人隐瞒你上网时长吗？	A　B　C　D　E
19. 你宁愿上网而不愿意与朋友们一起出去玩吗？	A　B　C　D　E
20. 你会因为不能上网而变得烦躁不安、喜怒无常吗？	A　B　C　D　E

计分与解释：选 A，计 5 分；选 B，计 4 分；选 C，计 3 分；选 D，计 2 分；选 E，计 1 分。总分 40～60 分为轻度网瘾，总分 61～80 分为中度网瘾，总分 81～100 分为重度网瘾。

学思践心

活动一　时间去哪儿了

活动目的：通过头脑风暴，引导团体成员对时间价值进行思考，澄清当下不当的网络时间管理。

活动过程：

1. 时间盗贼：分小组制作一张时间占用归类卡，结合时间占用归类卡分析当下的时间主要花在哪里，对你当下大学生活的有利之处以及不利影响。

2. 领导者总结：总结当下成员不当的网络时间管理方式，引导成员进入下一环节的思考。

活动二　时间价值大拍卖

活动目的：让成员了解到自己想通过网络达到什么目标或满足自己的什么需求，以及由此对自己造成了什么困扰；鼓励成员通过发挥自己的优势、运用自己的能力来确立新的行为目标，对于那些对自己不利的行为则用自己的实际行动来改变。

活动过程：

1.领导者发下网络价值拍卖单，让成员思考自己想买的项目，然后发给每个学生一些假钞，领导者开始进行拍卖，成员可以根据自己的喜好喊价，买到时领导者敲拍卖槌以示成交。

2.分享：(1) 拍得了哪些网络价值，为什么想拍这些价值？(2) 以最高价拍得哪个价值，为什么？(3) 这些网络价值对你来说有什么意义？(4) 比较拥有这些网络价值和没有的差别？领导者邀请成员分享此次活动的收获。

专题八

直面挑战——大学生压力管理与应对

内容提要

大学里有许多新的人生课题出现在生活中，比如复杂的人际关系、快节奏的学习和繁重的学业负担、感情上的困扰、理想与现实的冲突等。有的同学出现了紧张感、压抑感、自卑感，甚至焦虑、抑郁等多种消极心理体验。这些问题如果长期得不到缓解，就很容易产生心理问题乃至心理障碍，影响未来的发展。

学习目标

知识目标：

1. 知晓压力的内涵，掌握大学生常见的压力源；
2. 了解压力与健康的关系；
3. 掌握大学生常见的压力应对方式。

能力目标：

1. 会辩证看待压力并能理性调节自身压力水平；
2. 会采取积极的压力应对方式管理自身压力。

素养目标：

1. 培养良好的心理素质，提高心理韧性和适应能力；
2. 树立积极的生活态度，珍惜学习时光，照顾好自己。

单元一　压力与健康

事说心语

考不上该怎么办

小明，男，某高职院校电子商务专业大三学生，平时学习成绩优异、活泼开朗，与同学和老师关系融洽。小明从大一进校开始就给自己设立了明确的学习目标：参加专升本考试。准备了三年的重要考试，还有一个月就要开考了，他最近越来越觉得对这次考试没有把握和信心。每次一坐下复习，他的脑海里就会不自觉地想：如果考不上该怎么办？越想心里越担心，考试压力让他的情绪波动很大，总是因为一点小事就发脾气，晚上也睡不好。他也不知道该怎么办。

案例分析：

专升本考试是大部分专科毕业生选择继续深造的一种途径，在这个过程中，有不少学生会面临考试焦虑的问题。考试焦虑是指在即将进行考试或正在进行考试时出现的一系列症状，如紧张、恐惧、担心、失眠等，影响考试发挥和考生心理状态的一种心理现象。造成考试焦虑的原因主要有以下几个方面：

(1) 学业压力：专升本考试是一个重要的升学关口，考试内容涉及广泛且难度较大，许多大学生可能会感到学业上的压力巨大，导致焦虑情绪的产生。

(2) 就业压力：专升本考试的结果直接影响毕业生的就业前景，一些大学生可能担心自己无法顺利通过考试而影响未来的就业和发展。

(3) 自我期望：有些大学生可能对自己设定了过高的考试成绩期望，过度追求完美造成焦虑，觉得无法达到自己的预期目标。

(4) 社会比较：在同学、家人的比较中，学生可能感到压力增大，焦虑情绪逐渐加重。

(5) 考试不确定性：大学生专升本考试的考试结果无法预测，这种不确定性也会导致学生产生焦虑情绪。

指导建议：

大学生专升本考试焦虑的原因是多方面的，需要针对不同的情况采取相应的缓解和化解措施。深入分析焦虑原因，可以更有效地帮助学生应对焦虑情绪，提高考试的应对能力和心理素质。

(1) 接受焦虑情绪：首先要明白焦虑是一种正常的情绪反应，不要对自己的焦虑感到羞耻或压抑，要试着接受这种情绪并与之相处。

(2) 深呼吸与放松：在感到焦虑时，可以通过深呼吸来缓解紧张情绪。深呼吸可以帮助大学生放松身心，缓解焦虑情绪。

(3) 锻炼身体：适当的运动可以释放身体中的紧张感和焦虑情绪，增加身体的耐受力和应对能力。

(4) 寻求支持：与朋友、家人或心理咨询师分享自己的焦虑和困惑，寻求支持和帮助，可以减轻焦虑的程度。

(5) 调整心态：学会调整自己的思维方式和态度，将焦虑的能量转化为积极的动力，相信自己能够克服困难和挑战。

(6) 规划时间：合理规划学习和生活的时间，避免因为拖延或压力过大而导致焦虑情绪的加剧。

(7) 放松心情：学会放松自己的心情，可以通过听音乐、看电影、读书等方式来缓解焦虑情绪，保持心情愉快。

温故知心

一、压力概述

微 课

压力概述

只要有人类存在就有压力。压力又叫应激，最早由加拿大生理学家汉斯·塞利提出。他认为压力是表现出某种特殊症状的一种状态，这种状态是由生理系统中应对刺激的反应所引发的非特定性变化所组成的。首先，压力是指那些使人感到紧张的事件和环境刺激；其次，压力指的是一种身心反应；最后，压力是一个过程。人们通常把压力看作个体对外界刺激的反应过程，是一种个体感到需求与自己满足那种需求的能力之间出现不平衡时所产生的心理和生理的反应。由于受信念、判断、价值观念等的影响，个体对压力的看法和反应就会不一样。特别是人们的认知结构中存在的一些不合理信念，往往会导致不适当、不适度的生理、心理和行为反应。

（一）压力产生过程

压力是在刺激因素作用于易感个体，并在保护性和资源性因素作用不力的情况下发生的，是个体在对抗压力源影响时表现出的一系列生理、心理动态变化的过程。

1. 生理过程

塞利认为压力是内外环境中各种刺激作用于机体时个体所产生的非特异性反应，表现为一种特殊症状群——全身适应综合征。他将这些变化分为以下三个阶段。

(1) 警觉阶段。机体受到伤害性刺激时，在最初的一个短暂的过程里会出现“休克”现象，然后产生一系列生理、生化变化，进行体内动员和防御。主要表现有肾上腺活动增强、心率和呼吸加快、血压增高、出汗、手足发凉等现象。

(2) 抵抗阶段。生理和生化改变继续存在，垂体促肾上腺皮质激素和肾上腺皮质激素分泌增加，机体调动了全部资源，生物适应性也处于最高水平。但是，糖皮质激素的释放会影响机体的免疫功能，盐皮质激素则可导致体内钾钠等电解质平衡失调，抗利尿激素分泌增加而致水潴留，长期抵抗则会耗竭机体资源，导致衰竭和崩溃。

（3）衰竭阶段。如果刺激持续存在，阻抗阶段过长，机体最终将进入衰竭阶段，表现为淋巴组织、脾脏、肌肉和其他器官发生变化，机体因应激损伤而患病，甚至死亡。

2. 心理过程

压力产生的过程中，心理和生理反应是密切联系的，常伴随出现。两者都是在有压力时机体以整体方式做出的反应，两者同时存在，相互影响、相互作用、彼此转化。压力心理反应过程也可划分为三个阶段。

（1）唤醒阶段。为了应对压力，机体最先出现警觉和资源动员，如引发紧张情绪，提高敏感度和警戒水平，调动自我控制力等。同时，机体可能采取各种应对手段，以满足压力应对要求。此时，如压力源消失，警觉和调动恢复；但如果压力持续存在，那么适应不良的征兆就会出现，如持续焦虑、紧张，各种躯体不适，工作效率下降等。

（2）抵抗（能量蓄积）阶段。在此阶段中，机体试图找到应对方法，增强认识与处理能力，消除不良心理反应，恢复心理内稳态，以防心理崩溃。机体直接处理压力情境，心理防御机制运用显著增加，调动所有资源，对压力源的抵抗水平达到最高，甚至是"超水平"。如果压力持续存在，机体常逐渐趋于僵化，死守先前使用过的防御手段，不再对压力源及情境进行再次评价或调整应对方式。这些将阻碍机体选用更合适的应对方式，导致抵抗效能下降。此时，机体可有紧张体验，并出现一些心身障碍症状及轻微的心理异常表现。此阶段同生理反应的阻抗阶段一样，大多数情况下，阻抗反应是可逆的，且机体的心理功能可恢复正常。

（3）耗竭阶段。面临连续、极度的压力时，机体应对手段开始失败，心理防御机制被夸大且不恰当，常出现心理失代偿表现，如心理混乱，脱离现实，甚至出现幻觉、妄想。如果这种压力状态继续，机体就会全面崩溃，出现暴力或淡漠、木僵，甚至死亡。大多数情况下，进入衰竭是一个逐渐、长期的过程。

人的压力心理反应过程如图 8－1 所示。

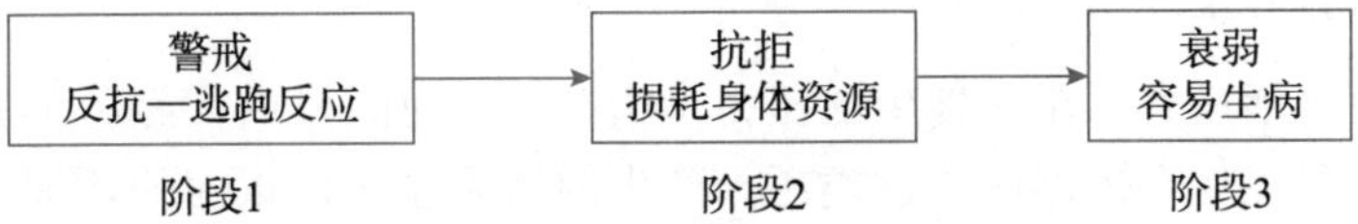

图 8－1　人的压力心理反应过程

值得注意的是，心理压力反应的表现如同生理压力反应一样非常复杂，这种反应进入相应阶段的顺序，每一个阶段持续的长短及相应的表现等常因事件严重程度、突然性、个人的内在素质及社会支持、干预等不同而有所不同。目前研究发现，压力的任何一个阶段，一旦压力源的强度过大，或应对反应无力，机体随时有可能不经过典型的三阶段发展而直接进入衰竭状态，甚至导致死亡。

（二）压力的分类

1. 按性质分类

压力按性质通常可分为正性压力、中性压力和负性压力。正性压力是有益的压力，产生于个体被激发和鼓舞的情景中，当压力持续增加，正性压力会逐渐转化为负性压力，绩效或健康状况随之下降，生病的危险加大。中性压力是一些不会引发后续效应的感官刺激，它们无所谓好坏。比如，看到一则关于遥远的城市发生火灾的新闻，或是听说某明星的婚姻出现危机……负性压力，即有害的压力，简称为压力，比如险些发生交通事故、工作中频繁加班、夜晚隔壁邻居家吵闹的音乐声等。负性压力又可以分为两类：急性压力和慢性压力。前者来势汹汹但迅速消退；后者出现的时候不甚强烈，但旷日持久。

2.按严重程度分类

压力按严重程度来分，可分为轻度压力、中度压力、重度压力和破坏性压力。

（1）轻度压力。轻度压力的压力源不大，刺激比较轻，难度较小，稍微努力就能完成，对人动力影响也比较小，基本上不产生心理困惑。轻度压力一般无须关注和进行特别的调控。

（2）中度压力。中度压力是介于轻度和重度之间的，从压力源上来说适中；从难度上说要经过努力和采取一定措施才能完成；从动力上说对人的动力推动最大；从心理上来说容易让人产生焦虑情绪，也可能会伴有轻微的抑郁成分。中度压力在可自行调节范围，当个体按着制定出的计划和措施实施，目标减少，压力减小，心理困惑逐步减轻。

（3）重度压力。重度压力是由于压力源大，给人造成了严重的心理冲突，导致的焦虑和抑郁持续的时间比较长，程度比较严重，在短时间内很难减弱。这种状态会使大多数人产生逆反心理，会放弃现在的努力和改变这种状态的能力，导致压力所致的心理问题长期得不到解决。

（4）破坏性压力。破坏性压力又称极端压力，包括战争、大地震、空难以及被攻击、绑架、强暴等。破坏性压力可能会导致创伤后压力失调、灾难症候群、创伤后压力综合征等。破坏性压力不仅可以影响一个人的身体素质，使得个体产生生理疾病，而且会引发个体在生物、心理、社会、行为等各个方面的变化，从而导致身心障碍甚至身心疾病，应当被慎重对待。

3.按压力性质分类

（1）单一性生活压力。单一性生活压力是指在某一时间段内，经历某种事件并努力适应，其强度并不足以使个体崩溃。这类压力产生的结果往往是正面的，大多有利于个体提高抗压能力。

（2）叠加性压力。这类压力从产生时间上又分为两种：一是同时性叠加压力，指同一时间内发生若干压力事件；二是继时性压力，指两个以上的压力事件相继发生，前面的压力效应尚未消除，后继的压力又已发生。

二、压力与健康的关系

微课

压力强度与身心影响

（一）压力带来的身心反应

“压力山大”似乎已经成了现代人的口头禅。当听到“压力”这个词或者想到“压力”时，你最先想到的是什么？生活中我们对压力事实上有一些误解。

因为更多的人会把压力看成一种阻碍我们行动力或者给我们带来不

幸的开始。但适当的压力可以激发我们的潜力，帮助我们成长。但压力过高却有极大的负面影响，包括生理和心理等多方面的表现。

(1) 生理方面：肾上腺素快速分泌、消化系统停止运作、肾上腺分泌可体松，降低身体免疫系统的反应、性荷尔蒙分泌量降低，造成阳痿及性冷淡或不孕等问题。

(2) 心理方面：注意力下降与注意广度缩小、组织能力与长期计划能力变差、脱离现实的妄想与思考违常程度增高、情绪调节能力变差、忧虑担心的感觉增高、忧虑与无助感出现、自尊心明显降低、兴趣与热忱感消失、药物滥用的频率增加及将责任转移给别人。

研究表明，许多疾病，如高血压、心脏病、消化系统疾病，以及各种恶性肿瘤疾病都与压力水平高度相关，压力已经成为影响个体健康的一个重要因素。

(二) 极端压力对身心健康的影响

一般来说，压力对人体健康的影响包括生理、心理以及行为上的变化。

(1) 极端压力容易引发某些生理疾病，甚至可能有致命的危险，如高血压和心脏病，以及失眠、长期疲劳、头痛、红疹、消化功能紊乱、溃疡、结肠炎、食欲不振、暴饮暴食、恶心等。其中许多病症都是在紧张事件之后发作的。而其他症状更具即时性，如恶心、窒息或口干舌燥。尽管这些症状也可能是其他因素引起的，但毫无疑问，压力是不容忽视的一个重要因素。

研究发现，压力还会削弱人体的免疫系统，这也揭示了为什么我们在压力状况下更容易患病。压力还可能会加重自身免疫性疾病的症状，如风湿性关节炎等。压力还可能会引起头痛、肠部症状，而且当前研究已经证明，压力与癌症之间存在一定的关系。

(2) 极端压力容易引发负性情绪体验，包括经常动怒、严重焦虑、消沉沮丧、缺乏性欲、丧失幽默感、对最简单的日常事务也无法集中精力。辨认自身或他人压力是否适度的关键是了解压力下的情绪反应是否适度。如对自身外表、他人、社会事件及以往感兴趣的事情（比如热衷的体育运动）不再留意；精力、记忆衰退，高迟疑不决；愁苦、内疚、疲劳、冷漠以及切身的无助感和失败感；感到无能自卑与没有价值。

(3) 极端压力对行为表现的影响。极端压力影响下个人的应对方式可能会出现一定困扰。例如：当处于压力之下时，一些人会很愿意更多地喝酒或是大量地吸烟，这是一种直接的压力缓解方式。还有些人因为有太多的工作要做，没有健康的饮食和合理锻炼，可能会减少睡眠，或是由于焦虑而影响睡眠质量。他们可能疲于应付工作和日常的压力，以至于对自己的生活有些失控，无法在自己需要的时候去看医生。所有这些情况都会对健康产生负面的影响。

扪心问诊

心理自测：压力自测问卷

指导语：在下表中，找出过去一年内发生在你身上的事。

亲密家庭成员的死亡 ——100

好友的死亡 ——73

父母离异　——65
坐牢　——63
较严重的个人伤害或患病　——63
结婚　——58
失业　——50
重要课程考试失败　——47
家庭成员的健康问题　——45
怀孕　——45
与性有关的问题　——44
与好友发生严重争执　——40
经济状况的改变　——39
大学专业的改变　——39
与父母有矛盾　——39
结交新女朋友或新男朋友　——38
工作负担加重　——37
个人取得显著成就　——36
进入大学的第一学期　——35
生活条件改变　——31
与老师发生严重争执　——30
比预期的分数低　——29
睡眠习惯的改变　——29
社会活动的改变　——29
饮食习惯的改变　——28
连续的汽车故障　——26
生活在一起的家人数量的变化　——26
缺课太多　——25
转学　——24
不止一门课成绩下降　——23

总分________

计分方式：把在过去一年内所经历事件的相应分数相加就是你的压力分数。

解释：如果你的分数达到 300 或更高，就有因压力而生病的风险；如果分数在 150～300，而且接下来几年里压力继续存在，那么你就有 50%的患病可能；如果分数低于 150，相对而言你因压力而导致严重的健康变化的风险就会较低。

学思践心

活动一　突围闯关

活动目的：正确识别压力、压力源。

活动过程：

1. 突围：选出一位成员，站在团体中央，其他的成员则手臂相连，形成包围。被包围在团体中央的成员可以采用任何方式，力求突围挣脱；而围成一圈的成员要各尽其力，不让被包围者逃出。一段时间之后，换其他成员尝试。

2. 闯关：所有的成员围成一圈，并手臂相连。领导者或其他一位成员站在圈外，设法竭力打入成员内。其他成员应尽量排斥，直到闯关者成功。一段时间之后，换其他成员尝试。

3. 讨论：

（1）当你一个人面对团体时，是否感受到了压力？那是一种什么样的感受？

（2）当你和团队在一起时有压力吗？那是一种什么样的感受？

（3）这个活动让你看到了什么？

活动二　我的压力故事

活动目的：了解正常压力的界限，客观认识压力。

活动过程：

1. 团队中不相识的两人迅速组成搭档，分 A、B 角色，A 先向 B 讲述一件对自己有压力感的事情，属于正常压力，自己是怎样应对的。角色互换，重复以上动作。

2. A 再向 B 讲述一件过度压力的事件，自己是怎样应对的。角色互换，重复以上动作。每次讲述 3 分钟。

3. 讨论：

（1）不同的压力带给自己的是什么？

（2）还可以有什么应对方式？

（3）当压力出现时，如果积极应对会带给我们什么？如果消极应对又会带给我们什么？

活动三　认识情绪 ABC

活动目的：帮助学生澄清常见的不合理认知，学会通过调节认知来调节情绪。

活动过程：

1. 每人准备一份非理性观念检核表（见表 8－1）。

表 8－1　非理性观念检核表

题目	选择
1. 一个人应该被周围的每个人爱与称赞。	是　否
2. 一个人必须非常能干、完美及成功，如此才有价值。	是　否
3. 有一些人是不好的、邪恶的、卑鄙的，他们应该被惩罚。	是　否
4. 期待的不能得到，或计划不能实现，是一件可怕的灾祸。	是　否
5. 任何问题都有正确、完善的解答，我们必须找到它，否则结果很可怕。	是　否
6. 历史是现实的主宰，过去的经验对现实的影响无法消除。	是　否
7. 人应该依赖他人，尤其是依赖强者。	是　否

续表

题目	选择
8. 人应该为别人的问题与困扰而感到难过。	是　否
9. 逃避困难及责任，比面对它们容易。	是　否
10. 不幸或不快乐是由外界引起的，我们无法控制。	是　否
11. 人应该时刻警惕是否有危险、可怕的事情发生。	是　否

2. 让成员填写非理性观念检核表。选“是”计 1 分、选“否”计 0 分。

3. 分析这些观念，这些观念在许多人脑海里已经生根，你的得分越高，说明你的非理性观念越多。在现实生活中，持有这种想法的你就越容易产生情绪困扰，觉得心情不舒畅。你的得分越低，就越不易受这些非理性想法的困扰，情绪问题也相对较少。

4. 介绍艾利斯的情绪 ABC 理论（若不了解请自学）。该理论的要点就是情绪不是由某一诱发事件本身所引起的，而是由经历了这一事件的个体对这一事件的解释和评价所引起的。在这一理论中，A 指诱发事件；B 指个体在遇到诱发事件之后，对该事件的看法、解释和评价；C 指在特定情景下，个体的情绪及行为结果。在人的情绪产生过程中，诱发事件 A 只是引起情绪及行为反应的间接原因，而 B——人们对诱发事件所持的信念、看法、解释才是引起人的情绪及行为反应的直接起因，即人们的情绪及行为反应与人们对事物的想法、看法有关。合理的信念会引起人们对事物的适当的、智谋的情绪反应，而不合理的信念则会导致不适当的情绪反应。

5. 总结不合理信念的特征：（1）绝对化要求；（2）过分概括化；（3）糟糕至极。举和同学发生口角的例子，我认为情绪不好是因为：（1）他们不公正地对待我。（2）我应该得到周围人的欢迎，但是却没有得到。（3）这种情况简直糟糕极了。让学生判断属于哪种不合理信念。

6. 核对非理性观念检核表（见表 8－1）中的内容，看它们分别属于哪种不合理观念。

7. 引导讨论：在以前是否有过由此产生的情绪困扰？以后遇到同样的情境该如何应对？

活动四　那些花儿

活动目的：了解自己的支持系统。

活动过程：

1. 每人准备一份个人支持系统表（见表 8－2）。

表 8－2　个人支持系统表

姓名：　　　　　　　　　　　　日期：

姓名或团体名称	支持程度	干扰程度	支持干扰的种类（实物、信息、情绪等）	在什么目标或什么情况下可以支持自己

2. 填写个人支持系统表。

备注：“姓名或团体名称”一栏可以填写亲人、朋友、同学、老师、某个团体或者任何一个可以支持或干扰的名称；“支持程度”和“干扰程度”分为1～10级，1级为最小，10级为最大。

填写结束后，在小组内分享或者全体分享。

3. 引导讨论：

（1）你认为你自己的个人支持系统状况怎样？

（2）听了别人的分享，你觉得你在构建自己的个人支持系统方面还有哪些可做的？

活动五　自救方案

活动目的：试着找出改变应对压力的方法。

活动过程：

1. 每人准备一份应对压力表（见表8-3）。

表8-3　应对压力表

压力内容	以前的应对方式	以后会怎样应对
1.		
2.		
3.		

2. 每人在纸上按上表的要求填写内容，然后小组讨论、分享。

单元二　大学生的压力管理与应对

事说心语

失去父亲的女孩

某高职院校三年级女生自述，一年前其父因患肝癌住院治疗，在住院期间受到一些医护人员的冷遇，心中不免感到世态炎凉。不久，其父病逝，由于与父亲的感情较深，从小到大自己的学习生活大多都是父亲在操心和照顾，她养成了对父亲的依赖。父亲的去世使她一下子失去了依靠，再加上因为分遗产的事与亲友们又发生了很大纠纷，她就更加觉得人世间似乎一点爱和人情味都没有了，常有一种末日来临的感觉，遇到一点儿小事就会控制不住，大发脾气，或不由自主地浑身发抖，甚至当着亲友们的面随意砸坏室内的家具或其他物品。她近来常做噩梦，心烦意乱，有一种强烈的报复心理，对一切都丧失了兴趣。

案例分析：

疼爱照顾自己的父亲突然病逝，对从小到大习惯了依赖父亲的她无疑是一个巨大的打击。面对很多棘手的问题，她陷入了深深的哀伤，也产生了世态炎凉、报复他人的想法。这属于损失性挫折导致严重的心理问题。

指导建议：

心理老师可以通过宣泄疏导法、心理置换法、代偿迁移法、矛盾意向法、合理认知法等方法帮助损失性挫折者消除痛苦、战胜挫折，重新鼓起进取的信心和勇气，获得人生的力量。

1. 宣泄疏导法

人们在遭受挫折后会产生很大的精神压力，会导致不理智的行为和生理活动的剧烈变化。这时，应当通过不危害他人和社会的方式，有节制地把心中的郁闷发泄出来。只有将紧张情绪释放出来，才会使心理达到平衡，恢复理智状态。个体可以向亲人、知心朋友倾诉；可以参加运动、劳动等活动释放排解情绪，或者让自己大哭一场；可以请好友或者心理咨询人员创造一种情境，在其中适度地表达自己受压抑的情感。

2. 心理置换法

个体可以寻找专业的心理疏导者，请其设身处地为自己着想，耐心倾听自己的倾诉，急自己所急，满腔热情地给予自己指导和帮助。

3. 代偿迁移法

当一个人不能达到确定的目标而受到挫折时，可以用另一种目标来代替，或通过另一种活动来弥补心理的创伤，驱散内心的忧愁、痛苦，增强前进的信心和勇气。代偿迁移法有三种选择。其一，目标替代。原定的目标不能实现，可以重新设定一个目标来替代。其二，情境转移。为了摆脱不良情绪的困扰和挫折情境的纠缠，可以去参加使自己愉快的活动，或暂时避开挫折情境，把注意力从引起不良情绪反应的刺激情境上转移到其他事物上去。其三，环境调节。改变环境，也能起到调节情绪的作用。受到挫折和不良情绪折磨的人，更应该走出陋室，到外面走走，在绿树成荫的大道上散散步，到仪态万千的大自然中去呼吸新鲜空气，观赏壮丽的景色。

4. 矛盾意向法

在许多情况下，焦虑情绪和失调行为的产生是由于人们过分害怕某些令人恐惧的事物。当我们把注意力从那些使我们烦恼的问题上转移到事物本身或更有意义的事情上，不再为焦虑所困扰时，智慧和才能会由于免除了不良情绪的骚扰而得到更好的发挥。

5. 合理认知法

人们对挫折的情绪反应不在于挫折本身，而在于对挫折的不合理认识。因此，通过认知纠正，以理性治疗非理性，以合理的思维方式代替不合理的思维方式，就可以最大限度地减少不合理的信念给人们的情绪带来的不良影响和挫折感。

温故知心

一、大学生的压力源分析

（一）什么是压力源

假设马上将有一场很重要的考试，而你一直等到考试的前两个晚上才开始复习。当你终于下决心开始复习并寻找你的笔记时，才发现上个周末回父母家时将笔记忘在那里了。你很慌张，然后打电话给父母。他们答应连夜将笔记寄出以便你能在第二天收到。你非常焦虑以至于上床后好几个小时也不能入睡，因为你很担心即将到来的考试。

微课

大学生压力源分析

第二天，你因睡眠不足而感到十分疲惫。笔记终于寄到了，但你白天还有其他课，因此只好等到晚上回宿舍再复习。而到了晚上当你准备学习时，室友提醒你说他今晚要举办聚会，而你却忘了这回事。现在你必须到别的你不太熟悉的地方学习，比如图书馆。你冲到图书馆找了一个安静的角落，然后开始学习。尽管图书馆很安静，但你由于太累而无法集中注意力。午夜，图书馆关门了，你只好回到住处。聚会还在继续，一直持续到凌晨两点。其间你试图学习，但周围的人和音乐干扰了你。最后，你感到已经超负荷了，只好放弃复习并在人们走后上床睡觉。

但即便是现在你也无法入睡。你感到焦虑不安，感到对明天早上的重要考试毫无准备。事实上，考试在几个小时后就会开始。事情已超出了你的控制。你注意到自己开始头疼，虽然躺在床上，但你的心却在怦怦直跳，手心也在出汗，你不知该怎么办。你想学习，但也知道睡几个小时会比较好，但你好像两样都做不到。

这就是压力，它是一种被看似无法控制的事件击溃的感觉。产生压力的事件被称为压力源。就某种意义而言，压力源是极端的，它们能产生一种让人无法承受的被击溃或超负荷的感觉。压力源是无法控制的，也是我们无法影响的，比如我们不能逃避考试。

（二）常见的压力源类型

1. 生物性应激源

生物性应激源是借助于人的肉体直接发生作用的，它能引起身心两方面的应激反应，一般先引起机体生理变化，随着人们对这种生理反应进行认知评价和归因，才引起心理反应和应激状态。例如：一个人患了病，有发热、虚弱、疼痛等症状存在，在未诊断出结果之前，一般会归因于病毒或病菌侵袭的结果，可能不会引起过强的心理紧张。但如果经诊断这些症状与体征是某种严重的疾病（如肿瘤等）所引起的，个体自然就会感到心理紧张，也相应会出现心理应激反应。

2. 心理性应激源

心理的失衡也可以造成应激状态。例如：在日常生活中经常存在因欲求不能实现或不能完全实现而引起的动机冲突，需要不能满足而产生的紧张情绪状态。在人类社会生活中，由于个体差异的原因，彼此之间关系不能协调一致，形成矛盾冲突的现象是经常发生的。人有丰富的记忆资源和非凡的预见性和创造性，人们会进入回忆性、预期性或想象性的紧张情境与事件中，从而也会产生心理压力或应激状态。

3. 文化性应激源

社会文化环境的任何变动都会造成应激状态。社会文化的变动既包括重大的社会政治、经济的变动，如战争和动乱等，也包括个人的社交、生活、工作中遇到的各种各样的事件，如家庭、恋爱中的矛盾，亲人的亡故，学业与事业上的成功与失败，职位的升降等。如果人们对变化着的社会情境与生活事件，不能通过自身调整进行有效的适宜性反应，就不可避免地出现种种心理矛盾冲突，尤其是当人们失去了与集体的联系和社会的支持，处于孤立无援状态时，就会产生严重的失助感和焦虑、愤怒、怨恨、忧郁、绝望等一系列的紧张情绪，从而产生心理压力或应激状态。

除上述应激源之外，还有许多因素也可导致心理应激。例如：科学技术的飞速发展和知识更新速度的加快，迫使人们不断地接受新的教育、学习新的东西，以适应社会科技文化的发展；现代工业化、都市化的发展，带来了噪声、空气污染。机器对人的要求过高，作业内容过于单调，工作角色模糊等，都能使其感受到心理压力，使人处于应激状态。

（三）大学生压力源

大学生在大学期间会经历一些挫折让自己感受到一些心理困扰，这是毋庸置疑的。其中一些重要的生活事件也是引发大学生感受到压力并产生一系列身心反应的主要因素。

1. 人际关系敏感

刚刚来到大学校园的大学新生或许会经历一段短暂的相互之间的“蜜月期”，但很快相互之间可能就会看不顺眼甚至恶语相向、拳打脚踢。尤其是大学的寝室，是大学生产生人际困扰的重灾区。从不同的地方来到新的环境，作息习惯、生活方式，甚至价值观念都不一样，产生矛盾在所难免。但每个人都不是一座孤岛，我们都有对群体的归属需要，当无法很好地融入这个群体时，烦恼和压力就会随之产生。因此处理大学期间的人际关系，尤其是寝室人际关系是每个大学生都需要面对的一个重要课题。

2. 恋爱与情感问题

心理学家埃里克森认为，成年早期的主要冲突来自建立亲密关系需要的满足上，其中确立恋爱关系是建立亲密关系的重要方面之一。大学生既渴望开始一段恋爱关系，但由于不够成熟的恋爱观念以及不够理性的价值取向，大学生在恋爱过程中容易产生心理上的困扰。恋爱是美好的，但美好的爱情如果没有被温柔以待，也会成为悲剧的开始。因此，恋爱和情感问题也是引发大学生心理压力的重要生活事件之一。当然，请一定记得，当生命和生活发生冲突时请一定要优先选择生命。

3. 学习问题

大学生在学业上的态度往往呈现两极分化的现象。一部分学生对学习问题过于不在意，从而产生了厌恶学习的情绪反应。另一部分学生则对专科文凭在未来求职中的竞争力过于悲观，因此容易产生极端焦虑情绪。这种学习压力可能也会带来一系列的身心反应。

4. 家庭经济

家庭经济困难容易给一部分同学带来身心上的压力，使其产生自卑、退缩、敏感等负性情绪体验与反应。

5. 求职

当大三即将毕业走出象牙塔时，这个社会不会因为我们是涉世未深的大学生而对我们另眼相待。大学生走出校门容易体验到心理的落差与失望。尤其是随着就业竞争日渐激烈，大学生容易因碰壁而产生挫败感。当然，更重要的是在于自身不合理的求职观念，容易产生高不成、低不就的窘迫感。当看到身边的同学都已经求职成功，而自己依然“待字闺中”时，压力也就随之产生了。

二、大学生常见的压力应对方式

压力对于大学生来说是无处不在的。那么压力产生后你应如何应对？如果能以一种积极的应对方式处理，则可以化压力为动力，但如果压力的应对方式是消极的，则可能会产生更多的负面效应。常见的三种压力应对方式有：

微 课

大学生压力管理策略

（一）控制式应对方式

这是一种以问题为中心的应对方式，指积极主动地针对不同压力做出反应，如进行有效的时间管理等，是最优的压力应对方式。这种应对方式主要通过改变人的行为或改善周围环境，进而调整自己的情绪状态与个人、环境的关系。大学生在应对压力时，可以尝试用理智的方法处理事情，有效地分配时间，预先做好计划，选择性地把精力集中在某些具体问题上，将问题按轻重缓急排列并依次处理，尝试从旁观者的角度考虑事情等。

对于大学生来说，这种方式可以认为是一种较为理性的压力处理方式。比如马上要期末考试了，不仅专业课要准备应考，还有自己不擅长的英语和其他公共课的考试。在多门考试科目的叠加压力下，我们可能会感觉烦躁甚至焦虑。这个时候就需要我们理清思路，各个击破。比如可以尝试给自己列计划，尤其是时间管理计划，哪个时段复习什么科目的什么内容等，做得越详细、越仔细就越容易操作和执行。同时，在完成这些计划的过程中我们还可以给自己一些暗示或者具体的奖励等，让自己在枯燥的学习中体验一些乐趣和趣味。或许按这个计划执行下去，不仅备考完成了，我们也没有时间再去顾及心理上的压力感了。

（二）支持式应对方式

这种应对方式是指利用个人或社会的资源支持来对压力做出反应，如寻求压力的释放或进行压力的宣泄等。支持式的应对行为主要有：借助兴趣及消遣，比如运动、画画、散步、旅行、健身等；向理解自己的亲人或朋友倾诉等。这种应对方式的不足之处是过于依赖环境和资源，一旦支持的资源发生匮乏就会导致压力适应紊乱。

支持式应对方式相较于前一种控制式应对方式，是一种把关注点放在外在环境或资源上的压力处理方式。这也是大学生在生活中运用得比较多的一种应对方式。在运用支持式应对方式时，我们需要注意两点：(1) 不良支持方式的过度沉浸。不良的应对方式非但不能帮我们缓解压力，还会让我们产生新的内心压力和冲突。比如，有同学声称通过打游戏来缓解学习带来的压力。听起来这似乎是一个很好的解压方法。但大学生对自我行为的约束和控制能力有时还有所欠缺，通过打游戏缓解压力的方式容易让自己沉浸在游戏中无法自拔或不愿自拔。那么，非但学习问题没有得到解决，还让自己又陷入了沉迷网络游戏的冲突中。(2) 过度依赖。比如某同学面对压力的方式是找好朋友倾诉或商量。这应该是一种比较良好的压力应对方式。但如果让自己对此产生了依赖感，一有压力事件发生，或者自己一感到不开心就要找好朋友，那么就容易丧失自主的解决问题的能力，也容易让自己的情绪失去自主把控感。

（三）回避式应对方式

这种应对方式消极地忽略或回避压力，甚至否认压力的存在，当压力慢慢累积超过一定界限后，就会造成个人的突然崩溃。回避式应对方式是一种以情绪为中心的应对，它并不改变人与环境的客观关系，而是调节由压力引起的情感上的不适。它最基本的策略就是转移注意的焦点，避免思考引起压力的原因。当个体认为自己对所处环境不能做任何事时，以情绪为中心的应对将占主要位置。常见的回避式应对行为主要有：不去考虑它；不相信那是真的；把问题先放一段时间再说；认为有些事情并不是那么重要，不需要太认真；避开麻烦；不再强求自己；想想有人状况还不如自己，心里舒服一些；顺其自然，平心静气等。

运用这种回避式应对方式的大学生也不在少数。我们经常会看到一些大学生为了回避学习带来的压力，干脆放弃学习。事实上，一些问题我们可以回避，但一些问题当我们回避不了的时候就只能应对，这时一些学生就会生发一些自我保护机制，比如沉溺网游，厌恶学习或者出现其他不利于身心健康的表现。

心理学与生活　　创伤后应激障碍

创伤后应激障碍（Post-traumatic Stress Disorder，PTSD）是指个体目睹或遭遇到一个或多个涉及自身或他人的实际死亡，或受到死亡的威胁，或严重的受伤，或躯体完整性受到威胁后，所导致的个体延迟出现和持续存在的精神障碍。PTSD 的发病率报道不一，女性比男性更易发展为 PTSD。

PTSD 的发生与很多因素相关，这些因素主要分为家庭因素、社会心理因素（如性别、年龄、种族、婚姻状况、经济状况、社会地位、工作状况、受教育水平、应激性生活事件、个性特征、防御方式、童年期创伤、家庭暴力、战争、社会支持等）和生物学因素（如遗传因素、神经内分泌因素、神经生化因素等）。其中重大创伤性事件是 PTSD 发病的基本条件，具有极大的不可预期性。

PTSD 的核心症状有三组，即创伤性再体验症状、回避和麻木类症状、警觉性增高症状。但儿童与成人的临床表现不完全相同，且有些症状是儿童所特有的。

1. 创伤性再体验症状

创伤性再体验症状主要表现为患者的思维、记忆或梦中反复、不自主地涌现与创伤有关的情境或内容，也可出现严重的触景生情反应，甚至感觉创伤性事件好像再次发生一样。

2. 回避和麻木类症状

回避和麻木类症状主要表现为患者长期或持续性地极力回避与创伤经历有关的事件或情境，拒绝参加有关活动，回避创伤的地点或与创伤有关的人或事，有些患者甚至出现选择性遗忘，不能回忆起与创伤有关的事件细节。

3. 警觉性增高症状

警觉性增高症状主要表现为过度警觉、惊跳反应增强，可伴有注意力不集中、激惹性增高及焦虑情绪。

4. 其他症状

有些患者还可表现出滥用成瘾物质、攻击性行为、自伤或自杀行为等，这些行为往往是患者心理行为应对方式的表现。同时，抑郁症状也是很多 PTSD 患者常见的伴随症状。

5. 儿童 PTSD 的症状特征

儿童的创伤性再体验症状可表现为梦魇，在体验创伤性事件、玩与创伤有关的主题游戏、面临相关的提示时反复出现情绪激动或悲伤等；回避症状在儿童身上常表现为分离性焦虑、黏人、不愿意离开父母；高度警觉症状在儿童身上常表现为过度的惊跳反应、高度的警惕、注意障碍、易激惹或暴怒、难以入睡等。而且不同年龄段的儿童，其 PTSD 的表现也可能不同。

扪心问诊

心理自测：SCL-90 量表

请认真阅读 SCL-90 量表（见表 8－4），在符合自身条件的选项上画“○”。

表 8-4　SCL-90 量表

以下列出了一些人可能会有的问题，请仔细阅读每一条，然后根据近一星期自己的实际感觉，选择最符合你的一种情况，并在每个项目后面所附的备选答案的相应编号上画“○”。其中，选“没有”时在 A 上画“○”，选“较轻”时在 B 上画“○”，选“中等”时在 C 上画“○”，选“较重”时在 D 上画“○”，选“严重”时在 E 上画“○”。

问题	没有	较轻	中等	较重	严重
1. 头痛	A	B	C	D	E
2. 神经过敏，心中不踏实	A	B	C	D	E
3. 头脑中有不必要的想法或字句盘旋	A	B	C	D	E
4. 头昏	A	B	C	D	E
5. 对异性的兴趣减弱	A	B	C	D	E
6. 对旁人求全责备	A	B	C	D	E
7. 感到别人能控制你的思想	A	B	C	D	E
8. 责怪别人制造麻烦	A	B	C	D	E
9. 健忘	A	B	C	D	E
10. 担心自己衣饰的整齐及仪态的端正	A	B	C	D	E
11. 容易烦恼和激动	A	B	C	D	E
12. 胸痛	A	B	C	D	E
13. 害怕空旷的场所或街道	A	B	C	D	E
14. 感到自己的精力下降，活动减弱	A	B	C	D	E
15. 想结束自己的生命	A	B	C	D	E
16. 听到旁人听不到的声音	A	B	C	D	E
17. 发抖	A	B	C	D	E
18. 感到大多数人都不可信任	A	B	C	D	E
19. 胃口不好	A	B	C	D	E
20. 容易哭泣	A	B	C	D	E
21. 同异性相处时感到害羞不自在	A	B	C	D	E
22. 感到受骗、中了圈套或有人想抓住自己	A	B	C	D	E
23. 无缘无故地突然感到害怕	A	B	C	D	E
24. 自己不能控制地大发脾气	A	B	C	D	E
25. 怕单独出门	A	B	C	D	E
26. 经常责怪自己	A	B	C	D	E
27. 腰痛	A	B	C	D	E
28. 感到难以完成任务	A	B	C	D	E
29. 感到孤独	A	B	C	D	E
30. 感到苦闷	A	B	C	D	E

续表

问题	没有	较轻	中等	较重	严重
31. 过分担忧	A	B	C	D	E
32. 对事物不感兴趣	A	B	C	D	E
33. 感到害怕	A	B	C	D	E
34. 感情容易受到伤害	A	B	C	D	E
35. 旁人能知道你的私下想法	A	B	C	D	E
36. 感到别人不理解你、不同情你	A	B	C	D	E
37. 感到人们对你不友好、不喜欢你	A	B	C	D	E
38. 做事必须做得很慢以保证做得正确	A	B	C	D	E
39. 心跳得很厉害	A	B	C	D	E
40. 恶心或胃部不舒服	A	B	C	D	E
41. 感到比不上他人	A	B	C	D	E
42. 肌肉酸痛	A	B	C	D	E
43. 感到有人在监视你、谈论你	A	B	C	D	E
44. 难以入睡	A	B	C	D	E
45. 做事必须反复检查	A	B	C	D	E
46. 难以做出决定	A	B	C	D	E
47. 怕乘电车、公共汽车、地铁或火车	A	B	C	D	E
48. 呼吸有困难	A	B	C	D	E
49. 一阵阵发冷或发热	A	B	C	D	E
50. 因为感到害怕而避开某些东西、场合或活动	A	B	C	D	E
51. 脑子变空了	A	B	C	D	E
52. 身体发麻或刺痛	A	B	C	D	E
53. 喉咙有梗塞感	A	B	C	D	E
54. 感到没有前途、没有希望	A	B	C	D	E
55. 不能集中精神	A	B	C	D	E
56. 感到身体的某一部分软弱无力	A	B	C	D	E
57. 感到紧张或容易紧张	A	B	C	D	E
58. 感到手或脚发硬	A	B	C	D	E
59. 想到死亡的事	A	B	C	D	E
60. 吃得太多	A	B	C	D	E
61. 当别人看着你或谈论你时感到不自在	A	B	C	D	E
62. 有一些不属于你自己的想法	A	B	C	D	E
63. 有想打人或伤害他人的冲动	A	B	C	D	E
64. 醒得太早	A	B	C	D	E

续表

问题	没有	较轻	中等	较重	严重
65. 必须反复洗手、点数目或触摸某些东西	A	B	C	D	E
66. 睡得不稳不深	A	B	C	D	E
67. 有想摔坏或破坏东西的冲动	A	B	C	D	E
68. 有一些别人没有的想法或念头	A	B	C	D	E
69. 感到对别人神经过敏	A	B	C	D	E
70. 在商店或电影院等人多的地方感到不自在	A	B	C	D	E
71. 感到做任何事情都很困难	A	B	C	D	E
72. 一阵阵恐惧或惊恐	A	B	C	D	E
73. 感到在公共场合吃东西很不舒服	A	B	C	D	E
74. 经常与人争论	A	B	C	D	E
75. 单独一人时神经很紧张	A	B	C	D	E
76. 别人对你的成绩没有做出恰当的评价	A	B	C	D	E
77. 即使和别人在一起也感到孤单	A	B	C	D	E
78. 感到坐立不安、心神不定	A	B	C	D	E
79. 感到自己没什么价值	A	B	C	D	E
80. 感到熟悉的东西变得陌生或不像是真的	A	B	C	D	E
81. 大叫或摔东西	A	B	C	D	E
82. 害怕会在公共场合昏倒	A	B	C	D	E
83. 感到别人想占你的便宜	A	B	C	D	E
84. 为一些有关“性”的想法感到苦恼	A	B	C	D	E
85. 认为应该因为自己的过错而受到惩罚	A	B	C	D	E
86. 感到要赶快把事情做完	A	B	C	D	E
87. 感到自己的身体有严重问题	A	B	C	D	E
88. 从未感到和其他人很亲近	A	B	C	D	E
89. 感到自己有罪	A	B	C	D	E
90. 感到自己的脑子有毛病	A	B	C	D	E

计分方法：选 A 计 0 分，选 B 计 1 分，选 C 计 2 分，选 D 计 3 分，选 E 计 4 分。将因子 F1（躯体化）、F2（强迫）、F3（人际关系敏感）、F4（抑郁）、F5（焦虑）、F6（敌意）、F7（恐惧）、F8（妄想）、F9（精神病性）、F10（其他）各自所包含的项目得分分别累计相加，即可得到各个因子的累计得分（见表 8-5）；用各个因子的累计得分除以其相应的项目数，即得到各个因子的因子分数——T 分数。此外，若将整个问卷的总项目数减去选 A（即代表“没有”）的答案项，还可得到反映症状广度的阳性项目数。

表 8－5　SCL-90 量表得分换算表

因子	所属因子的项目编号	累计得分（S）	T 分数（S/项目数）
F1	1，4，12，27，40，42，48，49，52，53，56，58		
F2	3，9，10，28，38，45，46，51，55，65		
F3	6，21，34，36，37，41，61，69，73		
F4	5，14，15，20，22，26，29，30，31，32，54，71，79		
F5	2，17，23，33，39，57，72，78，80，86		
F6	11，24，63，67，74，81		
F7	13，25，47，50，70，75，82		
F8	8，18，43，68，76，83		
F9	7，16，35，62，77，84，85，87，88，90		
F10	19，44，59，60，64，66，89		
阳性项目总数（＝90－选 A 的项目数）：		总累计得分：	总因子分数：

解释：比较粗略、简便、直观的判断方法是看因子 T 分数是否超过 2 分（0～4 评分制），若超过 2 分，即表明该因子的症状已达中等以上的严重程度，此时请详细咨询校心理咨询中心老师或精神科医师。

学思践心

活动一　走出圈外

活动目的：通过活动引导学生学会放松，并能正确应对压力。

活动过程：

1. 每组所有人围成一个面向一个方向的圈，将双手放在前一位同学的肩膀上。跟着主持人口号，当主持人说到“拍”“捏”“打”等动词时，学生也做相同的动作。

口号：

主持人：请你跟我这样说　学生：我就跟你这样说
主持人：请你跟我这样做　学生：我就跟你这样做
主持人：如果你想吃肉包　学生：如果我想吃肉包
主持人：你就需要拍一拍　学生：我就需要拍一拍
主持人：轻轻拍啊轻轻拍　学生：轻轻拍啊轻轻拍
主持人：重重拍啊重重拍　学生：重重拍啊重重拍

几轮后再反向。

2. 走出圈外（画一个大圈，里面有四个小圈，最大的那个是第一个，依次下去）。

3. 在相应的圈中写下对应的内容：（1）生活中常让你开心，但很少对人说的话；（2）生活中常让你不开心，但很少对人说的话；（3）一个你个人的目标；（4）用 3 个词形容自己。

4. 小组分享：自己的压力与自己性格的关系、压力的来源（来自事件本身还是自身认知）。

活动二　角色扮演：人生 AB 剧

活动目的：让学生知道当下情绪和行为反应与正在经历的事关联不大，而与自己怎么看待这件事本身才是直接相关的。因此，人生是喜剧还是悲剧，取决于我们看待这些事的认知方式。

活动过程：

1. 读剧本：某一个老妇，家中有两个女儿，一个卖太阳伞，一个卖雨鞋。

A 剧本：某个下雨天，一个路人到老妇家中避雨，却见那老妇坐在门槛上，一脸的沮丧。于是路人问她为何伤神，她说："下雨了，大女儿的太阳伞又要卖不出去了。"但没过多久，出太阳了，可是老人依然不开心，因为她担心小女儿的雨鞋会卖不出去。

B 剧本：下雨了，而且大得很，老妇家里来了一个邻居。见老妇笑呵呵地做着家务，邻居就问有什么好开心的，老妇说那是因为小女儿的雨鞋有人买了。但不久之后，雨停了，邻居以为老妇要伤心了，但她的情绪丝毫没有受到影响。邻居不解，一打听，才知道老人在为卖太阳伞的大女儿有生意可做而开心。

2. 每组派两位同学，自选剧本进行表演，请其组内其他同学认真观看。

表演结束后，请在小组内展开讨论，综合前几次的学习，全面地分析剧中人物开心与否的关键和举措。

专题九

驰骋学海——大学生的学习心理与辅导

内容提要

当前我国职业院校数量多、办学规模大、办学专业范围广，是我国教育的重要组成部分，承担着人才培养的重要职责。关注大学生学习心理，保证良好的学风，对学生身心健康发展有着重要的意义。

学习目标

知识目标：

1. 掌握学习心理的内涵；
2. 了解大学生学习心理的特点；
3. 知晓大学生常见的学习心理问题。

能力目标：

1. 能正确认识大学生学习的任务和特点，了解与高中时期学习的区别；
2. 能认识自身学习中存在的问题与困扰，并能自行调适。

素养目标：

能通过了解自己的学习风格，树立正确的学习目标，制订详细的学习计划，更好地融入大学学习生活。

单元一 学习心理概述

事说心语

失去学习动力的男生

某高职院校一年级男生在高中阶段感觉学习压力极大，付出了比其他同学更多的辛勤和努力，考入大学后觉得可以完全放松了，有了一种解脱感。虽然该生自己也知道不应该有这种想法，但这种想法却时不时地冒出来。因此，他对学习始终没有兴趣，只想玩，不想看书，哪怕是坐着发呆都愿意，后来发展到一看书就头疼。大一上学期考试成绩下来，该生六门功课中有五门亮了“红灯”。他也觉得不能再这样下去了，就给自己制订了一个学习计划，决定一边学习知识，一边锻炼能力。在参加了许多社团活动后，他的成绩更是直线下降。他很苦恼，不知道该怎么办。

案例分析：

从案例中可以看出该男生进入大学后失去了学习动力，没有明确的学习方向，无知识需求，更无学习兴趣，不想学习，甚至厌倦学习。造成大学新生学习动力不足的主要原因有两个：

一是上大学前后的动机落差。在高中阶段，学生以考上大学为唯一的学习目标，一旦目标实现，容易产生松懈心理，希望在大学里好好享乐一番，没有及时树立起新的学习目标，造成了考上大学前后的动机落差。此外，高中阶段很多学生兴趣狭窄、爱好很少，一门心思考大学，没有形成特长。一旦进入大学，就迫切地想发展自己的爱好特长，把主要精力放在“玩这玩那”“练这练那”上，而对学习却逐渐失去了兴趣。

二是自我控制能力较差，容易受别人的影响。大学新生一般自我控制能力较差，容易受别人的影响，有时会有意无意地模仿高年级学生的做法，诸如“他们玩我也玩”“他们谈恋爱我也谈恋爱”，久而久之便失去了自控能力。

指导建议：

大学生可以采用以下几种方法来激发和培养自己的学习动力。

第一，形成学习需要。学习需要是健康的人所固有的，重要的是要使自己明确意识到这种需要，进而使这种需要成为促进学习动力产生的直接动因。案例中的男生认为考上大学就完成了人生使命，可以彻底放松了，其实不然，考取大学仅是人生旅途的第一站，在大学期间还要掌握专业知识与技能，建立起良好的人际关系，培养独立思考的能力，仍然需要不断努力和发展。

第二，形成学习兴趣。兴趣是人们从事某种活动的强大动力之一。一个人对某些未知事物的强烈兴趣会推动他产生了解它们的强烈愿望，从而形成学习动机。

第三，创造各种外部条件，满足个体学习的需要和兴趣。这实际上是从动机产生的外部条件入手，激发学习动机。这些外部条件包括活泼新奇的学习环境、浓厚的学习风气以及对学习效果的及时反馈等。这些条件的满足会激发学习兴趣及学习需要，从而产生较强烈的学习动力。

温故知心

一、什么是学习

不同的学者根据不同的理论基础和研究成果，提出了各种对于“学习”的定义。国内某学者认为，“学习是个体经练习或经验使其行为产生较为持久改变的历程”；美国教育学家杜威认为，“学习即经验的改造和改组的历程”；第 19 版《心理学与生活》一书中对学习的定义则是“基于经验而使行为或行为潜能发生相对一致变化的过程”。从这些定义中可以看出，经验与行为改变是关于学习的定义中两个关键的部分，具体而言：

（1）学习只有通过经验才能发生，经验包括吸收（含评价和转换）信息和做出反应来影响环境，学习是一个基于经验的过程。

（2）当能够通过展示自己的成绩，如开车或使用某项工具时，学习就已经发生了。通常，我们无法直接观察学习本身，也不能直接看见自己脑内的变化，但学习结果从我们的行为表现的进步中显而易见。不过，有时候个人的行为表现并不总是能显示出学习的全部内容，比如对某种艺术的鉴赏不一定在可以测量的行动上表现出来，这种你学到的和你外显行为中表现出来的内容之间的差异，就是学习—行为表现差异。

（3）不同学习风格影响学习效果。学习风格是指人们在学习时所具有的或偏爱的方式。换句话说，就是学习者在研究和解决其学习任务时，所表现出来的具有个人特色的方式。“学习风格”的思想起源于 20 世纪 70 年代，学习风格是假定能够使个人达到最佳学习状态的方法，具有独特性和稳定性的特点。

独特性：学习风格是在学习者个体神经组织结构及其机能基础上，受特定的家庭、教育和社会文化的影响，通过个体自身长期的学习活动而形成的，具有鲜明的个性特征。

稳定性：学习风格是个体在长期的学习过程中逐渐形成的，一经形成，即具有持久稳定性，很少随学习内容、学习环境的变化而变化。但是学习风格的稳定性并不表明它是不可以改变的，它仍然具有可塑性。

学习风格有多种不同类型，主要有：（1）沉思型与冲动型。前者在思考之后做出反应；后者则凭直觉立即做出反应，易出错。（2）场独立型与场依存型。前者较少受外界刺激干扰，能独立学习；后者易受外界因素干扰，难以独立学习，具有依赖倾向。（3）平稳型与敏锐型。前者习惯于以常规方式学习、思考问题，长于守成，短于创新；后者倾向于做新的尝试，思想灵活，反应敏锐。（4）冒险型与谨慎型。前者喜欢新奇，敢于冒险，力求成功倾向占优势；后者则是避免失败倾向占优势。（5）认知繁化型与认知简化型。前者倾向于全面、细致地考察事物，力求面面俱到，但不易抓住重点；后者倾向于以点概面，易受表面因素影响，不易触及问题深处。

那么你对自己的学习风格是否有过思考？你适合怎样的学习风格与方式？来看下面故

事中的同学对这个问题的探索与选择。

小蔡决定将来要参加专升本考试，班里不少同学都报了专升本培训班，但是他很纠结要不要报培训班。听主张参加培训班的同学说，报班了每周都有固定时间去上课，培训班的老师也会制订学习计划，学习氛围还是比较好的；主张自主学习不报班的同学说，报班的费用比较高，学习进度不能很好地根据自己的情况来把握，再说本来学习就是自己的事情，就应该自己有计划、有策略地准备，而不是依靠培训班老师的监督和管理。小蔡觉得双方的观点都很有道理，不知道该如何选择，他把自己的纠结告诉了学院的辅导员。

辅导员听了小蔡的讲述后，询问了小蔡平时的学习习惯和以往的学习、生活情况，帮助小蔡发现和梳理了自己在学习中的长处和短处，发现小蔡更适合视听结合的学习风格，并且相对来说小蔡学习也比较独立和自觉，大部分情况制订下计划后都能完成自己的目标。通过梳理，小蔡发现自己可能并不需要通过外在的力量来监督自己学习，因此选择通过有计划地安排学习量和时间，利用网络视频课程、阅读教材与做练习的方式进行自主学习。

二、学习心理的内容

学习心理是人们在学习过程中的心理反应、心理特点与活动规律的总称。学习心理研究的是如何调动人的学习积极性，如何促进人的学习效率，如怎样掌握知识、发展能力、形成技能等。总的来说，影响学习效果的两大心理要素是“智商”与“情商”。“智商”是人们常用的说法，其实主要就是人的记忆力、观察力、想象力、思维能力等的综合反映。“情商”是人们对“非智力因素”的通俗说法，它包括的内容更广泛，如学习动机、学习兴趣、学习态度、性格、气质等与学习相关的多个动力系统，对学习起着推动、定向、维持、调节、强化的作用。学习是一种十分复杂的心理现象，涉及众多生理、心理要素，这里主要从以下几个方面进行分析。

（一）学习动机

学习动机是直接影响人的学习的内部动力，是激发学生学习行为趋向某一目标的心理倾向。它是社会对人的学习意义的理解与客观要求在个体身上的反映，主要解决人们是否乐学、好学、勤学的问题。学习动机决定学习方向，一个学生只有明确了学习的目的和方向，才会有意识地进行学习活动。学生学习动机的强弱直接影响学习进程的稳定性和持久性。一个有着强烈的学习动机的学生在学习过程中会表现出坚强的意志和认真的学习态度。学习动机影响学习效果，具有较强学习动机的学生一般学习成绩较好。学习动机又受到家庭、社会、学校前期学习成效的影响。

（二）学习兴趣

学习兴趣是指一个人对学习的积极认识倾向与情绪状态。这种情绪状态就是我们常常说的乐学。常言道，兴趣是最好的老师。快乐的情绪状态有利于学生的智力活动。有浓厚兴趣的学习者会专注于学习活动，从而获得良好的学习效率。因此，学习兴趣是推动学习者学习的最活跃的学习动力。

人的学习兴趣多种多样，根据其倾向性，可以分为直接兴趣与间接兴趣。直接兴趣是指对所学学科或学习材料本身感到需要。例如：有的学生对计算机十分感兴趣，每天总要花上一点时间；有的学生对音乐情有独钟，功课再忙，也要挤出时间听听歌曲，唱上几段。间接兴趣是由学习的结果或目的引起的。例如：有的学生一听到学外语就头脑发晕，但想到不通过外语等级考试会影响毕业，也只好强迫自己尽力而为，慢慢地对学习外语也就有了点信心与“好感”。这就是说，当一个人意识到某种学习的社会意义或与自己的切身利益的相关性时，学习兴趣随之产生。

另外，根据学习兴趣维持的情况，人的学习兴趣又可以分为稳定兴趣与短暂兴趣。稳定兴趣是指对学习具有持久的喜爱，不因某种学习活动的停止而消失，稳定的学习兴趣使人有高度的自觉性和积极性，会逐渐形成中心兴趣与爱好。短暂兴趣是指偶然为某项活动所吸引，随着活动的结束而消失。

从发展水平与深刻性来看，兴趣可以分为有趣、乐趣和志趣。有趣是兴趣的低水平阶段，学生常常为学习中一时的新奇现象所吸引，学习兴趣被激发，这种兴趣具有直观性、盲目性与广泛性，一时心血来潮，过后烟消云散。乐趣是在有趣的基础上向专一方向发展的学习兴趣，即对某一学科或某一活动产生了比较持久稳定的兴趣，这种兴趣与前面所说的稳定的兴趣是相似的。志趣是高水平的兴趣，它与人的崇高理想和远大抱负相联系，与坚强意志、健全人格有关，由长期的实践与锻炼发展而来。

（三）学习态度

学习态度是指对学习比较稳定的具有选择性的反应倾向，它是由知、情、意三者组成的一种相互关联的统一体。知是指学习者对学习对象的认识和了解，是学习态度的基础。情是指学习者对所学知识或学习活动喜爱程度的一种内心体验。意是指学习者自觉地确定学习目的并根据目的有意识地调节支配自己的行动，克服学习中的各种困难去实现预定学习目标的心理过程。在学习过程中，学习态度与学习效果存在密切联系。有人把学习中的智力因素比作学习的发动机，学习态度就是学习的燃料与助燃剂。孔子把学习态度分为知学、好学、乐学，即所谓“知之者不如好之者，好之者不如乐之者”。乐学是一种最高层次的学习境界，只有乐学的人才能做到在学习上自强不息。学生有了学习上的热情，才会增强其学习积极性，主动地探求新的知识，大胆地进行思维创新，顽强拼搏，提高工作学习效率。

（四）学习能力

能力是一种心理特征，是顺利完成某种活动的心理条件。能力表现在所从事的各种活动中，并在活动中得到发展，同时直接影响活动的效率。最基本的能力是定向能力、动手操作能力、表达能力、组织能力和创造能力。学生的学习毫无疑问应当以一定的学习能力为基础。最常见的学习能力也就是人们常说的智力。智力是人的一般能力，它是感觉、记忆、思维等心理现象的综合。智力通常以言语能力、运算能力和操作能力这几种形式表现出来。人的智力是人脑中各种认识组成的对客观事物的稳定的、综合的反映，反映了事物的深度、广度、速度及准确度。学习过程是一种特殊的认识活动，与上述一般能力的参与密切相关，因此学习离不开智力。

扪心问诊

心理自测：测一测你的学习风格

下面共有 16 道题目（见表 9－1），请选择符合你的情况的答案。

表 9－1　学习风格类型测试表

题目	选择
1. 考试时，你一看完题目就马上答卷吗？	是　否
2. 你觉得朗读比默读更易记忆吗？	是　否
3. 做计算题时，你是边分析边做吗？	是　否
4. 听收音机或录音机，你的眼前就会出现形象的场面吗？	是　否
5. 在连续不断地解决问题时，你是否会精神涣散、注意力不集中？	是　否
6. 学习时，你一看图解和表格就容易记住吗？	是　否
7. 你是否因为自己怕羞而认为自己不好？	是　否
8. 你是否认为自己看课本或参考书比别人讲解更容易理解？	是　否
9. 你是否从事情的结果上来判断事情的好坏？	是　否
10. 你看过的课本上的插图和表格是否会清晰地浮现在你的眼前？	是　否
11. 你是否不注意生活细节，举止随便？	是　否
12. 你对你的英语听力很得意吗？	是　否
13. 你是否先判断事情的对错然后再着手解决？	是　否
14. 你在记歌词时，是否听唱片或磁带比记忆文字更容易？	是　否
15. 你是否总是把失败放在心上？	是　否
16. 你是否感觉会读的汉字或英语比不会读的更易记住？	是　否

计分方法：第 2、3、4、7、12、13、14、15、16 题选“是”计 0 分，选“否”计 2 分。其他题目选“是”计 1 分，选“否”计 0 分。分别将奇数题目和偶数题目的得分累加。

结果解释：

1. 选择奇数题目的得分所属的区间：

0～3 分表明你的认知型学习风格为思考型，即解决问题倾向于深思熟虑，不草率行事；4～8 分表明你的认知型学习风格为中间型，即界于思考型和冲动型之间；9～12 分表明你的认知型学习风格为冲动型，反应敏捷、迅速，但往往考虑不周，错误较多。

2. 选择偶数题目的得分所属的区间：

0～4 分表明你的记忆型学习风格为听觉型，即你的听觉记忆占优势，听到的东西比看到的东西容易记住；5～8 分表明你的记忆型学习风格为中间型，即界于听觉型与视觉型之间；9～12 分表明你的记忆型学习风格为视觉型，即你的视觉记忆比你的听觉记忆好，看过的东西比听过的东西更容易记忆。

学思践心

再识“学习”

材料：白板、白板笔、学习风格测试表。

Part 1：了解自己的学习风格

1. 热身：抓手指游戏

步骤：

（1）学生们围成一圈，每个人的右手张开，手心朝下，左手伸出食指，相邻的两个人的左手手指顶在旁边一个同学的右手掌心下面。

（2）听故事，当听到“乌龟”时，每个人的右手去抓旁边同学左手的食指，左手食指要迅速逃脱旁边同学右手的抓握。

（3）总结：这是一个专注力/反应灵活性游戏，大家要认真听，反应要快，动作要迅速。

故事：在森林深处，一所幽静的古堡里，住着一个巫婆和她的仆人乌鸦。有一天，外面狂风肆意、乌云密布，很快就要来一场狂风暴雨。古堡外面，有一只乌龟在敲门，巫婆打开门一看，还有一只乌贼，它们说马上就要下雨了，请求到古堡里避雨，巫婆同意了，乌鸦不同意，因为乌鸦和乌龟是多年宿敌，乌贼说如果你不让我进去，我就让你们这里变得乌烟瘴气。暴风雨已经来了，乌鸦还是不同意让它们进去。它们非常气愤。过了一会儿，天晴了，乌云散开了，乌龟和乌贼冷得紧紧抱在一起。

2. 再识学习

从大学生各种学习方式、内容引导引出学习的定义，过渡到了解自己的学习风格这一内容。

3. 了解自己的学习风格

通过填写学习风格测试表，对照评分标准，了解自己的学习风格，引导学生在学习中适当地使用适合自己的学习材料，提高学习效率。

Part 2：记忆力

1. 过渡：测一测记忆力

材料和步骤：

（1）让学生花 10 秒钟阅读下列数字或字母组合并记忆，然后大声报出能够回忆的数字或字母：3 4 6 8 7 6 9 6 4 5/2 3 4 3 5 4 7 6 7 8/d u o h e g b x k j/s y h c k o u s h b。

（2）让学生再花 10 秒钟阅读下列数字或字母组合并记忆，然后大声报出能够回忆的数字或字母 12 45 39 78 24/do eat say read。

（3）引导学生比较两次测试结果，总结记忆的规律：有组块的、有意义的内容更容易记住。在学习中要掌握记忆方法。

2. 记忆规律与考试复习

信息输入大脑后，遗忘也就随之开始了。遗忘率随时间的流逝而先快后慢，特别是在刚刚识记的短时间里，遗忘最快，这就是著名的艾宾浩斯遗忘曲线。

(1) 观看视频《艾宾浩斯记忆法》，了解什么是艾宾浩斯遗忘曲线。

(2) 艾宾浩斯记忆法：遵循艾宾浩斯遗忘曲线所揭示的记忆规律，对所学知识及时进行复习，这种记忆方法即为艾宾浩斯记忆法。

对所学知识和记忆效果及时进行复习和自测是艾宾浩斯记忆法的主要方式。艾宾浩斯记忆法也是遗忘曲线。一个小时后就会遗忘，在一个小时内回想就可以记住那个东西；最好一天之后再回想；下一次三天之后再回想就可以了。

从时间安排方面讲，复习与自测可以定期进行，也可以随时进行，复习与自测可以结合进行，对学过的知识，一段时间后先自测一下，不会的或记得不牢的再进行重点复习。

(3) 带领学生根据艾宾浩斯记忆法制定自己的复习方案。

复习自测：及时复习，可以抓住记忆的最好时机；经常自测，可以弄清哪些知识没学好、没记住，哪些地方容易混淆、有误差，以便马上核实校正。及时复习和经常自测，可以培养我们随机应变的能力。在考试中，考题往往变换了角度，与原来学习时的大不一样。如果经常运用自我测验法，对所学知识从多方面理解消化，必然会胸有成竹，临阵不慌。

定期复习：对自己所学的课程、知识制订复习与自测计划，然后按时执行。(1) 日测：每天晚上睡觉前，应该将当天所学的知识择其要点复述一下，如条件不允许，默写提纲或干脆默想也行。(2) 周测：星期天休息，可将一周以来所学课程的内容换个角度提出问题，写在一张纸上测验自己，发现存在疑难或模糊之处，马上解决，绝不拖欠。(3) 单元测验：一个单元学完了，可以自测一下这个单元有哪些主要内容，学完有什么收获，从而及时消化，巩固记忆。(4) 全书测验：一本书学完后，可以翻开目录，逐次回忆内容，在单元测的基础上，全书测就问题不大了。如果没有时间，可以挑选那些重要内容先进行。

随时测验：随时随地测验自己。这种方法用来学外语是行之有效的。先准备一些卡片，正面写上 5 个外语单词，背面写上 5 个相应的汉语词汇，揣在兜里便可随时自测了。自测的方法有两种：(1) 朗读法：在不妨碍别人的情况下，你可以看外语念汉语，看汉语念外语，实在想不出时，翻过来看一看，再认一下。(2) 学写法：学外语不书写是很难记牢的，况且不练书写便无法进行笔译。可以看卡片上的汉语写出相应的外语单词来。但是，很多场合是不允许四平八稳坐着写的，怎么办呢？建议你试一试下面的方法：在礼堂听报告、开大会前，在公共汽车站、在商店排队时，可以用手指朝下在空中写。不带卡片也可以随时自测，看到什么事物，就试着用外语表述出来，或者在头脑中默念一下。这样既利用了点滴时间，又收到了分散复习的好效果。

单元二　大学生的学习心理分析与辅导

事说心语

我怎么了?

某高职院校二年级男生，近阶段学习出现了一些问题，自述学习感到吃力，学习专业课仅看十几分钟的书，脑子便乱成一团麻，再也无法继续看下去；学习过程中若遇到一些很小的事情，也要分散自己的很大精力，注意力很难集中，学习兴趣明显下降，但若是看电视、玩电脑、踢足球等又来了精神。该生因自己几门功课都面临挂科的危险，一想到这些问题心情就十分沉重，迫切希望得到帮助。

案例分析：

案例中的男生主要的问题是注意力不容易集中，造成焦虑紧张。主要表现为学习兴趣下降、注意力分散、情绪焦虑紧张。

注意力不容易集中的常见原因有以下几个：

(1) 没有明确的学习目的和任务，自然不能长久地集中注意力。任务是目的的具体化，每一次学习之前，如果不给自己规定具体的任务，不限定时间，学习时就会松懈拖沓，容易分心。

(2) 对所学内容不感兴趣。如果对所学内容不感兴趣，那么学习就是一件苦差事，需要相当大的意志力去集中精神。意志稍一薄弱，注意力便会分散。

(3) 学习环境的干扰。容易分心往往跟学习环境有很大关系，如学习时周围嘈杂，学习环境杂乱无章，空气污浊，环境过于空旷冷清等。

(4) 过度疲劳和焦虑。大脑和人体的其他器官一样，如长时间从事单一的工作，长时间处于兴奋状态，就会产生疲劳，导致抑制过程，使注意力分散。

(5) 人际关系的变化。与父母、老师、同学、朋友的关系发生了变化，特别是与同学、朋友的关系在青少年心中分量特别重，稍有变化便会引起较大的情绪情感波动，如焦虑、抑郁等，这些都会引起注意力分散。另外，学习内容太易或太难也会影响注意力的集中。

指导建议：

1. 明确目标，规定任务

要确立适当的学习目标，制订详细的学习计划，每次学习都指定具体的任务。最好具体到每门课、每个小时的安排，同时对自己进行适当的奖励和惩罚，如今天完成甚至超额完成了任务，就做一些自己喜欢做的事来犒劳一下自己。

2. 劳逸结合，心情愉快

要科学安排自己的时间，做到张弛有度，防止过度疲劳。同时，调整学习动机的强度，一般保持在中等强度效果最佳，以降低焦虑情绪，保持平和、愉快的心情。

3.进行适当的行为训练

不妨试试在自己的手腕上套一根橡皮筋，一旦发现自己注意力不集中，就用橡皮筋弹手腕。给自己一个小小的惩罚，并记录每天弹手腕的次数，如果次数逐渐减少，可以用自己喜欢的方式奖励自己。

4.进行自我暗示，放松心情

如用“偶尔注意力分散一下，没关系，就当休息”“这种现象别人也有，并非我特有，不必紧张”“开一下小差很正常，不必自责，我相信能控制好自己”“我发现很容易将注意力集中到学习上了”“原来学习可以这样快乐的”等想法进行自我暗示，放松心情，减轻焦虑。

温故知心

一、大学生学习心理特点

微课

大学生学习心理及其特点

高等职业教育主要培养生产、建设、服务、管理的一线高技能人才，高职毕业生大多服务于基层，需要具有扎实的职业技能。

与此同时，经济增长方式的快速变化和产业结构的调整，必然对一线劳动者素质提出了更高的要求，要求高技能人才具备职业岗位适应能力、职业发展能力等职业综合能力，这样才能适应产业升级、技术升级和岗位变迁的现实市场需求。因此，了解高职院校学生的学习特点，有助于有针对性地提出帮助高职院校学生有效学习的对策，以适应未来职业岗位的需求。高职学生的学习与本科院校学生的学习相比有其独特性，其特点主要表现在以下两个方面。

（一）学习内容特点

1.专业性和职业性

高职学生学习的主要目的是成为社会各系统、各行业社会实践第一线急需的应用型、复合型和创造型的高级专业人才，因而学生一入校就要分系、分专业，学习的基本内容必须服从本专业的培养目标。

2.丰富性和结构性

高职学生学习的内容十分丰富，既要学习人文科学知识，又要学习自然科学知识；既要学习技术、技能，又要学习法律法规、道德规范和时事政策等。为了全面培养高职学生的综合素质和专业素质，高职学生的课程设计往往是全方位的，包括公共必修课、基础理论课、专业主干课和选修课等，其知识的构成具有很强的科学性、结构性和层次性，并且每个专业、每个学科都是一个无限发展的特定领域。

3.应用性和实践性

高职学生学习的直接目的在于通过未来职业活动去面对现实、改变现实、创造未来，进而奉献社会，因而高职院校尤其重视专业的操作技能和综合能力的培养，所学到的一切知识技能和理论都是为了指导实践、服务于实践，并在实践中丰富和发展相关学科的理论体系，从而充分展示自我价值，以赢得未来。

4. 前沿性和探索性

高职毕业生绝大多数都将走向生产、流通、服务或科学研究的第一线，高职教师在教学过程中除了重视专业理论和学科理论的科学性、体系性，以及专业能力和综合实践能力的培养外，也十分重视将学生引向学科领域和社会实践前沿，及时向学生介绍国内外本专业或本学科发展的现状和趋势，介绍相关领域存在的主要问题及最新动态，以培养学生的前瞻性和探索未知的能力。

（二）学习方法特点

1. 自学越来越成为高职学生最主要的学习方法

中小学生的一切学习活动都是在教师的安排和指导下进行的，而高职学生则不然。大学是高度专业化的教育，高职教师为了阐明学习理论的体系，往往要旁征博引、系统地论述。课堂教学往往是提纲式的，课堂上只讲难点、重点或是教师最有心得的一部分，其余部分就要由学生自己去学习、理解，教师的直接指导减少。高职学生要想充分理解和完整掌握学科理论知识，就必须通过自主查阅大量的资料来完成。同时，高职学生的自我意识及自我控制能力也基本成熟，逻辑思维和辩证思维已居于主导地位，因而有能力也有条件自学，特别是对于高年级的学生而言，自学已成为主要的学习方法。

2. 学习具有一定程度上的独立性、自主性和选择性

高职学生可以根据自己的实际需要，在完成教学计划和课程学习的同时，充分发挥主观能动性以及自己在学习中的潜力，努力发展自己的兴趣爱好和特长，自觉地扩充知识面；也可以根据专业和发展特长的需要，独立地选择某些课程；还可以根据自己的兴趣爱好，有目的、有计划地自修某些课程或从事某些探索性的研究活动。

3. 学习方式具有多样性和广泛性

高职学生的学习不限于课堂学习，还包括自修、选修、实习、实训、调查、听学术报告或专题讲座、参加各种形式的社团等，还可以利用网络进行在线学习。正如美国教育学家珍妮特·沃斯和新西兰资深记者戈登·德莱顿所著的《学习的革命》一书中描述的未来世界的 15 种发展趋势，他们对学习的方式提出了一些大胆的设想和创新，认为世界正在经历一次新的转折，我们将经历一场改变我们生活、思想、沟通、成功方式的变革，我们每个人都有必要以我们各自的学习方式学习。因此，建立新的学习观念、学习内容、学习体系及学习方法势在必行。

二、大学生常见学习心理问题

根据目前大学生尤其是高职学生的学习心理分析，心理健康对高职学生学习的影响较为突出。毋庸置疑，学生学习好坏受很多条件和因素支配，包括智力因素和非智力因素。而后者的影响更大，通常人们称之为情商，包括动机、态度、情绪情感、意志和个性等因

素。这些因素是影响高职学生学习效率的关键因素。一个智商很高，却有厌学情绪、学习上不肯努力的学生是很难取得好成绩的。因此，为了提高学生的学习效率和质量，在充分发挥学生的潜能、调动和组织学生的智力因素的基础上，还要充分激发学生学习的非智力因素。而在这个过程中，高职学生的心理健康与否，与他们的学习动机和其他非智力因素的正向发挥有着很大的关系。心理健康状况良好，可以激发积极学习动机的产生，形成良好的情绪情感，坚定意志，促进积极个性的形成，进而对学生产生促进作用；反之，如果心理健康状况不良，甚至有心理疾病，则会不同程度地影响非智力因素的发挥，妨碍学习，阻碍其潜能发挥，严重者甚至无法学习。

（一）学习动机缺乏

这类学生学习目的不明确，学习动力严重不足。有的学生自称是“误打误撞”进了职业院校，又“稀里糊涂”选了专业，“昏昏沉沉”度过时光，“无可奈何”离开校园。试问抱着这样的心态学习，怎么可能取得好的成绩？因此，一些同学就成了“学困生”一族，在情绪上排斥学习，或者干脆沉迷于网络世界。

微　课

大学生学习动机不足及调适

（二）学习方法不当

这类学生似乎明白为什么学习，但是苦于不会学习，常陷于“山重水复疑无路”的困境，苦苦寻找着“柳暗花明又一村”的途径，和学习得法的同学相比，同样的学习资源、同样的学习条件、同样的精力付出和时间消耗，却收获了完全不同的学习成绩。从学习的认知过程来看，学生学习过程包括感知、记忆、思维、想象等心理过程。因此，学生只有在学习中学会观察、学会记忆、学会思考，才能真正把握科学的学习方法，提高学习质量。

（三）厌烦情绪

热爱是最好的老师。而有的学生却对自己的专业根本不感兴趣，在学习中无精打采，很少享受到学习成功带来的喜悦和快乐。平时不愿意看书、不愿意上课、不愿意动脑筋，课前不预习、课后不认真完成作业，也不及时进行技能训练，对学习敷衍了事，得过且过。

（四）知难而退

常言道“世上无难事，只要肯攀登”，可是在一些学生眼里，学习是最难的事。因此，这些学生表现为逃避学习环境，学习中遇到问题时，往往不从主观上分析原因，片面地认为自己的努力是徒劳的，而把精力用在娱乐或交友上，虚度了大好的学习时光。

（五）高原现象

有的学生由于受主客观方面因素的影响，在技能训练中会出现“高原现象”，即在技能形成过程中，到一定阶段后，有时会出现技能进步暂时停顿的现象，在技能训练曲线上表现为相对稳定的线段，这种现象称为“高原现象”。形成“高原现象”的原因主要有四点。一是由于进一步提高成绩需要改变旧的活动结构和完成活动的方式方法，而代之以建立新的活动结构和方式方法，而活动结构的改造往往并非易事，同时采用新方法也会遇到新困难，加之以前掌握的旧的活动方式也会影响新方法的学习，因此在改造的初期，技能训练成绩不再提高，有时甚至会有所退步，因而会看到技能训练曲线保持在固定的水平上或暂时下降。当学生通过技能训练完成了改造过程后，技能训练成绩又会提高。二是由于经过较长时间的技能训练后，学生的技能训练兴趣有所下降，对技能训练的要求不如以前强烈了，有时甚至产生厌倦的消极情绪，从而使技能训练成绩的提高出现暂时停顿的现象。三是学生的自身因素，如以往学习基础较差，学习吃力，再如疲劳、疾病等原因，也会导致技能训练成绩出现“高原现象”。四是有的实训教师指导学生训练不到位，使得训练过程链条脱节，因此出现训练成绩的“高原现象”。

（六）心理疲劳

学习中的心理疲劳现象比较常见，表现为注意力不集中、记忆力差，出现专业知识学习及技能实训中的“高原现象”等。

三、大学生学习心理问题调适

（一）学习动机调适

明确学习的目的与意义，强化学习动机，培养学科专业兴趣，保持积极、端正的学习态度和强大的学习动力，激发学习成就感。培养对自己所学专业知识的浓厚兴趣，确定建立在正确人生观与价值观基础上的优势动机，成熟的自我意识、良好的归因习惯、适宜的目标高度是缓解动机不当的良方。要全面分析与适当评价自己，合理确立理想与抱负，量力而行，不好高骛远，科学制定具体、合理的学习目标，学习目标不要太高，要体现方向性、计划性与有序性，要学会转移注意力，不要过分计较成绩、名次、荣誉等，避免学习压力过大而导致心理焦虑。

（二）学习焦虑调适

微课

大学生考试焦虑及调适

正确地认识与评价自己的能力，制定符合自己实际的学习目标，克服自卑心理，在成功中恢复自信。增强心理承受能力，敢于正视现实，正确对待失败与挫折，提高心理素质。培养广泛兴趣，正确处理学习活动与其他活动的关系，适当转移注意力，降低焦虑水平。调整学习方法，寻找最适合自己的学习方法，尽快适应新的学习生活规律，注意劳逸结合，注意学习技巧，提高学习效率。

（三）记忆方法调适

加强锻炼身体，增强体能素质，保持旺盛的体力与精力。加强大脑的营养保健，加强营养调理。提倡科学用脑，把握最佳的用脑时间，对学习内容适当分解，把重要的内容放到最佳时间去学习，以提高记忆效果。注意克服学习内容间的干扰，及时复习和经常复习，在理解的基础上记忆，遵循记忆规律，灵活应用科学的记忆方法。

（四）注意力集中方法

培养、强化学习兴趣，对学习的内容、活动、价值与社会意义产生浓厚的兴趣，提高注意力的稳定性与持久性。培养积极的情绪和意志品质，增强注意力的自控性与能动性，增强理智、勇敢、坚毅的意志品质与健康、向上、乐观的情感态度。学习生活有规律，保持良好的学习态度，适当地娱乐休闲，保持良好的身心状态，身心愉快、精力充沛，从而有效防止注意力障碍的发生。

（五）思维提升技巧

1. 积极参加科研与社会实践活动

高职学生在教师的指导下参加科研活动，可以通过科研方法的学习，掌握一定的科研能力，科研能力的发展本身就伴随着创造力的发展。

2. 凡事有意识地进行质疑

敢于发表不同意见，大胆冲破思维定式，采用发散思维、求异思维，哪怕是特立独行、无人喝彩，只要长期坚持，必有所获。创造性思维的训练有一些专门的方法，如头脑风暴法等。

3. 激发学习动机和好奇心

好奇心是人们认识世界、探索世界、进行创造性思维的原动力。居里夫人把好奇心看成学者的第一美德。不要因为年龄的增长而失去好奇心。好奇心的具体表现就是善于观察、善于质疑。因此，要主动参与、大胆提问，提出新颖的、能引起认知冲突的问题，培养创造性思维和创新能力。

4. 重视研读原创性著作

高职学生拥有很多可以自由支配的时间，大量研读相关领域优秀的原创性著作是锻炼创造性思维的一条捷径。原创性著作使高职学生获得了与伟大思想进行交流的机会，在原创性思想的高度上思考，不断地检验和启发自己的思维。

（六）学习疲劳调适

1. 营造良好的学习氛围，培养浓厚的学习兴趣

大学的校风、学风、班风等对学生有很强的感染力，在良好的学习氛围中学习，容易集中精力，提高效率。同时，浓厚的学习兴趣是有效学习的动力，学习效率提高了，学习时间就相对减少了，学习疲劳就得到了缓解。

2. 合理安排作息时间

作息时间的安排，要根据学校的学习内容和进程以及人的生理规律来进行。要处理好休息、娱乐与睡觉的关系。有的同学总以为把时间都用于学习才好，把其他活动必需的时间都看成学习的敌人，其实这是很大的认知偏差。

3. 科学用脑，补充营养

学习是一种脑力活动，科学用脑是防止学习疲劳的关键。科学用脑一是要根据大脑活动的规律用脑，二是要左右脑交替使用，三是要保证营养供应。心理学研究表明，人的左脑主要管逻辑思维，而右脑主要擅长形象思维。我们可以根据大脑活动功能分区的不同合理安排学习内容。

（七）考试焦虑调适

考试只是衡量自己掌握、巩固知识情况的手段之一，考前认真复习，考场上就不应考虑成败问题，而应该树立信心，集中精力专心答题。保持身体健康，保证充足睡眠时间，适当增加营养与体育锻炼，把自己平时的知识与能力正常发挥出来就可以了，不要有过高期望。应掌握应试技巧，对考试流程心中有数，平静放松，进行必要的自我暗示，调控与稳定紧张情绪，做题时先易后难，多想过程少想结果。

心理学与生活　罗森塔尔效应

罗森塔尔效应亦称“皮格马利翁效应”“人际期望效应”，是一种社会心理效应，指的是教师对学生的殷切希望能戏剧性地收到预期效果的现象，由美国心理学家罗森塔尔和L.雅各布森于1968年通过实验发现。一般而言，这种效应主要是因为教师对高成就者和低成就者分别期望着不同的行为，并以不同的方式对待他们，从而维持了他们原有的行为模式。

1968年的一天，美国心理学家罗森塔尔和L.雅各布森来到一所小学，说要进行7项实验。他们从一至六年级各选了3个班，对这18个班的学生进行了“未来发展趋势测验”。之后，罗森塔尔以赞许的口吻将一份“最有发展前途者”的名单交给了校长和相关老师，并叮嘱他们务必要保密，以免影响实验的准确性。其实，罗森塔尔撒了一个“权威性谎言”，因为名单上的学生是随便挑选出来的。8个月后，罗森塔尔和助手们对那18个班级的学生进行复试，结果奇迹出现了：凡是上了名单的学生，个个成绩有了较大的进步，且性格活泼开朗，自信心旺盛，更乐于和别人打交道。

实验者认为，教师因收到实验者的暗示，不仅对名单上的学生抱有更高期望，而且有意无意地通过态度、表情、体谅和给予更多提问、辅导、赞许等行为方式，将隐含的期望传递给这些学生，学生则给老师以积极的反馈；这种反馈又激起老师更大的教育热情，维持其原有期望，并对这些学生给予更多关照。如此循环往复，以致这些学生的智力、学业成绩以及社会行为朝着教师期望的方向靠拢，使期望成为现实。

扪心问诊

心理自测：大学生学习适应量表

下面共有29道题，请在符合你情况的答案下打钩（见表9-2）。

表 9-2　大学生学习适应量表

题目	完全不符合	较不符合	不确定	较符合	完全符合
1. 上大学后，我明显变懒了。					
2. 上大学后，我的学习目标更加明确了。					
3. 我觉得失去了学习目标。					
4. 我感到自己知识上的不足，因而更加努力地学习。					
5. 我感觉我适应大学的学习。					
6. 我有自己的学习方法和计划，并能付诸实践。					
7. 我的学习很有效。					
8. 我不会安排时间，学习无急迫感。					
9. 大学对学生的管理方式不如中学。					
10. 我常怀念以前的同学和事而不能自拔。					
11. 社会上对大学生的不良看法（如“读书无用”等）导致我荒废学业。					
12. 大学学习与中学脱节，我感到很不适应。					
13. 大学教师的授课方式，总让我觉得不舒服。					
14. 我上大学后，染上了不少不良嗜好。					
15. 我不适应大学的作息时间。					
16. 上大学后，我的思维方式更成熟了。					
17. 面对大学里激烈的竞争，我总是不懈地努力提高自己。					
18. 上大学后，我的实践能力明显增强。					
19. 我觉得上大学后，认识更加宽广，前途更加清晰。					
20. 上大学后，我的独立性显著增强。					
21. 我认为上大学后自己更具灵活性。					
22. 何必太认真呢！睁只眼，闭只眼，你就适应了。					
23. 要不是为了学分、毕业证，我早就不学了。					
24. 由于对专业课不感兴趣，我的学习积极性受到了影响。					
25. 大学学习只凭个人兴趣，不需要什么方法。					
26. 大学人际关系处理得不好对学习影响很大。					
27. 将来就业的严峻形势严重影响我的学习。					
28. 大学生活条件不好对学习有较大影响。					
29. 家庭经济条件不好对学习有较大影响。					

评分方法：上述题目中选择完全不符合计 1 分，较不符合计 2 分，不确定计 3 分，较符合计 4 分，完全符合计 5 分，所有题目加总后计算总分。注意，其中第 1、3、8、9、10、11、12、13、14、15、22、23、24、25、26、27、28、29 为反向计分，即选择完全

不符合计 5 分，较不符合计 4 分，不确定计 3 分，较符合计 2 分，完全符合计 1 分。

结果解释：大学生学习适应量表是测量大学生适应状况的工具，该量表包含学习动机（8 个题项）、学习态度（5 个题项）、学习能力（6 个题项）、教学模式（5 个题项）和环境因素（5 个题项）五个维度，共 29 个题项。量表总分低于 58 分，表明适应状态很差，需要较大调整；总分在 58～87 分，表明适应状态较差，需要做适当调整；总分在 88～116 分，表明适应状态基本良好；总分在 116 分以上，表明适应状态良好。

学思践心

比大小

活动目的：活跃团体气氛，促进成员交流。

活动过程：成员们分为两组，领导者先不透露要比的项目，由各组讨论选出一名成员来比赛；领导者说出比较的项目，如“头发长度”，头发长的那一队获胜；按照同样方法进行几轮比较，获胜队得奖励，输掉的队略施惩罚。

这个游戏的题目就是要想越不会被大家猜中的越有趣。

比长：比手臂、比上衣、比头发……

比短：比手指头、比裤子或裙子……

比高：比声调、比手抬起来的高度……

比大：比眼睛、比手掌……

比多：比身上饰物、比穿的衣服、比身上的扣子……

题目必须在看到被派出的人之前想好。

专题十

心海扬帆——大学生心理危机与自我保健

内容提要

本专题主要讲解心理危机的概念和分类，通过案例的展示，引起学生自我心理危机干预的自觉意识。帮助大学生识别心理危机的信号，掌握心理自助和干预的办法，预防心理危机，维护生命健康。

学习目标

知识目标：

1. 掌握心理危机的定义和分类；
2. 了解创伤及创伤后应激障碍的症状；
3. 知晓大学生心理危机的特点及危机来源；
4. 知悉大学生心理危机干预的对象及心理危机的自我保健方法。

能力目标：

1. 会识别心理危机的信号；
2. 会通过心理危机自我保健方式自助。

素养目标：

树立合理的生命价值观。

单元一　心理危机概述

事说心语

苦恼无助的女生

某高职院校三年级学生小王，坐在教室里看书时总担心会有人坐在身后并干扰自己，有强烈的不安全感，以至于只能坐在角落或者靠墙而坐，否则无法安心看书。小王对同寝室一位同学收听收音机的行为非常反感，有时简直难以忍受，尤其是睡午觉时总担心会有收音机的声音干扰自己，因而睡不着觉，经常休息不好。但又不好意思跟其发生当面冲突，因为觉得为这样的小事发脾气，可能是自己的不对。小王很长时间不能摆脱这种心理困境，很苦恼，严重影响了自己的日常生活和学习。如今即将毕业，心中一片茫然，担心找不到理想的工作，有时候也懒得去想这个问题，怕增添烦恼。小王学习一般，在班上成绩中等，当看到其他同学都在积极求职应聘，自己也想尝试，因而上课注意力不能集中。小王认为，所有的一切都糟透了。一想到农村家中的父母和家庭的窘境，小王就觉得自己有责任去挑起这份重担，可想想自己的现状又觉得力不从心。

案例分析：

案例中的小王生长在贫困农村家庭，经济窘困，缺乏与他人沟通交往的能力，不懂得如何向他人表达自己的内心感受，对自己不认同的言行举止缺乏理解和宽容，自卑、有人际交往障碍、内心紧张无助，对未来迷茫，失去求职和就业信心。但其内心又充满对家庭的责任感，长期的苦恼严重影响了其学习、生活，使其出现了严重的心理问题。

指导建议：

针对案例中的小王，心理专家给出以下几方面的指导建议：

(1) 培养良好的人际交往能力。卡耐基曾经说：“一个人事业的成功85%是靠良好的人际关系，15%才是你的才能。”在职场，想在事业上有所作为，就必须学会与人交往，搞好人际关系。

(2) 确定合理的就业目标和择业标准。合理的就业目标就是指选择的职业既符合个人特点，也符合社会需要，体现人职合理匹配，能充分运用自己所学的知识，发挥个人优势，多为社会做贡献的就业目标。

(3) 做好身体素质准备。无论哪一种职业，对从业者的身体素质都有一定的要求，所以，高职学生应该始终养成良好的生活习惯，积极参加体育锻炼，自觉遵守作息时间，养成学习和生活的规律，做好身体素质的准备，以迎接社会对自己的选择与职业的挑战。

(4) 做好知识、能力和技能准备。一切职业都要求从业者具有相应的知识、能力和技能。在就业准备期应该做到：学好专业知识；参加有关科技活动和科研活动；结合专业参加社会实践活动；认真进行专业实习；认真做好毕业设计和论文等。

（5）树立良好的就业意识。树立良好的就业意识是就业准备的重要内容，它将对高职学生的择业和就业产生十分重要的影响。高职学生应该树立按专业就业的意识、大对口就业的意识、到艰苦行业和边远地区就业的意识，以及先就业后调整的就业意识等。

（6）做好“双向选择”的准备。高职学生首先要写好求职信和自荐书。要实事求是、简明扼要地写清楚求职的动机和愿望，所学专业，自己的兴趣、特长，被录用后的打算，以及自己的思想状况、学习成绩、动手能力等方面的内容。切忌只写优点，不写缺点。其次要掌握“双向选择”洽谈的技能与技巧。应该充分发挥自己的优势，正确配合运用眼、口、手，举止大方自然，穿着得体，沉着冷静地回答对方提问，千万不要牵强附会、不懂装懂，但也不必过谦，而应充满自信，展示青年大学生应有的风度和品格。

（7）做好心理准备，特别是挫折心理准备。当前，由于多种因素的影响，高职学生在求职就业中存在某些不健康心理，特别是当就业的现实与理想存在一定距离时往往会产生自卑或恐惧，如自负心理、迷惘心理、逃避心理、消极心理。高职学生在就业准备过程中要注意克服自己的心理障碍，保持健康的心理。那么怎样才能使自己有一个健康的心理呢？首先要进行自我调节，充分相信自己，看到自己的优势、前景，减轻心理负担，保持良好的精神状态。其次要做好充分的心理准备，树立正确的择业观，把个人愿望和社会需要有效地结合起来，统筹考虑。

温故知心

一、心理危机的定义

《韦氏词典》将危机定义为“决定性或至关重要的时间、阶段或事件”，从危机的字面意思理解，其意味着危险，同时又蕴藏着机会。不同领域学者都结合所在领域对危机进行了定义，而对于心理危机来说，强调的是危机事件给人们带来的巨大的心理冲击。

因此本书将心理危机定义为：伴随着危机事件发生个体所出现的心理失衡状态。在个体发展的过程中，受到各种因素的影响，不可避免会出现各种危机事件，在危机状态下，个体往往会产生负面情绪或相关认知与行为，如果不能及时缓解危机，则可能产生心理疾患甚至生理疾患，因此有必要在严重后果发生前对个体启动心理危机干预，实现有效的预防。

二、心理危机的分类

关于心理危机的分类，不同的划分标准有着不同的分类结果，比较普遍认同的是心理学家布拉姆提出的三分法，即将心理危机划分为发展性危机、境遇性危机和存在性危机三类。

（1）发展性危机。发展性危机指的是个体在正常生长发育和发展过程中发生危机事件，出现急速变化，从而导致的心理异常反应。例如：结婚、生子、退休等都会导致个体生活节奏出现重大转变，有可能在心理上出现发展性危机。

（2）境遇性危机。境遇性危机指的是个体生活中发生的不能预测的突发性危机事件，如交通事故、自然灾害、突然的疾病或死亡、失业等，这些事件有着突发性和不可预知性特征，同时事件带来的结果往往比较强烈，甚至是灾难性的，导致个体生活境遇大变，从而出现境遇性危机。

（3）存在性危机。存在性危机指的是伴随个体人生中重要事件出现一种内心的焦虑和冲突，存在性危机可以是基于现实的，也可能是深层次的。例如：生活的窘迫、爱情的失败等是基于现实的，对人生意义的追问、对生活的思考和焦虑等是深层次的。

对于大学生来说，其正处于身心发展的关键阶段，充满着求知欲和热情，但受到生理成熟而心理晚熟的影响，一旦生活中出现重大事件，依靠自己经验积累或学习的应对方式难以应对的时候，自身心理和情绪则会严重失衡，心理状态也就处于危机状态。不同人的心理承受能力和对危机事件的控制力不同，因此同一事件并不一定会对每个人都造成心理危机。

三、心理危机的发展阶段

心理学研究发现，在面对危机事件时，人们的心理反应通常会经历四个不同的阶段，即冲击阶段、防御阶段、解决阶段和成长阶段。

（1）冲击阶段：事件发生时会给当事人以巨大的冲击力，人们会突然感到震惊、恐慌、不知所措。

（2）防御阶段：人类在应对无法预料的、从来没有遭遇过的危机事件时的本能行为就是在“逃避—拼搏”之间做选择。当发现无法以自己的力量来抗衡时，人们就会选择“逃避”。逃避之后，人们会在心理上努力恢复平静，控制自我的焦虑和情绪紊乱，恢复受到损害的认知功能。当危机事件的冲击超出了个体的承受能力时，人们通常就会采取否认、合理化等应对反应。

（3）解决阶段：解决阶段通常是在危机事件警报解除，人们离开危机事件现场后开始。当回到日常的生活环境后，人们会积极采取各种方法接受现实，努力寻求各种资源来设法解决问题。如果一切顺利，人们的焦虑就开始减轻，自信增加，各种社会功能得到恢复。

（4）成长阶段：在经历了危机事件之后，如果我们能很好地重新认识整个事件的发生过程，重新体验和反思自己的心理变化过程，我们就会变得更成熟，获得更多的、更有效的应对危机事件的技巧，所谓“不经历风雨，怎能见彩虹”。因此，对于心理危机的发生，建议用辩证的方式来看待它所带来的后果和影响。不是所有危机的发生都必然会带来损害，如果能积极面对和处理问题本身，危险的背后也蕴含着机遇。但前提是我们在尝试解决问题而不是激化矛盾。因此，也有人认为，危机＝危险＋机遇。

四、危机事件发生后典型的应激反应

虽然危机中蕴含着机遇，问题解决后可能可以获得成长，但不是所有的问题都在我们自身处理范围内，当我们失去对问题的把控时，危机会给我们带来一定的应激反应。应激又称为紧张状态，当人的肌体在遭遇各种强烈的、有危险的刺激时，促肾上腺皮质激素、糖皮质激素的分泌会立刻大幅度增加，超过平时的一般生理水平；由此引起肌体产生各种适应性、抵抗性变化状态。这种肌体功能变化状态称为应激或紧张状态。

应激反应是人类生存所必需的，它能够增强肌体对有害刺激的耐受力、抵抗力，减轻肌体所受的损害。

应激过程包括三个阶段，即警戒反应阶段、防御抵抗阶段、无助疲惫阶段。

（1）警戒反应阶段。警戒反应是应激反应的最初阶段，伴有一系列的生理反应，如心率加快、呼吸加快、皮肤温度下降、血糖升高等；同时伴有一系列心理变化，如紧张、恐惧、愤怒、悲伤、思维狭隘、缺乏自信心等。

（2）防御抵抗阶段。防御抵抗是应激反应的第二阶段，此时全身所有的机能都被调动起来，应付当前的应激状态。此阶段会消耗大量生理和心理能量。

（3）无助疲惫阶段。如果防御抵抗失败，则进入最后的无助疲惫阶段，此阶段若调理不好易引起生理疾病，若个体承受能力脆弱，可能引起心理和行为异常。

当然，也可以说，整个处理危机的过程都可能发生在一定的应激反应阶段，只是有时反应在自己可控范围内，而有时超出我们自己的把控范围。一旦我们失去了对这些应激反应的控制，问题、烦恼、困扰甚至更大的危险就会随之而来。

五、创伤后应激障碍的症状

个体在经历了灾难性的创伤事件后所出现的各种身心综合反应被称为创伤后应激反应，各种反应症状综合起来称为“创伤后应激障碍”，英文缩写为 PTSD。

创伤后应激障碍的临床表现：

（1）侵入性的回忆和反复出现的噩梦，反复体验创伤性事件。总是难以控制的重新体验创伤性事件发生时的各种场景及当时的情绪，表现出一系列特征，如挥之不去的闯入性回忆、频频出现的痛苦梦境等，仿佛完全处于创伤性事件发生时的情境，重新表现出事件发生时所伴发的各种强烈的精神痛苦和生理反应。

（2）回避与创伤有关的刺激、情感麻木并且兴趣降低。回避的对象不仅限于具体的场景与情境，还包括有关想法、感受及话题，患者不愿提及有关事件，避免有关交谈。对创伤性事件的某些重要方面失去记忆也被视为回避的表现之一。在行为回避的同时，情感回避——心理麻木、情感麻痹，整体上给人以木然、淡然的感觉。例如：失去亲人后，表现麻木，没有强烈的痛苦，甚至一滴眼泪都不掉，从心理角度讲，处于情感隔离状态，对健康不利，悲伤的情感需要有一个良好的发泄渠道，否则会引起更多的心理障碍或心身疾病。另外，自己感到似乎难以对任何事情产生兴趣，对过去热衷的活动同样没有兴趣，感到与外界疏远隔离、格格不入，似乎对什么都无动于衷，难以体验各种细腻的情感，对未来心灰意冷，轻则抱有听天由命的态度，严重时可能万念俱灰，以致自杀。

（3）持续性的焦虑和警觉水平增高，如难以入睡或者不能安眠、警觉性过高，容易受惊吓，无法专心做事等。大多数人一年可以恢复，少数人数年不愈。可进行心理干预和治疗，最大限度地降低他们受到的伤害。

确认创伤后应激障碍，至少要满足以下条件：一是持续性出现创伤体验；二是持续性回避现实，并在整体上表现出情感反应麻木；三是持续性警觉性增高。

心理学与生活　校园霸凌

2019年，电影《少年的你》热映，让校园霸凌这个话题再一次进入观众的视线，也引起了社会各界的广泛热议。什么是校园霸凌？它对曾经遭受过校园霸凌的个人有哪些影响？

校园霸凌是一种有意图的攻击性行为，通常会发生在力量（生理力量、社交力量等）不对称的学生间。挪威学者丹·奥维斯将校园霸凌定义为：一名学生长时间并且重复地暴露于一个或多个学生主导的负面行为之下。中国校园霸凌的特点是：霸凌的边界不明确，有些事情明明是欺凌和侮辱，却会被旁观者认为是玩笑和打闹，绝大多数人不正视霸凌现象。

(1) 霸凌并非偶发事件，而是指长期性且多次发生的事件。通常，霸凌现象会重复发生，被霸凌的学生并不止一次地被欺负。

(2) 霸凌是以多种形式存在的，如暴力霸凌（肉体上的欺凌行为）、言语霸凌（辱骂、嘲弄、恶意中伤）、社交霸凌（团体排挤、人际关系对立）、网络霸凌（以手机短信、电子邮件、微博、BBS等媒介散播谣言、中伤等攻击行为）。

一般来说，霸凌具有下列特点：

(1) 男生与女生同样地都会有霸凌行为。

(2) 从学生的自我报告研究中发现，男生比较会进行霸凌行为。

(3) 一般而言，男生大多只会被男生霸凌，女生会被男生及女生霸凌。

(4) 言语霸凌是最常见的霸凌方式。

(5) 男生比较会使用暴力霸凌，女生则是以散播谣言、社交霸凌为主。

(6) 人被霸凌的时间长了，会有心理障碍。

那么，校园霸凌为何常提常发生？综合来看，有以下几方面的成因：

(1) 原生家庭中的不恰当教养方式可能导致孩子成为霸凌者。研究表明，从小遭受父母体罚，或者目睹父母之间暴力行为的人，更容易有一些攻击性的行为。此外，家庭因素也和成为受害者密切相关。一项针对1 107名7～9年级的瑞士学生的调查研究发现，男性霸凌受害者一般在家庭关系中，与父母的关系过分紧密，或者家长对孩子有过度保护的现象；而女性受害者，则更多来自有情感虐待现象的家庭。正如某著名临床心理学家所说："父母是孩子的第一任老师，孩子的性格一方面源自遗传因素，一方面源于养育者的抚养方式和言传身教。"在孩子的成长过程中，恰当的教养方式有助于孩子的身心健康发展。由此可见，原生家庭的养育环境和教养方式对于孩子的性格形成占据很重要的地位。因此，父母重视家庭教育，提供给孩子恰当的教养方式，为孩子进一步接受校园教育和社会教育打好基础，帮助孩子逐渐形成更加健全的人格，是防范校园霸凌现象的有效途径。

(2) 校园霸凌源自社会学习。首先，从家庭开始，父母对孩童的照顾若带有敌意、不负责任、冷漠，如遗弃或施以家庭暴力，让孩童的社会互动处于负向状态，则孩童将来成为加害人的可能性会大幅提升。其次，孩童进入小学后，在学校里受教师影响至深，因为此时孩童正处于模仿阶段。教师若选择错误的管教方式，霸凌的可能性也会增加。若同学间发生霸凌行为，而教师不加以阻止，也可能造成其他同学的错误价值观。

（3）孩童的人格养成。这与家庭生活有密切关联。家人，尤其是父母对孩童的身心发展有举足轻重的影响，从未给予孩童关怀或对孩童关怀较少的父母，其子女极可能成为霸凌者。因为霸凌是一种学习行为，霸凌者通常都有攻击前科，而攻击则从模仿而来，这种模仿来自父母对待孩童的态度，采取权威、斥责、惩罚和冷漠为管教手段的父母，其子女会产生自卑心理。这些在家中得不到关怀，甚至遭到虐待的孩童容易将痛苦加诸他人，借此宣泄情绪或获得关怀，而采取开明、关怀、宽容和温暖管教手段的父母，其子女有较多正向心理，也较不易产生行为偏差。

（4）学校。在孩童入学后，学校对孩童的身心发展扮演着和家庭一样重要的角色，而教师又是其中与学生最密切的重要他人。教师因专业判断采取不同的管教方式，会导致“教育家”和“霸凌者”的差别。态度正向、行为积极的教师，和态度负面、行为消极的教师会教育出不同思维的学生，这些思维上的差异决定学生成为“好学生”或“霸凌者”。关怀和监督并重的教育策略可以有效降低霸凌事件的发生率，排斥、放任甚至体罚与霸凌发生率呈正相关关系。

校园霸凌事件频发的背后值得我们整个社会的反思，这不仅仅是个别霸凌当事学生或其所在学校的个别事件、偶然事件。霸凌事件频发的背后折射的是整个社会乃至国家在引导青少年成长中的价值导向与生命教育问题，也是需要整合各方资源，包括家庭、学校、社区、社会和国家相关部门联合行动、通力合作来遏制与引导的社会性问题。同时，每一个走在校园中的潜在霸凌受害者或曾经的受害者，或正在经历霸凌的受害者，需要的是道歉而不是忍受。

扪心问诊

心理自测：创伤后应激障碍自评量表（PCL-C）

当你经历或目睹了无法预料的突发事件后，突发事件发生的痛苦情绪有时会在你的记忆中保留很长时间，并且每次回忆时都很痛苦。请你评估最近一段时间的反应，在最合适的分数上打钩（见表10-1）。

表10-1　创伤后应激障碍自评量表（PCL-C）

项目	评分				
1. 过去的一段压力性事件的经历引起的，反复发生令人不安的记忆、想法或形象。	1	2	3	4	5
2. 过去的一段压力性事件的经历引起的，反复发生令人不安的梦境。	1	2	3	4	5
3. 过去一段压力性事件的经历仿佛突然间又发生了，又感觉到了。	1	2	3	4	5
4. 当有些事情让你想起过去的一段压力性事件的经历时，你会非常局促不安。	1	2	3	4	5
5. 当有些事情让你想起过去的一段压力性事件的经历时，你有身体反应（如心悸、呼吸困难、出汗等）。	1	2	3	4	5

续表

项目	评分				
6. 避免想起或者谈论过去的那段压力性事件或避免产生与之相关的感觉。	1	2	3	4	5
7. 避免那些能使你想起那段压力性事件经历的活动和局面。	1	2	3	4	5
8. 记不起压力性经历的重要内容。	1	2	3	4	5
9. 对你过去喜欢的活动失去兴趣。	1	2	3	4	5
10. 感觉与其他人的疏远或脱落。	1	2	3	4	5
11. 感觉到感情麻木或不能对于你亲近的人有爱的感觉。	1	2	3	4	5
12. 感觉好像你的将来由于某种原因将被突然中断。	1	2	3	4	5
13. 入睡困难或易醒。	1	2	3	4	5
14. 易怒或怒气爆发。	1	2	3	4	5
15. 注意力很难集中。	1	2	3	4	5
16. 处于过度警戒状态。	1	2	3	4	5
17. 感觉神经质或者易受惊。	1	2	3	4	5

PTSD检查表平时版（The PTSD Cheeklist-Civilian Version，PCL-C）是美国创伤后应激障碍研究中心行为科学分部于1994年11月根据DSM-Ⅳ制定的，由17项条目组成的PTSD症状调查表。中文译文是由姜潮教授、美国纽约州立大学布法罗学院张杰教授和美国PTSD研究中心经过多次中英文双译于2003年7月完成的。PCL-C量表是专为评价普通人在平时生活（与战争相对而言）中遭遇创伤后的体验而设计的。它要求被试根据自己在过去的一个月被问题和抱怨打扰程度打分，分5个等级，1“一点也不”、2“有一点”、3“中度的”、4“相当程度的”、5“极度的”。其可分为4个因素，分别为：警觉增高反应；回避反应；创伤经历反复重现反应；社会功能缺失反应。累计各项的总分（17～85分），分数越高，代表PTSD发生的可能性越大。此表基于症状的数量和严重程度而提供一个连续的评分，是一个多维度观察PTSD的工具，可以对临床治疗护理提供对PTSD主要症状更详尽的描述，还可在临床研究中作为评价心理干预效果的工具。

参考值范围为：

17～37分：无明显PTSD症状。

38～49分：有一定程度的PTSD症状。

50～85分：有较明显PTSD症状，可能被诊断为PTSD。

注意：若当前有具体的危机事件发生，并自感难以处理，个体需要进一步求助专业心理咨询师，量表只能作为一种工具性的数值参考。

学思践心

活动一　突出重围

活动目的：

1. 通过活动，引导团体成员体验在面对危险时自身的处理与应对方式的心理自助观。

2. 激发学生思考如何在危险中向外界求助。

活动过程：

1. 所有同学手拉手围成一个包围圈。

2. 老师介绍游戏规则：

（1）假定你被“敌人”包围了，情况十分危急，要求你尽快想出办法冲出“包围圈”。可采取钻、跳、推、拉、诱骗等任何方式（以不能伤人为原则），力求突围脱困。

（2）围成“包围圈”的同学从某两位同学手拉手的缝隙里逃出，则这两位相邻的同学都要进入圈内成为被包围者。

3. 游戏开始：老师可通过随机抽学号的方式，让 5 名同学站在“包围圈”内开始游戏。倘若被围的同学因为灰心而一时无法突出重围，则可增加两位同学到圈内作为“突围者”，其他的同学可鼓励其继续努力。一段时间后，换其他成员。

4. 选出 3～4 名参与者分享感受。其中至少包括一名突围者和包围者。

活动二　盲人走路

活动目的：通过活动，引导学生认识在沟通过程中非言语信息的重要性，提高学生关注人际交往中的非言语信息表达能力与关注度。

活动过程：

1. 一半学生戴上眼罩扮演盲人，轮流尝试一个人穿越障碍，体验盲人的无助和艰难，其他一半学生负责保护同学。

2. 两人一组，一个人继续扮演盲人，另一个人则扮演帮助盲人的“拐杖”，由“拐杖”协助“盲人”完成这段充满障碍的旅程。然后，角色互换，并重新分组，重走这段路。

3. 两人一组，均扮演盲人，并相互帮助完成这一路的障碍。

4. 讨论交流：扮演不同角色时候的感受。

注意事项：

（1）路上的障碍可以设计得复杂一些，需要成员通过自身的努力来尝试努力完成，但应保障足够的安全。

（2）在过程中不得使用语言进行交流，可以运用一些有默契的肢体语言来沟通。

（3）在整个游戏中，应鼓励大家多和不熟悉的同学完成任务。

单元二 大学生心理危机及自我保健

事说心语

求职过山车

某高职院校一名品学兼优的男生毕业时参加了一个公司的招聘面试。在面试后公司公布录用结果时，他发现自己榜上无名，深感绝望，顿生轻生之念。然而，他自杀技术欠佳，只在脖子上留下了一道长长的刀疤。获救后他仍不停自怨自艾，忽然有一天传来他被录用的消息，原来他面试成绩名列榜首，只是统计时出了差错。就在他把喜讯告诉朋友，准备庆祝一番时，又有消息传来，他被公司解聘了。

案例分析：

该名同学因自我心理承受能力差，不能正确面对失败和挫折，导致坐失良机。当然，当下的情绪行为反应方式与成年早期的教养方式、成长经历等都是分不开的。因此，要追溯案例中当事人的行为反应背后的原因，当前的事件只是诱发因素，关键在于背后的家庭因素、个人心理因素等。

指导建议：

(1) 提高承受挫折的心理能力。心理素质对人的成功非常重要。美国著名心理学家特尔曼对800名男性进行了30年的追踪研究表明，成就最大的20%与成就最小的20%之间，最明显的差别不在智力水平，而在于是否具有良好的心理素质。美国心理学家曾追踪研究了1 500名智力超常儿童，经过30年的追踪研究之后，发现这1 500名超常儿童中有的成了社会名流、专家学者，有的却穷困潦倒、流落街头。对这两类人智力和人格特点进行分析的结果表明：他们结局不同的主要原因不在于智力，而在于人格特点的差异，尤其是在意志品质方面。成就最大的人具有自信、自强、谨慎的品质，有更强的抗挫折能力。

(2) 培养自信乐观的心理品质。高职学生在择业时，应保持健康稳定、积极乐观的心态，对自己和用人单位要有全面的了解和认识，对面试结果要持有“一颗红心两手准备”的态度和想法，适时调整心理期望值。若被用人单位录用皆大欢喜，提前做好职业角色的准备；若被用人单位拒绝，应及时找出其中的原因，如果是自身原因与用人单位要求存在差距，可以通过努力学习锤炼，加以完善和提升。

(3) 学会自我调节，达到心理平衡。当遇到自己不愿看到的结果时，要学会合理适度地宣泄负面情绪，学会与知己、师长交流沟通，倾诉困惑，寻求他们的帮助与支持；也可以使用目标转移法，做些有趣、有意义的事，如体育锻炼、听音乐、户外郊游等方式，转移自己的注意力，排解心中的烦忧，放松自己的心情，帮助自己从困境中走出来。

(4) 调整就业心态，促进人格完善。当遇到就业困扰时，高职学生可以进行积极的自我心理暗示，鼓励自己、相信自己，帮助自己渡过难关，也可以向朋友、老师倾诉，寻求他们的安慰与支持，还可以通过体育锻炼、听音乐、郊游等方式转移自己的注意力，排解心中的烦闷，放松自己的心情，通过对自己在就业时出现的种种不良心态的分析，可以发现自己平时不容易察觉的一些人格缺陷。不必为自己所存在的人格缺陷而懊恼，因为很少有人是绝对的人格健全的，关键是要在发现自己的问题的基础上，积极改变自己、发展自己，使自己的人格更加成熟，使自己将来的人生道路更顺利。

（5）寻求职业心理咨询辅导。主动地寻求心理帮助，进行职业心理咨询，是当代高职学生释放职业心理冲突、调整职业心理障碍的有效途径。

温故知心

一、大学生心理危机的特点

大学生的心理危机是指因突发事件，包括自然灾害、日常生活事件等，自己感到难以应对时所产生的一系列身心反应。

大学生是社会上宝贵的人力资源，但就目前来看，受到各方面因素的影响，我国大学生心理健康状况并不乐观，其中高职学生的问题比较突出。大学生心理危机所带来的影响和危害需要引起重视。综合来看，高职学生心理危机的特点包括以下几个方面：

（一）发展性

发展性指的是心理危机在每个人的成长和发展中都会遇到，处于发展转变中的人，心理上更容易受到应激事件的影响。大学生正处于人生发展的关键阶段，因此也不可避免地会出现心理危机。而对于高职学生来说，受到一些不当的就业与文凭之间的认知观念，可能更容易出现对未来职业发展规划、求职就业等方面的发展性问题。

（二）交互性

交互性指的是引发高职学生心理危机的成因复杂，多种因素可能交互作用，共同导致学生心理危机的产生。从某种意义上来讲，大学生有着一定特殊性，其尚未进入社会，往往面临着学业压力，同时心理尚未成熟，人际关系的处理、经济情况、感情困扰、学业压力及就业压力交织在一起，一旦遇到突发状况，这些交互因素相互作用可能会爆发，从而引发心理危机。

（三）易发性

大学生年龄一般在 18～25 岁，这个年龄段虽然生理上已经成熟，但心理上尚未成熟，容易出现各种矛盾和冲突，甚至生活中的一些小问题如果得不到及时有效的化解，也会引发心理危机，甚至导致伤人、自残等严重后果。

（四）潜在性

潜在性指的是许多心理危机并不是直接爆发，而是潜伏在个体中，一旦遇到危机事件，则可能由一些潜伏的心理问题转变为心理危机。

二、引起校园心理危机的重大事件

（一）自然灾害性事件

自然灾害性事件主要包括地震、海啸、山洪、泥石流、台风、水旱灾害、森林草原火灾等不可抗拒的自然灾害。自然灾害通常是不可抗拒的、突发性的，它不仅会在短时间内造成重大生命和财产损失，而且会给人们产生极其强烈的心理冲击。如果这种灾害直接发生在校园，其对青少年和儿童的心理发展将会产生无法估计的负面影响。

（二）社会恶性犯罪事件

社会上的各种恶性犯罪事件通常不会对学校成员产生直接的、严重的影响，因为学校的校园相对封闭、安全。但是，如果凶杀、爆炸、绑架、恐怖袭击等社会安全事件与学校成员相关或直接在校园里发生，这类事件中的主要受害者是学校成员，就会在整个校园引起巨大的恐慌和心理危机。

（三）社会重大灾难事件

这类事件包括社会上可能发生的交通安全事故、卫生（食品）安全事故、火灾事故、建筑物倒塌事故、重大环境污染事故、大型集会管理事故等由于管理不善而造成的恶性伤害事故，而这些事故又同时大面积地影响校园内的各种成员。

（四）校园内发生的暴力、冲突、伤害事件

这类事件包括校园内师生之间可能发生的暴力冲突事件、校园运动伤害事件、与性相关的伤害事件、学生同伴间可能发生的敲诈勒索事件等。在这些校园伤害事件中，在心理上受影响最大的首先是事件的当事人，其次就是当事人的朋友和同学。

（五）校园内发生的自虐、自残、自杀等事件

这类危机事件包括学校教师、学生以及学校管理人员中可能出现的自我虐待、自我伤害或轻生自杀等会对青少年和儿童成长形成负面心理影响的恶性事件。

微 课

自杀类型及其应对

三、大学生心理危机干预

相较于国外来说，我国高校心理危机干预工作起步较晚，尚未形成完善的心理危机干预体系。而当前我国大学生心理健康状况堪忧，社会上报道的大学生自杀、吸毒等恶性案件更是屡见不鲜，暴露了大学生严重的心理问题。随着科教兴国战略的推进，近年来高校不断扩招，大学生整体规模不断扩大，学生层次也呈现多元化特点，部分经济困难或农村学生学习适应能力差，不适应高校环境，在人际交往方面也面临困扰，再加上就业压力、考研压力等的影响，大学生出现心理危机也就不足为奇了。

（一）心理危机干预的理论模式

微 课

心理危机信号识别

就目前来看，关于心理危机干预理论的相关研究尚未完全成熟，研究者一般采用贝尔金提出的三种干预模式。

1. 平衡模式

平衡模式认为，一旦个体遭遇心理危机，其心理情绪则处于一种失衡状态，他们在以往生活经验中总结和学习到的应对机制和解决方法已经难以满足当前需要。平衡模式主要适用于早期心理危机的干预。在心理危机出现早期，当事人往往不知所措，处于无序的自我失控状态，此阶段干预的关键在于平衡当事人的心理和情绪，保证当事人情绪的稳定。

2. 认知模式

认知模式认为，危机之所以会对当事人产生心理上的伤害，是因为当事人对危机事件关联情境形成了错误的认知，危机干预工作人员应当帮助和引导危机者认识到自身的认知错误，在此过程中获得理性和自我肯定的成分，从而在思想上更好地把控现实生活中的危机。认知模式适用于心理危机情况基本稳定并逐渐接近心理平衡的个体。

3. 心理社会转变模式

心理社会转变模式认为，人有双重属性，其一为自然属性，其二为社会属性，因此应当从个体内部和外部两个方面对人的心理危机进行考察。在分析心理危机成因的过程中，不仅要考虑个体的抵抗能力和心理危机应对能力，而且要了解个体周围环境的影响，如朋友、家人、家庭环境、社区等社会关系带来的影响。危机干预的目的在于将当事人自身应对方式与社会支持和环境资源有机结合，即实现内外结合，找出能够解决现实问题的机会。心理社会转变模式与认知模式相同，也适用于心理状态相对稳定的当事人。

（二）心理危机干预与自杀预防预警对象

微 课

自杀者求助信号的识别

存在心理危机倾向和处于心理危机状态的学生是重点关注和干预的对象。以下十二类重点人群应作为心理危机干预的高危个体予以特别关注：

（1）有自杀未遂史；

（2）患抑郁症及尚在服药者；

（3）有妄想或其他精神病症状及尚在服药者；

（4）人格偏执者；

（5）近期失恋者；

（6）意外怀孕或近期堕胎者；

（7）情绪长期低落不与人往来者；

（8）有生理缺陷或长期患病者；

（9）极贫困者；

（10）学业困难者（学习压力、就业压力特别大以及严重环境适应不良出现心理或行为异常的学生）；

（11）遭遇突然打击或受到意外刺激者；

（12）极度自卑或自感生活能力低下者。

（三）大学生心理危机自我保健的办法

心理危机下的自我保健的关键在于保障安全。安全是恰当地觉察被自己或他人施加伤害的需要。安全也是恰当地觉察他们看重的东西被自己或他人施加伤害的需要。头脑中具有这些定义，如果你是安全的，你就能恰当地保护你自己不受伤害、不被虐待，或者不再经历创伤性事件。当你保护自己时，你将时间和场域保持在此时此地，你就能做出好的决策。

1. 保持场域

“场域”这个词意味着此刻保持在当前，与“间隔”或“分离”相对。当使你想起创伤的事物出现时，或者当你正在整理过去的经验时，你可能有一些特殊的方法使自己专注于现在。关于如何保持场域，创伤幸存者们已经提出了许多建议。这些建议包括：

（1）运用你的所有感觉去意识你所处的自然环境，然后与别人谈论它。

（2）意识你的自然身体及你如何看待它。

（3）当你走路时，意识到你在空间中的移动。

（4）边做练习边意识你正在做什么。

（5）制订一天的计划，然后与另一个人分享该计划。

（6）在竞赛中挑战你自己，以增加你可以保持于当前的时间。

（7）看电视，并且告诉你自己或他人你看到的是什么。

（8）按不同的方法做常规性的活动，如按不同的顺序清扫房屋。

（9）请求他人帮助你与他们保持联系。

（10）告诉你自己关于现在的状况。

（11）此时此地，尽可能坚定地把你的双脚踩在地面上。

2. 创造一个安全的场所

你能做的一件事是创造你自己的安全场所。在你的安全场所中，你可以只是坐着沉思或者思考，或者你可以做（或想象去做）一项活动。一般的，你的安全场所需要限制别人进入；换句话说，只有你和那些你完全信任或希望去保护的人能获准进入。你的安全场所需要给你提供一种保护感和安全感。它不必一定要舒适和安逸，它可能是一个岩石纵横的海岸或是地处野外风景地。最重要的是这一安全场所让你觉得是安全的、摆脱了危险的。

如果你可以在你当前的物理环境中创造一个安全的场所，而且如果不考虑金钱和时间，你的安全场所将会在哪里？留在你的安全场所中，环顾你的周围，你看到了什么？集中到让安全的感觉涌现的色彩和视觉元素上。然后集中到你的安全场所萦绕的各种声音或寂静上，感觉它们带来的安全感，并让这种安全感在你身上逐渐变强。然后，闻一下你的安全场所的气味，让好的感觉涌流。你在这儿看见了什么？集中到其他事物带来的安全感上。当你想象你的安全场所时，你的身体感觉到了什么？集中到那种感觉上。然后睁开你的眼睛，环顾你的周围。

3. 呼吸放松法

采用鼻子吸气，嘴巴呼气，双肩自然下垂，慢慢闭上双眼，然后慢慢地、深深地吸气，吸到足够多时，憋气 2 秒，再把吸进去的气缓缓地呼出。

自己要配合呼吸的节奏给予一些暗示和指导语："吸……呼……吸……呼……"呼气的时候尽量告诉自己"我很放松、很舒服"，注意感觉自己的呼气、吸气，体会"深深地吸进来，慢慢地呼出去"的感觉。重复做这样的呼吸 20 遍，每天两次。这种方法虽然很简单，却常常能起到一定的作用。如果你遇到紧张的场合，或是不知道自己该怎么办、手足无措之时，不妨先做一次深呼吸放松。

4.肌肉放松法

（1）先找个舒适的位置坐下或躺下来，采用鼻子呼吸。双肩自然下垂，慢慢闭上双眼，然后慢慢地、深深地吸气，吸到足够多时，憋气 2 秒，再把吸进去的气缓缓地呼出，使精神达到较放松及集中的状态。

（2）手部的松紧：首先进行手部肌肉的练习，将手握成拳头状，尽量握紧，这时候可以感受到手有震动的现象。然后持续 5～10 秒，把拳头缓缓地放开，让手部的肌肉尽量放松。在放开拳头的时候，集中你的注意力去体验肌肉放松的感觉。再重复手部肌肉拉紧、放松的步骤两次。

（3）手臂的松紧：双手紧握成拳头状态，然后双手及前臂向上弯曲，让手臂向上的肌肉出现紧张的状态，手腕尽量贴近肩膀，用力保持这种手臂拉紧的状态 5～10 秒，然后把双手慢慢放下来，把注意力集中在整个拉紧的和放松的感觉上，松弛约 10 秒之后，再重复紧松的步骤一次。

（4）肩膀的松紧：用力使肩膀向上提，尽量让肩膀贴近耳朵，用力再用力，持续 5～10 秒之后，再让肩膀慢慢地自然垂下，尽量放松，松弛 10 秒之后，再重复一次紧松的步骤。

（5）颈部的松紧：颈部的松紧分前后两部分，首先将头尽量往后仰，让后颈部的肌肉出现紧张的状态，持续 5～10 秒，然后让头缓缓回到正常、正中、自然的位置，让后颈部的肌肉慢慢放松。下一步练习前颈肌肉的松紧，把头尽量往胸部垂下，让下颚尽量接近胸前，持续这种紧张的状态 5～10 秒，再缓缓把头抬至正常正中、自然的位置，感受松弛的感觉约 10 秒，再重复一次前后颈部松紧的步骤。

（6）脸部的松紧：脸部肌肉分额头、眼部、牙关节、嘴唇和舌头五个部分。

额头：把眼、眉尽量往上抬，让额头的骨肉感到紧张的状态，再恢复原状，感受额头的放松。

眼部：用力把两眼紧紧地闭起来，可以感受到眼部肌肉的紧张，5～10 秒后再慢慢放松。

牙关节：用力把牙关节咬紧，就可以感受到牙关节肌肉紧张的状态，5～10 秒后再慢慢放松。

嘴唇：用力将上下嘴唇并在一起，就可以感受到嘴唇的紧张，5～10 秒后再慢慢放松。

舌头：用力将舌尖顶上颚，5～10 秒后再慢慢放松。

（7）胸部的松紧：吸一大口气，使胸部和肺部尽量扩张，就可以使前胸的肌肉紧张。

（8）腹部的松紧：将腹部向内收缩，即可感到腹部肌肉紧张。

（9）背部的松紧：将两边肩膀向后压，胸部肌肉自然会向前挺起，而背部肌肉也会感到紧张。

（10）腿部的松紧：先将双脚直直抬高，离开地面，脚底尽量向下压，这样小腿的肌肉就会感到紧张，持续5～10秒后，再慢慢将双脚放到地上；再将双脚直直抬高，离开地面，这次将脚底往上钩，持续5～10秒后，再放回地上。

5. 冥想放松法

指导语：首先，你可以选择一个舒服的姿势盘坐或平躺在垫子或床上；其次，闭上双眼调整呼吸。你可以先深深地吸一口气，再缓缓吐出，让你的身体有一个准备。然后平缓吸气使你的小腹微微隆起，缓缓呼气使小腹微微下凹。不用太过用力，追求自然。这是贯穿整个活动的呼吸。平缓呼吸使适量二氧化碳留在肺部，一定浓度的二氧化碳能抑制神经系统兴奋；然后，让你的全身往下沉，每一次呼气你的身体都往下沉，感受床或垫子的软度，与它建立联系。慢慢放松你的头部，感受每一寸皮肤、每一个细胞都在放松，处于温和状态与你心灵建立起联系。放松你的眉毛，放松你的眼睛，让你的眼睛往你的眼眶中深陷；放松你的鼻子、你的嘴巴、你的舌头、你的下巴、你的整个下颚，再快速放松你的头部。现在来到你的脖子，放松，往下陷，感受枕头的软度，建立连接；放松你的锁骨、你的胸部、你的整个背部、你的手臂、手肘、每一根手指、放松你的腰部、你的臀部、你的大腿、你的膝盖、小腿、脚和每一根脚趾。

扪心问诊

心理自测：大学生专业心理求助态度问卷

下面各题是描述你对专业心理帮助的态度，请认真阅读题目，根据你赞同或不赞同的程度，从每道题后面的认可程度中选择一个你认为最恰当的选项，并在相应的方框内打“√”（见表10-2）。所有的答案没有对错之分，只要根据你自己的真实感受和看法来填写就可以了。

表10-2　大学生专业心理求助态度问卷

题目	非常同意	同意	不确定	不同意	非常不同意
1. 认为无论出现任何心理问题都应该自己解决。					
2. 如果去找咨询师谈论私人问题，担心泄露一些个人隐私。					
3. 寻求专业帮助的人常被认为脑子有问题。					
4. 心理求助是一种积极的应对方式。					
5. 心理问题会像其他问题一样随着时间推移自动消失。					
6. 寻求咨询师的帮助表明自己没有能力处理自身的问题。					
7. 只有在心理问题比较严重而自己又无法解决的情况下，才会考虑求助咨询师。					
8. 很难想象问题会严重到要去寻求心理帮助的地步。					

续表

题目	非常同意	同意	不确定	不同意	非常不同意
9. 遇到心理困难而去找咨询师求助是缺乏自信、怯懦的表现。					
10. 认为寻求专业心理帮助可以缓解消极情绪、减轻心理负担。					
11. 宁愿忍受某些心理冲突，也不愿经受心理咨询的痛苦折磨。					
12. 有些事情跟家人和朋友不方便说，找咨询师倾诉一下是最好的办法。					
13. 不会认为在咨询中心求助是不可告人的秘密。					
14. 心理咨询可以帮助人更全面地认识自己，增强自己的适应能力。					
15. 讨厌那些想了解个人问题的人，无论他们是否接受过专业训练。					
16. 如果别人询问我有关心理健康的问题，我会推荐他去寻求专业的心理帮助。					
17. 寻求心理帮助会受到同学们议论，有损自尊心。					
18. 如果确认自己有心理疾病，会主动寻求专业帮助。					
19. 心理咨询可以帮助人更好地开发自己的潜能。					
20. 身边的一些人通过心理咨询与治疗获得了帮助。					

计分与解释：

本问卷分两种计分方式，其中题目 4、10、12、13、14、16、18、19、20 为反向计分，即“非常同意”计 5 分，“同意”计 4 分，“不确定”计 3 分，“不同意”计 2 分，“非常不同意”计 1 分。其他的题目为正向计分，“非常同意”计 1 分，“同意”计 2 分，“不确定”计 3 分，“不同意”计 4 分，“非常不同意”计 5 分。总分越高，则表示在寻求专业心理帮助方面态度越积极。

学思践心

活动一　生命线

活动目的：通过活动引导成员认识生命的宝贵，同时能在回溯自己过去的生命历程中寻找生命资源。

活动过程：

1. 把纸横放好，然后从中部画一条长长的横线，加上个箭头在末端。在原点处标上 0，在箭头处标上你为自己预计的寿数。然后在白纸的顶端写上×××的生命线。这条线标示了你一生的时限，是你脚步的蓝图。

2.现在请根据你规划的生命长度，找到你目前所在的那个点，标出来。比如你现在 18 岁，就标出 18 岁的那个点。点的左边代表着过去的岁月，点的右边代表着未来。把过去对你有重大影响的事件用笔标出来。比如你 7 岁上学了，就找到和 7 岁对应的位置，填写上学这件事。注意如果你觉得是快乐的事，你就用鲜艳的笔来写，并要写在生命线的上方。如果你觉得快乐非凡，你就把这件事的位置写得更高些。例如：17 岁高考失利，你痛苦万分，就继续在生命线相应下方很深的陷落处留下记载。依此操作，你就用不同颜色的笔和不同位置的高低记录了自己在今天之前的生命历程。

3.然后我们来到未来，把你一生想干的事都标出来，并尽量把时间注明。视它们带给你的快乐和期待的程度，标在不同的高度。当然，也请把一些可能遇到的困难——用黑笔大方勾勒出来。这样我们的生命线才称得上完整。

4.讨论：是线上面的事件多，还是线下面的事件多？如果大部分都是在线以下的，是否可以考虑调整一下自己看世界的眼光？

活动二　命运纸牌

活动目的：通过活动，引导学生认识当下人生的宝贵，提高学生珍惜当下生命的意识。

活动过程：

1.主持人指导语：由于受到出生环境等各种因素的限制，每个人的命运是不同的。有的同学可能对自己的家庭环境不满意，有的同学可能对自己的长相不满意，也有的同学可能对目前的自己不满意……

2.假定每个人能够获得第二次生命，每个人的命运可以重新选择。我手中有很多纸牌，每张牌就是命运的一种重新安排，它所包含的资料就是你新的生活资料，从现在起，你就是牌上的这个人。设想一下你处在这种情况下的命运，现在看看自己目前的处境、位置与假设的第二次人生选择的处境相比，有什么不同？

3.主持人把纸牌放在一个盒子里，让同学们随机抽取一张，不得更换。

4.全体成员交流全新的“自己”，并询问是否满意牌上的“自己”。生命只有一次，你该怎样面对已经拥有的生活？

注意事项：

若有同学对自己抽取的纸牌不满意要求更换，主持人可准备更差的纸牌，让图片显示比原牌更糟糕的生活，询问是否愿意更换。在游戏过程中，有的同学可能不太严肃认真，主持人要及时给予提醒。

对于纸牌的内容，这里只给出了一些参考。主持人在使用时可根据学生的实际情况自己设计一些内容。之所以设计的内容大都是不尽如人意的，主要是想让同学意识到，虽然我们每个人都无法选择自己的出身、家庭，或许我们对目前的环境不一定满意，但无论如何，我们都应该珍惜自己的境遇。

由于这个游戏的内容中有的可能涉及学生的伤心处，如家庭离异的学生、身体外貌略有欠缺的学生，因此主持人在游戏之前应该先跟一些学生座谈沟通，取得他们的同意。游戏之前，主持人要为游戏可能会给学生带来的负面效应表示歉意。

参考文献

1. 蓝玉. 时间管理团体辅导对网络依赖大学生的干预研究 [D]. 武汉：华中师范大学，2014.

2. 吴薇莉. 握住心理健康的钥匙 [M]. 成都：四川科学技术出版社，2002.

3. 吴薇莉. 受伤的太阳：大学生与家庭情感困扰 [M]. 北京：高等教育出版社，2008.

4. 应力，岳晓东. E 海逃生：网络成瘾及其克除 [M]. 北京：高等教育出版社，2008.

5. 袁辛. 我是我自己：自我再认识 [M]. 北京：高等教育出版社，2008.

6. 张海燕. 绸缪未雨时：大学生心理危机自救 [M]. 北京：高等教育出版社，2008.

7. 郑洪利. 大学生心理素质教育与训练 [M]. 上海：上海大学出版社，2010.

8. 方平. 自助与成长：大学生心理健康教育 [M]. 4 版. 北京：教育科学出版社，2024.